北亚经济圈

李罗力 著

中国财政经济出版社

图书在版编目（CIP）数据

北亚经济圈/李罗力著．—北京：中国财政经济出版社，2011．4
ISBN 978－7－5095－2747－4

Ⅰ．①北…　Ⅱ．①李…　Ⅲ．①经济发展－研究－亚洲　Ⅳ．①F130．4

中国版本图书馆 CIP 数据核字（2011）第 018648 号

责任编辑：周桂元　　　　责任校对：张　凡
封面设计：邹海东　　　　版式设计：董生萍

中国财政经济出版社出版

URL：http：//www. cfeph. cn
E－mail：cfeph @ cfeph. cn

社址：北京市海淀区阜成路甲 28 号　邮政编码：100142
发行处电话：88190406　财经书店电话：64033436
北京富生印刷厂印刷　　各地新华书店经销
787×1092 毫米　16 开　19 印张　286 000 字
2011 年 11 月第 1 版　2011 年 11 月北京第 1 次印刷
定价：38．00 元
ISBN 978－7－5095－2747－4/F·2338
（图书出现印装问题，本社负责调换）
本社质量投诉电话：010－88190744

作者自序

拙作是在特殊背景下写出来的。

2008 年 9 月，在呼和浩特市有关领导的支持下，以作者为首的一批专家组成了内蒙古发展战略研究课题组，并于 2009 年 3 月中旬完成了以构建“北亚经济圈”为核心内容的内蒙古自治区发展战略研究报告。

本研究报告得到了内蒙古自治区主要领导的重视和批示，也得到了自治区各级政府和许多专家的好评。大家都认为，内蒙古应该在一个新的战略定位下为自己寻找下一步发展的更高起点和更大空间。

现在提供给读者的这本 20 多万字的专著，就是在上述提交的内蒙古自治区发展战略研究报告的基础上写出来的。

因为作者希望这样一种战略构思，不仅体现在仅供领导和有关部门参考的研究报告上，而且能够通过一本面世的著作，得到更多人的了解、认同和支持。

当然，作为一本区域经济研究的专著，与撰写决策咨询研究报告有很大的区别。首先就在于它在理论上要有一定的深度，要能够在理论上站得住脚，“自圆其说”；其次，它不仅是要给领导看，还要给更多的专家学者和广大读者看，因此内容要更丰富，论述要更全面；最后，由于“北亚经济圈”的构想中包括俄罗斯和蒙古国的相关地区，因此这个战略考虑不能只从中国的角度来阐述，还必须要具有俄罗斯和蒙古国的立场和战略视角，还要让他们的领导和广大读者了解、认同和支持。

因此，作者在这本专著中首先从“经济圈”这个理论概念入手，从而为本书的宗旨——“北亚经济圈”的提出和阐述，奠定一个重要的理论基础。

作者认为，虽然“经济圈”这个名词现在已成为最热门、最常见的经济理论概念之一，但实际上人们对这个概念的理解是十分模糊的，甚至可以说至今尚未对“经济圈”形成一个清晰规范的理论定义。作者在本书中于此方面作出了两个重要的理论贡献：一是对“经济圈”的概念给出了迄今为止最完整和最明确的理论定义；二是对中国在东亚地区积极参与和支持推动的几个主要的次区域经济合作“经济圈”进行了迄今为止最为完整和系统的阐述。这毫无疑问成为本书重要的独到之处和理论创新的亮点之一。

本书理论创新的另外一大亮点，就是提出了“北亚经济圈”——由中国的内蒙古自治区、蒙古国以及俄罗斯西伯利亚联邦管区之间所开展的次区域经济合作。在此之前，很少有人将中国内蒙古自治区与俄罗斯西伯利亚联邦管区和蒙古国开展区域经济合作，纳入理论研究的视野中，更未有人将此作为中国与周边国家和地区构建的一个新的经济圈来考虑。

不仅如此，为了更好地阐述“北亚经济圈”，本书还对迄今为止很少有人提到并且概念十分混淆不清的“北亚地区”概念进行了分析和论证。在此基础上，本书不但提出了“北亚经济圈”的概念，而且还提出了在整个北亚地区应该构建“东北亚经济圈”、“北亚经济圈”和“西北亚经济圈”这三大经济圈的构想，这也是本书的独特的亮点，因为在此之前，从未有任何人提出过与此相类似的理论和观点。

此外，由于大多数中国的读者，包括众多的学者，对于构成“北亚经济圈”的国家和地区，除内蒙古自治区外都知之甚少（甚至很多人对内蒙古都了解不多），因此本书分别用三个独立章节对俄罗斯的西伯利亚联邦管区、蒙古国和中国的内蒙古自治区逐一展开比较系统的概述和分析。特别值得一提的是，作者在撰写本书过程中查阅了许多资料，竟然没有找到一份对俄罗斯西伯利亚联邦管区进行全面系统阐述甚至简要概述的资料。因此作者只能逐一搜集有关构成这个联邦管区 12 个俄罗斯联邦主体的资料，并再将这些资料进行汇总和分析。所以，从某种意义上说，本书对俄罗斯西伯利亚联邦管区的分析和研究，也填补了目前我国对这个地区研究领域的一个空白。

对构建“北亚经济圈”的必要性和可行性的论述是本书的精华所在，

是本书理论研究的重中之重。这些理论观点无疑会对中国制定21世纪的新战略，具有高瞻远瞩的新视角和发人深省的启示意义。

此外，本书还突破了中国以往区域经济合作研究往往只考虑中国本身利益和需求的局限性，把必要性和可行性延伸到相关国家和地区，使建立北亚经济圈的构想具有更大的说服力和可信度。

本书对于区域经济研究的另外一个重要贡献是对“区域经济合作机制”的理论探讨和案例分析。因为尽管目前有许多著作、文章都在大谈“合作机制”，但是迄今为止几乎没有人对“合作机制”本身作出准确的判断和深刻的分析，更罕有人对“区域经济合作机制”进行过案例性的分析。因而作者对合作机制的理论探讨和案例分析，同样是本书在区域经济学理论研究中的突破和亮点。

最后，特别值得一提的是，由于本书是在决策咨询研究报告的基础上形成的，因此就使本书与一般的区域经济研究著作相比有了很明显的独特之处，那就是它并不是纯学术的理论研究著作，并不是从理论到理论的书斋式的空谈，而是从实际出发，具有一定的可操作性。它不仅有理论的阐述，而且有构建北亚经济圈合作机制方案的设计，甚至还有构建北亚经济圈的行动方略的政策和对策的建议。

当然，作为一本颇多理论创新和内容独到的著作，难免有视角不全、考虑不周、阐述未尽甚至偏颇失误之处。更何况本书只是从一个全新的角度来提出的框架性的战略构想，难免对于很多细节问题未能展开更深入的探讨和更细致的思考。因此，作者只希望本书能够起到“抛砖引玉”的作用，能够使这样一种战略构想引起更多专家学者的兴趣，能够引起高层领导和社会各界更多的关注和重视。作者欢迎更多专家学者对本书批评和指教，欢迎更多读者对这一战略构想进行补充、修改、丰富和提高。

当然，作者最希望的是，这个战略构想能够在未来终成现实。如果这一目标能够实现，那不仅对作者是一个极大的欣慰，而且实乃国家之大幸、民族之大幸、北亚地区人民之大幸！

李罗力

2011年1月15日　于深圳通心岭

目　录

绪论

一、"北亚经济圈"战略构想的提出

自20世纪后半期尤其是80年代以后，世界经济发展出现一个新的特点，就是国家与国家之间、地区与地区之间开展区域经济合作或次区域经济合作，呈燎原之势，如火如荼，乃至已成为经济全球化进程中一个必不可少的重要组成部分。

在全球蓬蓬勃勃发展的区域经济合作浪潮中，有一个出类拔萃的典范，那就是中国。可以说，在东亚地区所有的区域经济合作（含次区域经济合作，以下同）中，中国都是最积极的参与者和最坚定的推动者，是整个东亚地区开展区域经济合作的核心力量和中流砥柱。从某种意义上说，与周边国家开展区域经济合作并构建"经济圈"，已成为改革开放后"有中国特色"的经济建设方针的重要组成部分，是改革开放的中国为世界经济发展作出的一个重要贡献。

中国之所以成为目前世界各国中开展区域经济合作最活跃的国家，首先是因为中国是一个疆域广袤的大国，许多地域资源禀赋不同、区位特点各异，这就为位于这些具有不同资源和区位特点地域的地区之间，创造了开展区域经济合作的有利条件和广阔空间。

其次是由于中国通过改革开放建立了市场经济体系，极大地解放了自己的生产力。尤其是加入了世贸组织后，在参与全球化的过程中，更使自己获得了十分宝贵的资金、资源、技术和市场。在这个过程中，整个中国从上到下都越来越充分认识到市场经济发展的内在规律，不仅深深懂得一个国家一个地区仅靠自己的资源和条件孤立发展是没有出路的，而且尝到了对外开放以及与外部地区合作给自己发展带来的重大利益和好处。因而更加积极主动地创造条件来开展不同地区之间的区域经济合作。

另一方面，改革开放后，特别是进入21世纪后，中国把长期坚持的睦邻友好外交政策引入到经济领域，把与周边国家发展合作实现共赢纳入了新时期的国家战略，从而大大加速了中国与周边的日、韩、东盟以及俄、朝、蒙、印、巴以及中亚五国等国家的双边及多边的经济合作。其中特别是与日、韩、东盟所开展的区域经济合作取得了令人瞩目的快速进展。在这个发展过程中，中国政府坚定和积极的态度及作为，起到了至关重要的作用。

在这样一种大背景下，中国与周边国家及一些相邻的地区，也积极地开展了有关资源开发、产业整合和区位优势互补等内容的次区域经济合作[①]，其中比较著名的有大湄公河次区域经济合作、图们江开发次区域经济合作、东北亚次区域经济合作和泛北部湾次区域经济合作等。这些跨境和跨界的次区域经济合作，往往也被人们称之为大湄公河经济圈、图们江经济圈、东北亚经济圈以及泛北部湾经济圈等。

然而，我们注意到一个很重要的现象，那就是在中国与东部、东南部周边国家开展次区域经济合作如火如荼之际，中国北部地区的次区域经济合作则显得冷冷清清。

众所周知，由俄罗斯乌拉尔山以东的西伯利亚地区、中国的东三省、内蒙古自治区和新疆维吾尔自治区以及蒙古国和朝鲜半岛等构成的北亚地区，是目前世界上资源最富集、发展潜力最巨大但整体发展水平仍然相对落后的地区。因此，如果中国在这个地区也能够像与东部或东南部周边国家那样把次区域经济合作轰轰烈烈地开展起来，那对于中国未来发展所具有的意义是无法估量的。

目前，在这个地区已经出现了由俄罗斯远东地区、中国东三省以及日、韩等国家和地区开展次区域经济合作的“东北亚经济圈”。但是对于

① 亚洲开发银行对“次区域经济合作”的定义是：“包括三个或三个以上国家的、精心界定的、地理毗邻的跨国经济区，通过利用成员国之间生产要素禀赋的不同来促进外向型的贸易和投资”。

上述广袤的北亚地区来说，仅仅靠这样一个经济圈是无法覆盖整个北亚地区，无法把整个北亚地区的经济发展带动起来的。因此笔者认为，应该在“东北亚经济圈”以西，在整个北亚地区的中部，构建以中国的内蒙古自治区、蒙古国和俄罗斯西伯利亚联邦管区（位于西伯利亚地区的中部）的“北亚经济圈”。不仅如此，将来还应在“北亚经济圈”以西，构建以中国的新疆维吾尔自治区和俄罗斯乌拉尔联邦管区（位于西伯利亚地区的最西部）为核心的“西北亚经济圈”。只有这三大经济圈，才能覆盖整个广袤的北亚地区，才能把整个北亚地区的资源开发、产业合作和经济发展全部带动起来。

提出“北亚经济圈”构想另外一个大的战略背景是，在中国目前所实行的一系列与周边国家开展经济合作的发展战略中，中蒙关系是一个很大的薄弱环节，不但无法与中日关系、中韩关系、中国与东盟关系以及中俄关系相比，甚至相比于中国与中亚五国的关系，都要松散和薄弱得多。这其中很重要的原因，是因为在不少人眼里蒙古国是一个小国、穷国和国际战略中地位无足轻重的国家。但事实上对中国来说，蒙古国是最重要的邻国之一。它对于中国所具有的战略意义不但是十分重要而深远的，而且在某些方面是其他周边国家所不能替代的。为此，构建全新的紧密友好的中蒙关系，应当成为中国21世纪睦邻友好战略的一个重大举措。

建立“北亚经济圈”的战略构想，就是要发挥内蒙古自治区独特的地缘优势，推动和促进中国与蒙古国以及俄罗斯西伯利亚中部地区开展更加积极和重要的区域经济合作，把中国开展的合作共赢的睦邻友好国家战略扩大和提高到一个新的层次。同时，通过中国与蒙古国及俄罗斯西伯利亚中部地区的次区域经济合作，促进和推动整个北亚地区的进一步发展和繁荣，为整个亚洲和世界经济的发展作出新的贡献。

二、构建“北亚经济圈”对中国未来发展的七大战略意义

1. 构建北亚经济圈对中国国家安全具有特殊重要的战略意义

对于任何一个国家来说，保障国家安全历来是其首要的战略目标。

蒙古国对于中国的国家安全可以说具有头等重要的战略地位。从军事战略角度看，从蒙古国南下可直逼华北、进取京津；西进可切断中国新疆与内地的联系，东进则可阻断东北地区与关内的交通。由此可见，蒙古国的地理位置，对于中国的国家安全所具有的地位和作用，是其他任何邻国都无法相比的。

在新中国的历史上，由于20世纪60年代中苏关系交恶，中国的国家安全受到了严重的威胁，蒙古国曾长期成为前苏联威胁中国国家安全的前沿基地。

近年来，中国北方的国家安全又出现了新的隐患，那就是美国和其他一些西方国家大力发展同蒙古的政治、经济、军事的全方位关系，企图利用蒙古国来遏制正在快速崛起的中国，形成对中国的“战略包围圈”。

为了使中蒙两国不但不会成为相互担心的国家安全威胁隐患，而且能够成为保障各自对方国家安全的战略屏障，就必须发展双边友好、互惠互利、共同发展、共同繁荣的经济合作关系。使两国的真正成为相互不可分离的最重要的经济伙伴，进而成为利益攸关的战略伙伴，结成世代友好的亲密邻邦关系。

构建“北亚经济圈”，就是为发展新世纪全新的中蒙全面友好合作关系，保障国家长治久安，搭建一个最重要的平台。

2. 构建北亚经济圈对中国的能源资源战略具有特殊重要的意义

今天，中国已进入了一个资源能源严重短缺的时代，目前正在包括澳洲、南美、非洲、东南亚等国外很多地区通过经济合作、共同开采或收购并购等方式，寻求稳定的进口矿产资源。然而，在距离中国最近而且又是矿产资源十分丰富的蒙古国，中国在资源能源战略上却没有任何重大的举措。

如果中国能够与蒙古国以及石油、天然气、矿产资源和森林资源更加丰富的俄罗斯西伯利亚地区，进行资源能源的勘探、采掘、开发和利用的合作，那么对于中国目前正在实施的资源能源战略将具有根本性的重大意义。因为如果能够在这个地区成功地进行资源开发和利用的合作，那么与中国到世界其他地方去开发、购买和运输相比，无论在开发和运输成本方面，运输距离和时间方面，来源的稳定以及运输的快捷、便利和安全方面，从长远看都会具有十分明显的优越性。

因此，“北亚经济圈”另外一个重要的战略意义，就是为解决中国的战略资源短缺瓶颈，提供又一个新的不可或缺的平台。

3. 构建北亚经济圈对中国的水源战略具有特殊重要的意义

水资源短缺是正在实现高速工业化和城市化的中国最大的威胁之一，在中国北方中部和西部地区，水资源短缺问题尤为严重。

目前中国正在进行“南水北调”工程。但是一方面，即使这项工程全部完成，仅靠长江所调的水源，也远远解决不了整个中国北方历史长期缺水的严重困境；另一方面，从长江水系大量调水总会不同程度地影响到长江中下游地区的水源开发和利用，使本身已经不断干涸的长江水系面临水源进一步减少的压力；同时对长江流域的生态环境也会产生一定的负面影响。

可能很多人想像不到，距离中国北方最近的蒙古国的水资源是相当丰富的。由于蒙古国的河流湖泊都集中在该国的中、北部地区，而靠近中国的南部地区极为缺水，荒漠化十分严重，因此给人们造成蒙古国是一个水资源严重缺乏的国家。但实际上蒙古国人均水资源达到 8 万立方米，是全世界人均水资源的 9 倍，是中国人均水资源的 34.8 倍。只举一例就可以说明，在注入世界最大淡水湖贝加尔湖的 300 多条河流中，最大的一条色楞格河就是发源并主要流经蒙古的河流。而且由于蒙古国水资源几乎完全没有得到开发和利用。因而开发的潜力很大。

如果中国能够与蒙古国就水资源的开发利用进行合作，开展“北水南调”工程，那么这不仅可以从一定程度上解决中国北方严重缺水的状况，而且也会对蒙古国南方严重缺水的状态起到极大的缓解作用，从而给蒙古国带来整个环境的改善和经济的发展，这对于中国和蒙古国来说，都是一件有利于百姓福祉和后代子孙的大好事。

更重要的是，如果有可能的话，中国还可以通过蒙古国与俄罗斯开展“北水南调”的水资源开发合作。处于中国正北方的俄罗斯西伯利亚联邦管区的水资源极其丰富，是世界上水资源最丰富的地区之一，其中就包括距离蒙古国边境只有200多公里的全世界最大的淡水资源——贝加尔湖。

当然，对于涉及中、蒙、俄三国的这样的一个调水工程，绝对不可能是一件容易办到的事。在国内有关“北水南调”的争论中，反对者就列出了很多理由。但是笔者认为，如果中国能够成功通过与蒙古国及俄罗斯开展合作，大规模将包括色楞格河河水和贝加尔湖湖水在内的蒙古国北部和西伯利亚丰富的水资源，引向严重缺水的蒙古国南方地区和中国广大的北方地区，那么这样的“北水南调”工程意义是非常重大的。

因为中国现在进行的“南水北调”工程，毕竟是对本国宝贵的水资源进行的“再分配”，是从实际上江河湖泊也已日渐干涸的南部地区把水调往更加干旱的北方。其付出的代价是南方地区由此失去了很大一部分宝贵的水资源，更何况由此还会带来南方地区生态环境可能产生的负面影响。

因此，从某种意义上说，我们现在正在做的实际上是“自己折腾自己”的事情。如果这种事发生在30年前即中国还是一个对外封闭的国家时，还可以理解。但今天中国已经全面对外开放，如果在这方面我们还不能有“跨出国界”、“用别人丰富的资源来补充我们短缺资源”的眼光，那就是愚蠢和可笑的。现在中国在石油、天然气、矿产资源等方面都已开始跨出国界，在全球范围内“用别人丰富的资源来弥补我们短缺的资源”。在水资源方面，中国更应该跨出国界，走出国门，“用别人丰富的资源来弥补我们短缺的资源”。因为水资源是不可替代的，从某种意义上说，它对于一个国家的人民生活、经济发展和生态环境的重要性，远比能源和矿产资源更重要。

现在有很多人担心俄罗斯会反对从贝加尔湖“调水”，前些年确实如此，但今天情况已经发生了很大的转变。事实上不但蒙古国早已提出了从贝加尔湖引水的“北水南调”工程构想，而且俄罗斯联邦委员会主席近年来也提出如何利用包括贝加尔湖在内的西伯利亚和远东地区最丰富的水资源，在国际市场上为俄罗斯获取最大利益的问题。这说明俄罗斯对于包括贝加尔湖在内的水资源开发已经有了明确的改变和积极的态度。这将成为中、蒙、俄三国有可能开启“北水南调”合作的一个最新的和最重要的信号。

因此，构建“北亚经济圈”也将为中、蒙、俄开展水资源的次区域国际经济合作搭建一个战略合作平台。在这个战略平台上，中、蒙、俄如能够顺畅地开展水资源的合作，能够最终实现“北水南调”的目标，那不仅对于中、蒙、俄三国，而且对于整个北亚地区乃至世界经济的发展，都会发挥巨大的和不可替代的重要作用。

4. 构建北亚经济圈对中国的生态保护战略具有特殊重要的意义

中国北方地区，特别是华北和西北地区，最为严重的环境生态问题之一是土地的荒漠化。由中国北方荒漠化引起的沙尘暴，不仅日益严重威胁到中国的首都北京和整个华北地区，而且开始向华东地区、华南地区蔓延，因此已经成为整个北亚和东北亚环境生态的一大“公害”。

内蒙古地区是全中国荒漠化最为严重的省区之一。全国沙漠化土地为2.62亿公顷，内蒙古占了1/3；同时内蒙古也是侵袭北京、南京、上海、桂林乃至台湾的沙尘暴的主要沙源地之一。

引起中国北方地区荒漠化和沙尘暴日益严重还有另外一个重要的因素，那就是相邻的蒙古国南部同样由于缺水而造成的日益荒漠化。有专家指出，中国华北地区的沙尘暴只有44%是来自内蒙古，而56%是来自蒙古国。

构建“北亚经济圈”的战略构想，也将为中蒙合作共同进行环境保护和环境治理，彻底消灭这个地区荒漠化严重威胁，提供一个的重要平台。而且这个地区在环境生态保护方面的有效合作，所产生的意义和影响也必将远远超出中蒙两国，对亚洲和世界都会产生重大而深远的影响。

5. 构建北亚经济圈对于中国发展低碳经济具有重要的战略意义

中、蒙、俄还有一个十分重要的合作领域，那就是在清洁能源，特别是在风能和太阳能方面的开发合作有着极大的潜力。而清洁能源的发展，其意义已经超出了能源产业的范畴，成为改善整个地球和人类生存环境的大问题。

目前发展以低能耗、低排放、低污染，排放最少的温室气体，同时获得整个社会最大的产出为基础的低碳经济，已成为整个国际社会致力推动的经济发展模式和应对全球气候变化的重要战略选择。因此，哪个国家在低碳经济道路上发展得好发展得快，哪个国家就会站在新世纪产业创新的制高点上。

蒙古国、俄罗斯西伯利亚地区与中国的内蒙古自治区都是风能、太阳能以及生物能源最丰富的地区，在可再生能源方面具有极其丰富的资源潜力，因而在开发利用清洁能源和发展低碳经济方面，有着极其广阔的合作前景。

构建北亚经济圈，无疑又为实现中国的这一战略目标搭建了一个重要的平台，从而为中国在新世纪发展低碳经济和清洁能源方面发挥特别重要的作用。

6. 构建北亚经济圈对于中国发展新世纪经济大通道具有重要的战略意义

古今中外，无论任何一个国家的发展，无不与它的交通运输是否通畅、交通运输网是否健全发达有着直接的关系。

在改革开放前期，比较落后的中国广大中西部内陆地区，之所以在20世纪90年代末期以及21世纪第一个十年得到快速的发展，很重要的一点就是中国实施西部大开发战略后，大大地改善了中西部地区的基础设施，在中西部地区与东部沿海地区之间建立起了越来越发达、越来越稠密、越来越畅顺的铁路和公路交通网络。

然而随着中国经济和世界经济的不断推进，目前这种状况已经远远不适应中国进一步发展的需要了。中国要实现21世纪的发展目标，就一定要为广大内陆地区找到更多的出海通道，为广大内陆地区构建四通八达的交通运输大通道。其根本措施就是建立更多的“欧亚大陆桥”。

在20世纪90年代之前，世界上实际只有一条欧亚大陆桥，那就是从俄罗斯东部的海参崴（符拉迪沃斯托克）为起点，通向欧洲各国最后到荷兰鹿特丹港的西伯利亚铁路大动脉。90年代后，在中国建成了世界上第二条欧亚大陆桥。那就是1992年建成的从中国连云港，向西经哈萨克斯坦，进而与俄罗斯西伯利亚大铁路接轨，最后到达荷兰鹿特丹港的铁路大动脉。此外，现在中国国内有更多的欧亚大陆桥方案已经或正在实施之中。

如果站在向北开放的角度来看，内蒙古目前最发达的呼包鄂中心地区，恰恰拥有与中国的华北发达地区及华中、西北等内陆地区相连结的最重要的战略核心位置，是构建中国中西部内陆地区通过蒙古国与俄罗斯连结欧洲各国的新欧亚大陆桥的最佳选择目标。

更重要的是，中国内蒙古自治区、蒙古国和俄罗斯西伯利亚联邦管区所构成的地区，是目前世界上少见的各种资源最富集、开发潜力最巨大且又远未得到开发的地区，而且从地缘上来说，这个地区又完全是内陆地区。因此只有构建这样一条新的欧亚大陆桥，才会为这个地区的能源资源的合作开发利用、水资源的合作开发利用、清洁能源的合作开发利用和生态环保合作等，创造出真正得以实现的基本前提和根本保障。

而且，如果真能以内蒙古中部比较发达的呼包鄂地区为中心构建这样一条向北全面开放的新欧亚大陆桥，那么对于目前经济发展和交通运输都比较落后的宁夏、甘肃、青海等西部省份，都会起到直接的经济带动作用，从而对中国的西部大开发，也会作出独特和重要的贡献。

构建“北亚经济圈”的战略构想，也将为以内蒙古呼包鄂地区作为战略枢纽中心构建新的欧亚大陆桥，搭建一个重要的平台。

7. 构建“北亚经济圈”对于“北冰洋通航”时代具有重要的战略意义

构建“北亚经济圈”还有一个重要的战略意义，那就是在北冰洋成为世界又一新的海洋大通道后，使中国能够占据一个有利的战略地位。

近年来出现的全球暖化，令北冰洋的冰山以破纪录的速度融化。未来10年至20年内，北冰洋可能出现通航大道。北冰洋航道的全面开通，对世界经济来说，将成为改变现有世界贸易格局的大事。

近年来，由于北冰洋快要通航，已经引发了多国争夺北极的主权。尽管中国的地理位置远离北冰洋地区，但是如果北冰洋能够成为重要的国际航道，那么对于中国北方运往欧洲和北美的货物来说，无疑是增加了新的重要的快捷而便利的运输渠道。在这一点上，它所具有的意义绝不亚于前面所提到的欧亚大陆桥。

中国如果能够通过构建北亚经济圈，使中国的中西部地区与俄罗斯西伯利亚联邦管区连结起来，并形成以新欧亚大陆桥为基础的直通北冰洋出海港口的新铁路大动脉，那么中国就在未来北冰洋大航道上占据了一个十分有利的战略地位。因此，“北亚经济圈”，也将在这个方面，为实现国家更长远的战略目标，搭建一个重要的平台。

三、构建“北亚经济圈”对内蒙古自治区发展的特殊重要意义

1. 内蒙古自治区要力争作为向北开放的桥头堡纳入到国家战略

改革开放以来，在中国的地区经济发展中有一个很大的特点，那就是每个地区在发展中，都希望得到国家特殊的重视，能够获得特殊的政策和特殊的支持。

20 世纪 90 年代末特别是进入 21 世纪以来，中国长期实行的以特殊政策支持沿海开放地区发展的战略方针，更多地开始向三个方向演变：一是通过西部大开发战略、振兴东北老工业基地战略和中部崛起战略等举措，以特殊经济发展政策来支持中西部地区的发展；二是将某些城市（如津、沪、深）或某些城市群（如长株潭城市群、成渝地区、武汉城市群）等列为综合配套改革试验区，在改革开放上给予先行先试的特殊政策；三是在实施睦邻合作的周边国家战略以及支持港澳稳定繁荣和两岸和平统一共同发展的战略中，对那些与周边国家以及港澳台直接接壤（或隔海相望）具有特殊区位优势的省区，给予特殊的政策，支持其更快更好的发展。在最后这个方向上，近年来的成效尤其明显。

值得一提的是，上述所有这些经国家批准的给予地方发展的特殊政策，几乎全部是由每个相关省区市做了大量扎实的准备工作，经过长时间的努力申报，最后才得到国务院正式批准的。

内蒙古自治区在这方面显然是大大地落后了。内蒙古自治区虽然也处于某些正在实施的国家重大区域发展战略中，例如西部大开发战略、东北老工业基地振兴战略、支持少数民族地区发展战略等都包含内蒙古，但对于内蒙古来说，这些战略对于其本身都不能形成鲜明和独特的政策支持。之所以出现这种情况，从某种意义上说，也是由于内蒙古自治区的特殊地缘条件形成的。因为它作为一个狭长的条状地带，地跨东北、华北和西北三大地域，从而形成了“不东、不中、不西”的奇特地理格局。尤其是它的中部地区——呼包鄂中心区，在上述三大地区发展战略中都没有明确的定位。

尽管内蒙古自治区由于其特殊的地理格局而在现有的国家三大地区发展战略中都没有得到相应的地位，但是内蒙古自治区有一个独特的、任何其他省区都不可替代的区位优势，那就是与蒙古国全面接壤和与俄罗斯部分接壤。但内蒙古自治区并没有利用自己这一独特的区位优势，通过与蒙古国和俄罗斯开展次区域经济合作来为自己争取到独特的政策支持，把自己纳入到国家某一重大战略中去。

而与此形成鲜明对照的是，与东南亚国家接壤的广西和云南、与东北亚国家和地区接壤的东北三省，都利用与周边国家直接接壤的区位优势，以及利用这种优势开展的次区域经济合作，将自己纳入到国家战略中，从而获得了独特而有力的国家政策支持。不仅如此，连与港澳台接壤（或隔海相连）的广东省和福建省乃至深圳和珠海，也都利用自己的区位优势和开展的次区域经济合作，将自己纳入到国家战略中，并获得了独特而有力的国家政策支持。

因此，内蒙古自治区也应当利用自己独特的区位优势，把自己作为中国向北开放、与蒙古国和俄罗斯有关地区开展全面经济合作的“桥头堡”，在21世纪中国构建全新的中蒙关系大战略中发挥至关重要的核心作用。不仅如此，内蒙古自治区还应当通过构建“北亚经济圈”，在中国21世纪的能源资源战略、水资源战略、生态环保战略和低碳经济发展战略中，发挥至关重要的作用。

所以，内蒙古自治区应当迅速行动起来，紧紧抓住自己与蒙古国接壤的独特区位优势，全力投入到打造“北亚经济圈”的战略中去，要把自己定位为中国“向北开放的桥头堡”，从而把自己纳入到国家战略中。它将为内蒙古自治区的发展插上更强劲有力的翅膀，使内蒙古自治区能够得到更快更好的“腾飞”。

2. 内蒙古自治区需要通过向北开放获得更大的发展

现在国内很多人对内蒙古自治区的认识，还处在“天苍苍，野茫茫，风吹草低见牛羊”的水平上。殊不知内蒙古自治区在2002—2009年已经连续8年成为全国经济增长最快的“冠军，已成为中国新的“煤都”、“奶都”和中国最重要的电力生产及煤化工生产基地之一。而位于内蒙古自治区中心的呼包鄂地区的经济发展水平、基础设施发达程度以及工业化和城市化的发展水平，已经超过许多中部比较发达的老城市群，正在形成一个中国北方新的大都市圈——“呼包鄂都市圈”。

尽管如此，就内蒙古自治区的总体发展水平来说，与国内发达地区相比，还是比较落后的。其中一个很重要的原因，就是它的对外开放还处于一个较低的水平。内蒙古自治区的对外开放程度不仅与东部沿海发达地区相比有较大的差距。即便与国内其他沿边省区相比，也处在比较落后的地位。例如2007年内蒙古自治区的GDP总量在全国排第十六位，人均GDP在全国排第八位，但外贸进出口在全国排名仅为第二十三位。在全国沿边8个省区（云南、广西、西藏、吉林、黑龙江、内蒙古、甘肃、新疆）中，尽管内蒙古的GDP总量仅次于黑龙江高居第二位，而且人均GDP高居沿边8省区榜首，但外贸进出口总额却排名倒数第三位，仅高于甘肃和西藏两省区。

如果仔细探究一下内蒙古自治区对外开放的落后的原因，就会发现，在很大程度上是由于思想观念比较保守和落后，不仅相对于其他沿海地区来说是如此，即使是与云南、广西、吉林、黑龙江等沿边省区相比，也是如此。在上述这些沿边省区，对外开放如火如荼，而且都把与周边国家地区发展次区域经济合作关系提高到本地区最主要发展战略之一。

导致内蒙古对外开放滞后的原因之一，是有两个认识上的误区。一是到目前为止，许多人认为对外开放就是“对海开放”，只有具有海港码头的沿海开放城市才有大规模对外开放的条件，因此“对外开放”主要是沿海城市的功能和任务。这种认识误区，时下许多媒体宣传中把“开放经济”等同于“海洋经济”，而把“内陆型经济”等同于“封闭型经济”有着直接的关系。二是不少人认为即使要开放也要有一个“大邻居”（如俄罗斯）或者是一个“富邻居”（如日、韩），这样开放才有意义。而蒙古国是一个“穷亲戚”、“穷邻居”，地广人稀，经济落后，对蒙古国开放不但可能没有任何直接的利益和好处，甚至可能还给自己带来负担，因此不值得考虑。

其实这是一种十分狭隘和短视的观点。每个国家都有自己的长处和优势，蒙古国的矿产资源、水资源和可再生能源都有很大的优势，同时逐渐富裕起来的蒙古民众将成为内蒙古各种产品的重要市场，如果能够在这些方面开展有效和成功的投资和经贸合作，肯定会给本地区发展带来重大和长远的利益；同时如果能够十分积极主动地向蒙古国以及通过蒙古国向俄罗斯西伯利亚中部地区开放，这实际上是站在国家利益的高度上，其完全符合中国与周边国家大力发展睦邻友好合作关系的大战略，从而会为将本地区纳入到国家战略创造极为有利的条件。

所谓“对外开放”，就是指对中国境外国家和地区的开放。沿海开放省区和城市固然可以通过海洋通道来实施“对外开放”，没有海洋条件的内陆省区，也同样也可以通过陆路通道来实施“对外开放”。因此全面对蒙、俄开放，建立一个全新的“内陆型开放经济”，就成为内蒙古自治区重要的战略选择，它不仅将使内蒙古自治区在整个中国的发展中处于一种特殊的战略地位，而且对自己的发展也会带来巨大的利益和好处。

因此，内蒙古自治区一定要坚定不移地把“对外开放”也即“对北开放”作为自己下一步发展的头等战略目标之一，力争把自治区的首府呼和浩特市建设成为“对北开放”的中心城市，力争使内蒙古自治区的核心地区——呼包鄂“金三角”像广西的“北部湾经济区”一样，获得国家批准成为国家级“对北开放”的前沿阵地。

建立“北亚经济圈”的构想，就是为内蒙古实行“内陆型对外开放”提供了一个明确的战略目标和战略定位，就是内蒙古实现“对北开放”战略目标的具体途径。

四、构建北亚经济圈的可行性

构建北亚经济圈不但是非常必要的，而且是完全可行的。其主要体现在：

1. 近年来中国对外开放新举措为中、蒙、俄构建战略合作新格局创造了重要条件

如上所述，近年来在中国不断深化改革和扩大开放的大背景下，中国很多省区与周边国家地区开展次区域经济合作都得到了国家的完全肯定和

大力支持，不仅给予特殊政策，而且纳入了国家战略。

如果与蒙古国全面陆路接壤及与俄罗斯部分接壤的内蒙古自治区，能够通过构建北亚经济圈的努力，发挥自己独特的地缘优势，推动和促进中国与蒙古国以及俄罗斯西伯利亚中部地区开展重要的次区域经济合作，从而把中国的睦邻友好及合作共赢的国家战略扩大和提高到一个新的层次，那么就不但为中国新时期的发展创造了更加有利的外部环境，而且会在促进和推动整个北亚地区的经济发展繁荣方面，为整个亚洲和世界经济的发展作出新的贡献。

这种战略举措完全符合中国的国家利益和新世纪中国发展的战略目标，因此肯定同样能够得到国家的完全认可和大力支持。

2. 俄罗斯战略东移及投资环境改善为构建中、蒙、俄战略合作新格局创造了重要条件

众所周知，前苏联解体初期，选择了全面西倾的政策，提出了“不仅要成为美国和西方的伙伴，而且要成为它们的盟国”的战略目标。然而这个战略目标不但根本没有得到西方国家的认同，而且由于西方国家始终没有对这个前“社会主义”超级大国解除担忧和怀疑，反而采取了不断有意降低其国际地位、有意削减其国家实力、有意扩大对其战略包围、挤压其战略空间的敌视和抵制的政策。不仅如此，还通过“颜色革命”等手段，不断把它原来的战略伙伴国家拉入到与其对立的西方阵营之中。

严酷的事实终于使俄罗斯人民和领导人认识到，这种“全面西倾”的战略目标，不但是不现实的，而且是严重损害俄罗斯国家利益和国家尊严的。正是在这样一种国际背景下，俄罗斯开始逐步调整对外政策，逐步采取了重心向东转移，加强与亚洲国家尤其是与中国合作的新的国家发展战略。特别是普京执政以来，俄罗斯对外发展战略重心更明显地向亚太地区和中国倾斜。

不仅如此，目前俄罗斯也像中国实施西部大开发战略一样，开始实施东部地区大开发战略，把西伯利亚和远东地区的发展提升到了保障全俄经济发展战略的中心地位。为加快西伯利亚与远东地区的发展，俄罗斯采取了一系列重大举措。

此外，近年来，随着俄罗斯经济的迅速恢复以及加入 WTO 的步伐加快，俄罗斯的经济环境和市场状况已经发生了很大变化，政府和立法机构不断完善法律，不断加快国内法律与国际的接轨，使得国内的经济秩序和投资环境迅速改善。与此同时，俄罗斯的投资信誉也在逐步提升。

由此可见，俄罗斯国家发展战略重心东移、实施东部大开发战略以及内部投资环境的改善，同样为创造中、蒙、俄新的合作格局提供了广阔的发展空间，从而为构建北亚经济圈奠定了重要的基础和条件。

3. 中蒙关系升温及蒙古国经济复兴为构建中、蒙、俄合作新格局创造了重要条件

进入 20 世纪 90 年代后，蒙古国开始奉行全方位的外交战略，其中把发展蒙中关系作为蒙古国外交政策的首要目标之一，这使得两国关系日益密切。

中蒙两国外交关系的良好态势，又推动了两国经济的相互合作，伴随着中蒙两国每一个联合声明的发布，都有一系列的经济合作协定和投资合同被签署。仅从 1985 年到 2004 年 10 年间，中蒙两国间就签订了 20 多个条约、协定及联合声明。条约和协定的内容从确定国界交界点、无偿提供粮食援助、边境贸易、一般贸易、保护投资到双边经济技术合作，从海关互助、边境口岸管理、商品质量认证、动植物检疫、避免双重征税、银行支付结算到增开国际列车，几乎涵盖了双边经济领域的各个方面。因此，无论从政治还是经济来看，中蒙关系都处在历史上最好的时期。

虽然蒙古国总体上经济十分落后，是一个世界闻名的穷国。但是不可否认，在进入新世纪后直至本次世界金融危机爆发前，蒙古国宏观经济出现了较大程度的恢复性增长，对提高本国国力、改善人民生活和进一步扩大中蒙经贸合作产生了积极的影响。这些也都为加强蒙古国与中、俄之间的合作，构建北亚经济圈创造了可行的条件和前提。

4. 中、蒙、俄三国相关地区之间很强的互补性为构建中、蒙、俄合作新格局创造了重要的条件

国际区域经济合作的实践和经验证明，国家与地区之间能否形成良好的国际区域经济合作关系，从根本来说，并不取决于双方的政府主观上是否有这样的意愿。具有决定意义的是相关国家和地区之间，在经济上是否有很强的互补性。所谓经济的互补性就是经济的差异性，有差异就会有相互的需求，而相互的需求则决定了相互之间的经济依存度，也决定了相互之间经济合作的潜力和空间。相互的差异性越大，则相互之间的经济依存度也越大，则相互之间经济合作的潜力和空间也越大。

中国与蒙古国以及俄罗斯的差异性和互补性几乎涵盖了地理区位、人口状况、资源禀赋、经济技术发展水平、产业结构、市场需求、文化差异等各个方面。因此，毫无疑问，这三个国家在北亚地区具有深厚的合作发展潜力和广阔的合作发展空间。

5. 中、蒙、俄地区之间的经济合作近年来已经建立了良好基础

一是中俄两国经济合作关系进入历史最好时期。

进入新世纪后，中俄两国政治、经济关系不断快速升温，形成了前所未有的最好时期。此次席卷全球的金融危机虽然对俄罗斯经济造成巨大冲击，并使中俄双边贸易出现了大幅下滑，但也成为俄罗斯下更大决心与中国开展全面深入经济合作的动力，从而推动中俄经济合作关系从先前以双边贸易和民间投资为主的阶段，转向了以能源、资源和高技术合作为主以及以政府主导大规模投资合作为主的新阶段。尤其是2009年以来，中俄两国不但在能源资源开发合作方面取得了前所未有的历史性突破，同时在两国高技术合作方面，也跨上了新的历史台阶。

二是中俄在开展地区性经济合作方面也出现了重大的转机。

过去，在中俄国家层面已经开始开展合作的很长一段时间里，处于俄罗斯东部与中国相邻的地区，态度并不积极，而且不断还有“中国威胁论”杂音相伴其中。但是近年来，这一态势发生了重大的转变。例如与中国东三省开展东北亚区域经济合作的俄远东地区领导人对华合作积极性明显提高，成为近期中俄远东合作的关键“推动力”。俄罗斯哈巴罗夫斯克边疆区行政长官公开表示“中国是一个无法阻止的强大火车头，我们应当坐上这个火车头并一同驾驭局势。”可以说，这已成为俄罗斯亚洲地区许多地方领导人观念和心态的典型写照。

总之，过去中俄关系中最显著的“政热经冷”、“上热下冷”的局面正在发生“静悄悄的改变”。有媒体指出，现在俄许多地方官员只讲合作而只字不提所谓的“中国威胁论”，这种俄从中央到地方齐声呼唤中俄合作的局面还不多见。这也为进一步扩大中俄地区之间的次区域经济合作提供了良好的条件。

三是中蒙经济合作掀开了新的篇章。

进入 21 世纪以来，中蒙经济合作达到了历史最好水平。目前，中国已连续多年成为蒙古第一大贸易伙伴国，第一大投资国和最大援助国之一。此外，中蒙基础设施建设合作也进入了新的阶段。

这些都为构建北亚经济圈奠定了重要的现实条件。

6. 内蒙古所拥有的优势是构建“北亚经济圈”的重要基础

现代世界经济发展的实践经验证明，凡是国家与地区之间能够成功地开展国际区域经济合作，其中都必有一个经济和产业相对发达的地区，成为带动整个区域经济合作的“火车头”。

中国改革开放 30 年来所取得的巨大成就，内蒙古自治区也同全国一样发生了天翻地覆的变化，其无论在经济发展水平、社会发展水平、科技发展水平、人民生活水平、基础设施水平和文化教育水平等各个领域，都已远远超过蒙古国，甚至也超过了过去的“老大哥”俄罗斯西伯利亚地区。

此外，近年来内蒙古的中心地带呼包鄂地区的发展速度，在中国也名列前茅，其经济实力、产业发展水平、城市化水平、城乡居民收入等都已接近中国发达地区水平，同时在构建海陆空立体交通运输网络上也得到长足的进步。不仅如此，这个地区还是沟通中国华北、东北和西北经济联系的枢纽。因此，内蒙古的呼包鄂地区完全有可能成为未来的“北亚经济圈”联系和聚集海外和中国各地区资源的主要平台，完全有可能发挥核心枢纽的作用，成为“北亚经济圈”的能源与资源产业基地、重化工业产业基地、环保产业发展基地、农畜产业基地、轻纺食品工业基地、第三产业发展基地、交通与物流产业基地和科教文卫发展中心。

因此，无论从上述哪个角度来看，内蒙古自治区在构建“北亚经济圈”的过程中，无疑都将会成为最重要的“推动器”和“火车头。”

总之，我们应当站在新的高度，用更加宽广的目光分析和看待北亚经济圈。通过开展构建北亚经济圈等重要的次区域经济合作，不但可以把北亚地区这个目前尚未充分得到开发利用的地球上最大的资源宝库，与中国21世纪的国家安全、能源资源、水资源、生态保护、低碳经济等一系列关乎国家长治久安和可持续发展的重大战略结合起来，而且把中国与周边国家的睦邻友好和合作双赢的国家战略推向一个新的更加全面的发展阶段。从而，不仅为中国的进一步发展创造更加有利的外部环境和内部资源条件，而且也为整个北亚地区的发展和世界经济的发展发挥重要的贡献。

第一章

“经济圈”概念与中国之进展

自20世纪后半期尤其是80年代以后，世界经济发展出现了一个新的特点：国家与国家之间、地区与地区之间开展区域经济合作或次区域经济合作，呈燎原之势，如火如荼，已成为经济全球化进程中一个必不可少的重要组成部分。

中国作为当今世界上最开放的国家，也是当今世界上与周边国家和地区开展区域经济合作和次区域经济合作最活跃和最成功的国家之一。笔者在本书中首次提出的以中国的内蒙古自治区、俄罗斯的西伯利亚联邦管区与蒙古国开展次区域经济合作的“北亚经济圈”，就是要为中国乃至世界“热闹非凡”的区域经济合作大格局，再添一页新的篇章，再增一个新的亮点。

与区域经济合作在世界上蓬勃发展相呼应，“经济圈”这个名词应运而生，现在已成为最热门、最常见的经济理论概念之一。但是，尽管人们经常把“经济圈”挂在嘴上，写在笔下，但是对这个概念的理解却是十分模糊的。可以说，不但没有多少人能严格地把这个概念说清楚，甚至至今还没有对“经济圈”形成一个清晰规范的定义。

为此，本书第一章，就从“经济圈”的概念、作用以及中国在构建经济圈方面所取得的重大进展谈起，从而为本书的宗旨——“北亚经济圈”的提出和阐述，奠定一个重要的理论基础。

第一节 “经济圈”

“经济圈”是属于20世纪后半期尤其是80年代后开始渐多出现的区域经济合作用语。

20世纪80年代之前，“经济圈”概念主要流行于西方国家的文献与资料中，主要是特指某些发达国家内部由于自然产业分工所形成的以发达城市群体为中心的区域经济合作形式。例如百度网的“百度百科”对“经济圈”的定义就是：

“‘经济圈’又称大城市群、城市群集合、大都会区或都会区集合。……指一定区域范围内的经济组织实体，是生产布局的一种地域组合形式。经济圈是主要从地域的自然资源、经济技术条件和政府的宏观管理出发，组成某种具有内在联系的地域产业配置圈”。

当时，在这方面被人们所熟知的有：北美三大都市圈（纽约都市圈、芝加哥都市圈和洛杉矶都市圈），日本三大都市圈（东京都市圈、京阪神都市圈和名古屋都市圈）以及欧洲三大都市圈（伦敦都市圈、巴黎都市圈和鲁尔经济圈）。这些都市圈在本国的经济和产业分工中都具有重大影响。例如美国三大都市圈的GDP占全美国的份额曾达到65%以上，日本三大都市圈的GDP也曾占全日本的70%以上。

但是随着现代经济的发展，“经济圈”概念已不再仅限于“都市圈”了，其使用范围日趋广泛。这主要是因为，在一个国家特定地域中不同行政区划之间的跨界区域经济合作，已经不再局限于以发达城市群体为核心；同时在这种区域经济合作中，更强调政府之间的合作及其所起到的关键的支持与推动作用，而不再只局限于由自然产业分工所形成的某种地域资源配置和生产力布局。中国著名经济学家童大林就是这方面的积极倡导者。他在20世纪80年代初就率先提出并且大声呼吁，中国的区域经济发展未来应形成若干经济圈，其中包括环渤海经济圈、长江三角洲经济圈、珠江三角洲经济圈和北部湾经济圈等等。

此外，随着20世纪80年代末冷战的结束和90年代全球化的大发展，"经济圈"的概念和使用在国际上也扩展开来。它已不再限定于是一个国家内部不同区域之间的经济合作，而是扩展至世界某一特定地域中不同国家乃至不同国家地区之间，围绕资源开发整合、生产力配置和区位优势互补所形成的区域经济合作形式。

正是在这样一种新的视角上，笔者认为"经济圈"应该如下定义：

"经济圈"是指，从地域的自然资源、经济技术条件和区位特点出发，通过位于该地域的不同行政区域或不同国别的经济合作，在该地域范围内形成某种具有内在联系的地域性产业配置与经济相互依存关系，逐渐发展成为某种特定意义上的经济共同体。

另一方面，还应当指出，"经济圈"所特指的这种区域经济合作形式，与目前世界上通行的FTA（即国与国之间签署双边或多边自由贸易协定）有很大的不同。它不是一国与另外一国或多国在投资、贸易以及各个相关领域的全面经济合作，也不涉及国家之间全面开放市场、减免关税以及制定相关政策等十分复杂的内容；而是不同国家和地区之间围绕某一特定资源或某一特定地域区位条件所开展的投资、开发与合作。因此，它的合作形式与范围并不局限在国家与国家的层面上，而是包括了不同国家的地区在内；同时不仅局限于政府之间的合作，而是企业、商界和各类民间组织都会在其中发挥很大的作用（尽管政府间的合作、支持和推动仍然是这种合作能否成功的关键）。因此，它与FTA相比，具有更大的灵活性和具体项目合作方面的可操作性。

总的来说，当今世界上以"经济圈"形式开展的区域经济合作可以分为两种类型：第一，它可以是世界某一特定地域所属国家之间所形成的区域经济合作；第二，它也可以是若干个国家所属地区与地区之间所开展的次区域经济合作形式①。

① 亚洲开发银行对"次区域经济合作"的定义是："包括三个或三个以上国家的、精心界定的、地理毗邻的跨国经济区，通过利用成员国之间生产要素禀赋的不同来促进外向型的贸易和投资"。

目前在东亚，属于第一种类型的“经济圈”主要有：以东南亚10国经济一体化为主要内容的东盟合作组织，以东盟与中国、日本、韩国全面合作为主要内容的“10+3”和三个“10+1”合作机制，以及以中国、俄罗斯和中亚五国以建立合作机制为主要内容的“上海合作组织”①等。

属于第二种类型的“经济圈”主要有：以大湄公河次区域经济合作为主要内容的“大湄公河经济圈”，以图们江次区域合作开发为主要内容的“图们江经济圈”，以俄罗斯和中国位于东北亚的省区与日本、韩国、蒙古国之间，以能源和资源开发利用等为主要内容的“东北亚经济圈”，以及以中国位于东南亚的省区与东盟国家之间，以北部湾开发利用等为主要内容的“泛北部湾经济圈”等。

本书将要提出的以中国内蒙古、俄罗斯西伯利亚联邦管区和蒙古国开展合作为主要内容的“北亚经济圈”，就属于第二种类型的“经济圈”。

第二节　构建经济圈对于推动现代经济发展的重要意义

也许有读者会问，为何“经济圈”这种区域经济合作形式直到20世纪后半期才开始出现，尤其是80年代以后越来越普遍呢？它对于推动现代经济发展有什么深刻意义呢？

众所周知，在20世纪五六十年代之前，市场经济基本上属于所谓资本主义世界的西方发达国家。而那个时代所谓社会主义阵营的国家，基本上实行的都是计划经济体制。另外，当时绝大多数亚洲、非洲和拉丁美洲的发展中国家，虽然在二战结束后的一二十年里，经过轰轰烈烈的民族独立

① “上海合作组织”成立之初的宗旨是，在相关国家建立一个加强边境地区互信，推进裁军谈判进程以及共同打击恐怖主义、分裂主义和极端主义的国际合作机制。2001年6月相关国家元首在上海举行第六次会晤时，一致决定启动六国多边经贸合作进程，并宣布正式建立上海合作组织框架内的总理定期会晤机制。

和民族解放运动，纷纷摆脱了长达数百年的殖民地、半殖民地的地位，但就大多数发展中国家来说，它们的经济仍然处于十分闭塞和十分落后的农业经济发展阶段。因此在这个时期里，世界各国的经济联系十分薄弱，各国与各个地区经济合作也几乎无从谈起。

从20世纪的60年代开始，亚洲和南美洲的一些原来经济比较落后的国家和地区，开始采用以出口导向或进口替代为特色的新兴发展战略和发展模式，并且走上了大力发展市场经济和迅速工业化的道路，其中最著名的就是"亚洲四小龙"。到了70年代后，这些国家和地区已经作为市场经济相当发达的新兴经济体，成为许多经济落后的发展中国家和地区的出色榜样。在这些新兴经济体的引领下，更多的发展中国家和地区采取了与本国（地区）实际情况相符合的发展模式，走上了独特的发展道路，从而大大地推动了市场经济在全球的扩展和深入。

然而对于市场经济在全球的发展来说，最具有里程碑意义的是20世纪80年代后发生的两件大事。第一就是占世界人口1/5的中国开始实施改革开放，彻底抛弃了原有的计划经济体制，转而走上了不断扩大对外开放，不断加速工业化、城市化和现代化的市场经济发展道路，并且在极短时间里就取得了令人瞩目的巨大成就。第二就是90年代后原苏东社会主义阵营的解体，包括最大社会主义国家前苏联在内的一大批国家，抛弃了原有的计划经济体制，转而也迅速走上了市场经济的道路。这两件大事，彻底消除了市场经济在全球发展的根本障碍，使市场经济的范围扩展到全世界，成为全世界经济发展的普遍模式和主导性潮流。这也就是为什么以市场经济为本质特征的经济全球化在20世纪90年代后才真正得以实现，其浪潮才开始大规模席卷全球的根本原因。

而市场经济在全球范围的发展以及经济全球化浪潮席卷全球，就必然会催生区域经济合作。换言之，区域经济合作之所以无论在一国范围内还是在世界范围内出现且不断发展扩大，是因为它的出现和形成归根结底是由市场经济的根本性质所决定的，是一种现代区域经济发展的内在规律。

因为现代国家疆域和一个国家内的行政区划，都是由政治、军事、法律和行政等非经济手段来决定的。而这些人为的疆域和行政区划设置并不能形成支配资源配置和生产力布局的根本内在的经济依据。在市场经济条件下，资源配置与生产力的合理布局只能由其内在的市场经济规律所决定。因此，随着一个国家市场经济的发展和世界经济全球化的发展，不同区域内的生产力必然要根据其所在地域资源禀赋和区位条件的内在要求，打破国别疆域和行政区划的限制，在更大范围内形成以资源合理配置、生产力合理布局、区位优势互补和利益相得益彰为特点的经济发展格局。

因此，市场经济发展的内在规律，就必然会打破长期以来一国或一个地区、一个城市的孤立发展格局，必然会改变人为国别疆域和行政区划设置所造成的资源难免垄断和浪费、生产力难免重复建设和不合理配置、市场难免人为割裂以及生产模式难免封闭僵化和效率低下的局面，必然会促成和推进不同地区和不同国家之间，为了更好地发展经济和获得更大的自身利益，开展国与国之间、地区与地区之间的区域经济合作，从而形成新的生产力发展空间，带动更大范围内、更高层次上的经济活跃程度和经济创新能力。

另一方面也要看到，一个地域之间存在的特殊的资源禀赋、特殊的区位优势以及由此而产生的生产力发展的内在合理要求，仅仅依靠经济活动自发的驱动，仅仅依靠商家和企业通过商业交易和投资行为来逐渐推动，或靠产业自然分工来长期形成，这显然是一个十分漫长和困难的过程。尤其是受到这个地域中不同行政区划或不同国别疆域的限制，很多跨界或跨境的合理经济行为根本不存在操作和实施的可能性。因此随着人们对区域经济合作认识的不断提高和不断加深，围绕某些资源禀赋特点、区位优势和产业分工来推动区域经济合作或次区域经济合作，构建各种经济圈，就成为各个国家政府、商界及社会各界主动自觉的要求和积极的行动。这也是为什么随着市场经济和全球化的发展，世界各地、各国开展跨境和跨界的区域经济合作越来越蓬勃，规模越来越大，越来越受到民众关注和政府支持的根本原因。

第三节 中国与周边国家和地区构建的次区域经济合作“经济圈”

在全球蓬蓬勃勃发展的区域经济合作浪潮中，有一个出类拔萃的支持者、参与者，那就是中国。可以说，在东亚地区所有的区域经济合作和次区域经济合作中，中国都是最积极的参与者和最坚定的推动者，是整个东亚地区开展区域经济合作的核心力量和中流砥柱。

中国不但是东盟与中国、日本、韩国全面合作的“10 + 3”和三个“10 +1”合作机制以及“上海合作组织”最积极的参与者和最坚定的推进者，而且是与周边国家和地区开展次区域经济合作、构建各个相关经济圈的核心力量和中流砥柱。

1. 大湄公河经济圈

(1)“大湄公河经济圈”的提出和形成

“大湄公河经济圈”是缅甸、老挝、泰国、柬埔寨、越南与中国云南省等位于澜沧江—湄公河流域的国家和地区，围绕大湄公河的开发利用而形成的跨境次区域国际合作经济圈。是当今世界上次区域经济合作成功的典范。

贯穿大湄公河流域的澜沧江—湄公河是亚洲一条重要的国际河流，中国境内段称为澜沧江，中国境外段称为湄公河，全长4880公里，连接着中国和东南亚以及南亚地区，地理位置十分重要。大湄公河流域总面积256.86万平方公里，总人口约3.2亿人，流域内涵盖了多种气候类型，又兼具多种地理特征，蕴藏着丰富的水资源、生物资源和矿产资源，具有极大的经济潜能和开发前景。

湄公河流域虽然资源丰富，但这一流域的开发综合性很强，涉及航运、水能开发利用、渔业、矿业、工业、林业、农业以及贸易、投资、环境保护、人力资源开发和旅游、禁毒等方方面面的领域，可以说是一个十分复杂和庞大的系统工程。同时，开发的成本也很高，据估算，至少需要投入2000多亿美元才能见效。另一方面，湄公河沿岸各国大多为贫穷国家，社会经济发展落后，资金、技术和人才都十分缺乏。因此，只有通过广泛和深入的次区域经济合作，才有可能使湄公河宝贵的资源得到开发和利用。

早在20世纪50年代，湄公河流域各国就尝试过开展经济合作。1957年，越、老、柬、缅四国发起成立了“下湄公河委员会”，旨在对湄公河流域资源的勘察、规划和开发进行协调，并得到多个国际组织和国际金融机构的协助。该委员会在成立后的30多年中，曾募集到4亿多美元的资金，做了大量基础性工作，为后来的综合开发提供了丰富的资料。但由于战乱等原因，该组织长期处于不工作状态，直到80年代末才恢复，但此时它已不能适应形势发展的需要。①

20世纪90年代初，东南亚地区进入了和平与发展的新时期，区域合作潮流也遍及全球。在这种形势下，由亚洲开发银行倡导的“大湄公河次区域经济合作”机制应运而生。1992年，在亚洲开发银行的倡议下，中、缅、老、泰、柬、越等6个国家共同发起了大湄公河次区域经济合作（GMS）机制，以加强各成员国间的经济联系，实现区域共同繁荣。亚行作为参与方和出资方，主要负责为有关会议及具体项目的实施提供技术和资金支持。

（2）大湄公河次区域经济合作的发展进程

1992年10月，在马尼拉亚行总部召开了首届大湄公河次区域合作会议（从第二届起，正式称为“部长级会议”），确立了总体框架。会议文件将大湄公河次区域（GMS）界定为“柬、老、缅、泰、越和中国云南省”。会议决定，今后每年召开一次6国部长级会议，并确定8个主要合作领域，即：交通、能源、环境和自然资源管理、人力资源开发、贸易和投资、旅

---

① 参阅陆建人：《大湄公河次区域经济合作及中国的参与》，《人民日报》，2005年7月13日。

游、通信和禁毒。

进入新世纪后，由于中国政府对大湄公河次区域经济合作采取全面支持和积极进取的态度，因而使得这一重要的区域经济合作取得了突飞猛进的巨大进展。

在2001年第10次部长级会议上，出台了"未来10年战略框架"，提出建设重要交通走廊、电信骨干网、电力联网及贸易、投资、旅游等11个标志性项目。

2002年11月3日，大湄公河次区域经济合作首次领导人会议在柬埔寨金边举行。中国国务院时任总理朱镕基出席会议并就加强次区域合作的重要性等问题作了主旨发言。会议批准了《次区域发展未来十年战略框架》，并决定其后每三年在成员国轮流举办一次领导人会议。会后，有关国家签署了《大湄公河次区域便利运输协定谅解备忘录》、《大湄公河次区域便利运输协定中方加入书》和《大湄公河次区域政府间电力贸易协定》。

2005年7月4日至5日，大湄公河次区域经济合作第二次领导人会议在中国昆明市举行，中国总理温家宝主持会议，并在开幕式上发表了讲话。会议围绕"加强伙伴关系，实现共同繁荣"的主题，进行深入讨论并达成广泛共识，确立了以"相互尊重、平等协商、注重实效、循序渐进"为主要内容的合作指导原则，并发表了《昆明宣言》。与会六国领导人还签署了便利客货运输、动物疫病防控、信息高速公路建设和电力贸易等多项合作文件，批准了贸易投资便利化行动框架和生物多样性保护走廊建设等多项合作倡议。

2008年3月21日，合作重点项目之一的昆明—曼谷公路（简称昆曼公路）中国路段全线贯通。作为连接东南亚、南亚国家的4条陆路通道之一，昆曼公路对于完善该区域路网结构，优化该地区投资环境，促进该区域经济交流，推动各国经济社会全面发展具有重要意义。

2008年3月30日至31日，大湄公河次区域经济合作第三次领导人会议在老挝万象举行，六国领导人围绕"加强联系性、提升竞争力"的主题，就加强基础设施互联互通，贸易运输便利化，构建伙伴关系、促进经贸投资，开发人力资源、增强竞争力，可持续的环境管理，次区域合作与发展伙伴关系等六大方面的合作构想交换意见。温家宝总理在会上就加强次区域合作阐述了中方的主张。与会各国领导人签署了《领导人宣言》，指出了大湄公河次区域经济合作面临的机遇与挑战以及未来行动的方向，提出2008—2012年大湄公河次区域经济合作发展行动计划。与会领导人还签署了《实施次区域跨国电力贸易路线图谅解备忘录》以及《经济走廊可持续与均衡发展谅解备忘录》等一系列合作文件。

2008年3月29日，在昆明举行的大湄公河次区域农业科技交流协作发展研讨会通过一份联合宣言，宣布正式成立大湄公河次区域农业科技交流合作组。宣言正式确立次区域的跨境农业交流合作机制为合作组，同时敦促合作组所有成员迅速行动起来，解决合作组运作所需的财务、知识产权和人力资源，并进一步拓展与其他伙伴的合作关系，共同努力提升次区域跨境农业科技的创新、交流和利用水平。宣言还请求亚洲开发银行、国际农业发展基金以及其他政府、非政府组织积极支持合作组的农业科技交流合作活动，以帮助合作组达到创新机制，增进研究所间联系，提升农业科技创新能力、转化能力和服务能力的目的。

2008年6月6日，大湄公河次区域经济走廊论坛在昆明正式成立，其主要任务，就是把这个地区现有的交通、资源和区位优势充分发挥出来，并使其加快转化为次区域发展的经济优势。即不仅要使中、越、老、柬、缅、泰六国的在铁路、公路、水运等交通运输走廊的建设方面取得更加显著成就，而且要将交通走廊逐步发展成为全面成熟的经济走廊，推动和帮助那些参与区域规划和经济走廊发展的边境省地方政府，最终实现相关各国家和地区的互利共赢与共同发展，进而为本地区的经济发展及一体化创造更为有利的条件。

（3）大湄公河次区域经济合作取得的成果

大湄公河次区域经济合作以项目为主导，比较务实。自合作机制启动以来，经过十多年的发展，各国围绕基础设施建设、跨境贸易与投资、私营部门参与、人力资源开发、环境保护和自然资源可持续利用等五大战略重点加强合作，取得了显著成果。截至2007年底，在次区域经济合作框架内，在交通、能源、电信、环境、农业、人力资源开发、旅游、贸易便利化与投资九大领域共开展180个合作项目，其中投资项目34个，总投资达

98.7 亿美元，技术援助项目 146 个，涉及资金 1.66 亿美元，有力地推动了该区域成员的经济社会发展。

总之，大湄公河次区域合作已成为世界上跨境次区域国际合作比较成功的典范。目前，这个地区年平均经济增长速度超过 6%，亚洲开发银行报告称之为全球经济增长最蓬勃的区域之一。

2. 图们江经济圈

（1）“图们江经济圈”的提出和形成

“图们江经济圈”，就其地理范围而言，一般是指从中国的延吉到俄罗斯的海参崴和朝鲜的清津三个城市为顶点的区域。也有学者将其扩展至包括朝鲜的罗津—先锋自由经济贸易区、蒙古国东部、中国吉林省和俄罗斯远东的滨海边疆区。“图们江经济圈”也属于跨境次区域国际合作的类型，它是中国、俄罗斯、朝鲜、蒙古等位于图们江流域的地区，围绕图们江的开发利用而形成的跨境次区域国际合作经济圈。

图们江地区处于中俄朝三国交汇地带，东与俄罗斯滨海边疆区相邻，南同朝鲜咸镜北道接壤，同时又是这个地区出入日本海的唯一通道和东北亚国际交往的水上捷径。其江口处在日本海西岸的中央部位，面向日本、朝鲜半岛东岸和俄远东沿海地区，背靠中国东北和蒙古腹地，是环日本海沿岸地区航路的核心地带。图们江通航与陆上交通线建设可为环日本海地区提供直通欧洲便捷的大陆桥，因此该地区是连接欧洲，东北亚和北美贸易和交通的重要通道，具有重要的转口贸易优势和企业发展的机会。同时该区域自然资源丰富，低廉的熟练技术工人也是吸引投资的一个竞争优势，因而图们江流域的开发与合作，具有着巨大的投资潜力和发展空间。

1991 年 10 月，联合国开发计划署（UNDP）正式将图们江流域开发列为联合国开发计划，并公布了由其协调的开发图们江三角洲计划，提出用 20 年时间，筹资 300 亿美元，在中、朝、俄三国毗邻的 1 万平方公里的三角洲地区，兴建一个多国经济技术合作开发区，使其成为世界上第二个鹿特丹或者第二个香港。具体目标为：（1）建设图们江地区港口群，预计吞吐能力达到3亿吨左右；（2）建设庞大的运输系统和国际空港，使这里成为东北亚地区的交通运输枢纽；（3）建成拥有50万—100万人口的现代化国际城市，成为东北亚地区重要的商贸中心、金融中心和新兴产业中心；（4）建成以该开发区为起止点的新亚欧大陆桥，并带动沿线工业地带的逐步形成。

1992年在UNDP的倡导下，由中、俄、朝、韩、蒙五国共同开启了图们江区域开发的这个次区域国际经济合作项目，从而揭开了图们江开发计划的序幕。

中国积极回应UNDP开发计划，高度重视图们江开发项目。1992年5月，中国政府把位于图们江地区的珲春市正式批准为边境开放城市；同年12月，正式批准了《图们江下游暨珲春地区综合开发规划大纲》，并在国务院设立图们江开发研究小组，负责制定中国参加图们江开发项目上的具体政策；1996年3月又把“搞好图们江地区开发”列入《国民经济和社会发展“九五”计划和2010年远景目标纲要》；1999年再把国务院图们江地区开发项目研究小组改组为图们江开发项目协调小组，主管该项目的组织、实施和协调。为配合图们江开发，中国政府陆续投资50多亿元进行铁路、公路及通讯、能源等基础设施建设，使该地区铁路、公路和通讯等基础设施得到显著改观。

俄罗斯政府也积极回应UNDP开发计划，于1992年1月宣布符拉迪沃斯托克（海参崴）市为开放城市，并制定了“大海参崴计划”，将符拉迪沃斯托克（海参崴）港、纳霍德卡港、东方港、扎鲁特港确定为自由港，设立了纳霍德卡经济特区和符拉迪沃斯托克（海参崴）自由经济区；此后1993年又建立了哈桑—图们江自由经济区；并加快了哈桑商港〈扎鲁比诺港〉及连接中国长岭子口岸的铁路、公路建设。

图们江开发项目也受到了朝鲜政府的重视。为落实UNDP开发计划，朝鲜于1991年12月在罗津—先锋地区建立了面积达621平方公里的自由贸易区，并宣布该自由贸易区为中央直辖市。1993年，朝鲜政府又将该自贸区的面积进一步扩大到749平方公里，同时把罗津港和先锋港宣布为自由贸易港。朝鲜还通过元汀里—圈河桥使这个自由贸易区同中国珲春连接起来，并积极扩建清津港、罗津港，开辟了内连中国、外通日本和韩国等港口的联运线。

（2）图们江合作开发的进程及成效

围绕着图们江开发项目，在 UNDP 的协调下，东北亚各国政府开始积极行动，共同推进东北亚次区域经济合作。

从 1992 年至 1996 年间，UNDP 先后召开了 6 次图们江地区开发项目管理委员会（PMG）会议和多次有关国家政府间的会议，直接拨款 350 万美元，用于前期的可行性研究。

1995 年 12 月，中、朝、俄三国政府签署了《关于建立图们江开发协调委员会的协定》，同时，中、俄、朝、韩、蒙五国政府签署了《关于建立图们江经济开发区及东北亚开发协调委员会的协定》和《图们江经济开发区及东北亚环境准则详解备忘录》。之后，中、俄、朝三国都加强了图们江地区基础设施和投资环境的建设，加快了国际经济合作进程。

而 UNDP 和其他国际机构也继续给予图们江地区开发以财政上的支持。1997 年至 1999 年，UNDP 又提供了 360 万美元资金用于图们江开发项目。同时，联合国的其他机构，一些北欧国家和韩国政府等也拟捐款 320 亿美元，作为配套资金用于该期间的项目实施。另外，全球环境保护基金也同意提供 496 万美元用于图们江流域开发过程的环境保护。

多年来，中、俄、朝等国都在积极推动图们江地区的开发，在基础设施和政策法规的硬、软环境建设上取得了显著成绩。除了各自自主开发外，还出现了合作各方联合开发的局面，使图们江地区的交通、航运和港口建设出现了崭新的面貌。

首先是地面运输条件大大改善。中国方面建成了图们江—珲春国家二级公路（1998 年通车）和珲春至圈河口岸高等级公路、图们至珲春铁路和珲春至长岭子口岸铁路。俄罗斯方面建成了克拉斯诺至中俄边境线的公路和铁路，并修建海参崴—克拉斯诺—中俄边境高等级公路。中俄两国共同建成了珲春—马哈林诺国际铁路（1999 年通车）。朝鲜方面建成了罗津至元汀里硬面公路，改扩建了罗津机场和一些铁路与港口。

其次是增加了开放口岸。中国珲春市现有口岸 3 个，其中两个是一级一类口岸，而延边朝鲜族自治州开放口岸已达 9 个，年过货能力达到 500

万吨。

第三是通讯条件显著改观。中国珲春市电话装机容量已达 4 万门，延吉市则达到 14 万门；中国珲春至朝鲜罗津、俄罗斯海参崴和克拉斯诺及朝鲜罗津至平壤的光缆电话都已开通。

第四是开辟了多条海运航线。10 多年来图们江地区先后开通的国际客货航线有：珲春（中）—扎鲁比诺（俄）—伊予三岛（日）—釜山（韩）货运航线；珲春—罗津（朝）—釜山（韩）—新泻（日）集装箱航线；珲春—波谢特（俄）—秋田（日）客货运输航线；珲春—波谢特—束草（韩）客货运输航线。这些航线的开通为图们江地区开辟了一条通往日本海周边国家及北美国家的出海通道，改善了该地区的投资环境。

第五，开辟了国际旅游线和贸易区。经中俄与中朝地方政府的协商，先后开辟了珲春—斯拉夫扬卡—海参崴的双向旅游线路和延吉—珲春—赛别尔—先锋—罗津—平壤的单项旅游线路，还相应开辟了珲春中俄互市贸易区和元汀里中朝互市贸易区。这一地区的中、俄游客与日俱增，近年已达到每年约 10 万人次。

第六，国际投资贸易活动活跃。从 1995 年至 1998 年，在珲春、海参崴和罗津三地共举办了五次图们江地区国际投资贸易洽谈会，吸引了不少外资。例如，截至 1998 年上半年，珲春边境经济合作区已引进外资 1.26 亿美元；而延边地区引进外资达 9 亿美元，有 22 个国家和地区前来投资；俄罗斯滨海边疆区吸引的外资也达 6 亿美元；朝鲜罗津—先锋自由贸易区吸收外资约为 1.5 亿美元。①

（3）图们江合作开发的困难和问题

需要指出的是，与亚洲开发银行所主导的大湄公河区域合作开发相比，尽管图们江区域合作开发也是 20 世纪 90 年代初开始启动，而且也是由国际组织（联合国开发计划署）倡导并得到了其他重要国际组织的大力支持，但是这个次区域经济合作项目比起大湄公河次区域经济合作来说，发展还是要迟缓和落后得多。

① 参阅陆建人：《东北亚经济合作：历史回顾与当前进展》，《东北亚研究》，2005 年第 1 期。

一是虽然在1995年中、俄、朝、韩、蒙等相关国家就分别签署了图们江地区国际合作开发框架协议，也起到了一定的实质性推进作用，但总体来说，这些协议的内容还比较空泛，还无法为该地区的经济合作提供有效的指导原则和可靠的制度保障，因此该地区的经济合作在很长一段时期里仍处于稳定性较差的松散联合状态。

二是尽管相关国家政府都表示了一定的支持，但是与大湄公河次区域经济合作相比，参与图们江区域合作开发的各国政府支持力度明显不够。前面已经看到，围绕大湄公河次区域经济合作已经连续多次召开了相关国家最高领导人的会议，并且在相关国家层面上颁布了许多推进合作的重要政策措施。但是在图们江国际开发项目中，迄今为止还没有召开过一次相关国家的最高领导人会议，而实质性推进这个次区域国际经济合作项目的基本上还主要是相关国家的省和地区一级政府，例如中国的吉林省、俄罗斯的滨海边疆区和朝鲜的罗—先自由经济贸易区等。

三是长期以来图们江地区吸引的外部投资规模还非常有限，并且大部分都是中小企业的投资，几乎没有大企业、大集团的投资。同时相关各个国家也并未在这个项目上投入足够的资金。

图们江区域合作开发比起大湄公河次区域经济合作之所以缓慢，究其根本原因，是由于这个地区存在的各种主客观因素比大湄公河地区要复杂得多。这个地区不但国家类型复杂多样，而且历史遗留问题纷繁复杂，地区政治安全也长期没有得到有效解决。在这种极为复杂的地区环境下开展区域经济合作，有关国家树立共赢意识并建立起互信机制就显得尤为重要，而这一点恰恰成为这个地区开展区域性国际经济合作的最大障碍。

近年来，随着这个地区相关各个国家经济社会发展的不断变化以及复杂历史政治因素日趋缓和与改善，各国政府对这个次区域国际经济合作项目的态度也开始变得越来越重视和逐步加支持的力度，从而为这个次区域国际经济合作项目带来了新和活力和重大的转机。

2005年9月，在中国吉林省的长春市召开了包括中国、朝鲜、韩国、俄罗斯和蒙古五国组成的图们江流域经济发展项目咨询委员会会议。在这个会议上与会各国一致同意将1995年签署的项目咨询委员会协议再延长10年，并继续加强区域内现有的联系与合作，推动这个地区的经济增长和可持续发展。同时五国还表示要将合作区域扩大到整个大图们江，包括中国的东北三省和内蒙古东部、朝鲜罗津经济贸易区、蒙古的东部省份、韩国的东部沿海城市和俄罗斯滨海边疆区的部分地区。在此次会议上，各国还表示将全力支持大图们江行动计划，加大经济发展的力度，并同意今后大图们江行动计划的工作重点是在能源、交通和旅游三个领域。在加大经济发展力度方面，会议强调尤其是要鼓励支持民营企业的参与，并计划成立一个经济顾问委员会，使民营经济的建设性意见能够以合作伙伴的形式得以体现。此外，与会各国还同意，今后将从财政上支持图们江地区开发协调委员会秘书处的正常运行。

对图们江国际合作开发项目更加具有里程碑意义的是，2009 年 11 月中国国务院正式批复了《中国图们江区域合作开发规划纲要——以长吉图为开发开放先导区》，标志着中国政府已经把全力支持图们江区域国际合作上升为国家战略，而“长吉图开发开放先导区”则成为迄今唯一的一个国家批准实施的沿边开发开放区域。

目前，中国有关部门正在抓紧制定“长吉图开发开放先导区”建设规划纲要实施意见，编制专项规划、地区规划，加大区域内铁路、公路等基础设施建设力度，推进与俄、朝、韩、日、蒙等邻近国家通道建设，推动长吉图开发开放尽快取得新进展。

目前，吉林至图们的时速 200 公里以上快速铁路项目已列入省部合作建设协议，长春、吉林内陆港已基本完成，珲春口岸建设不断加快。到 2020 年，这一区域将建设成为中国东北地区对外开放的“新门户”。

这些重大举措无疑将会开启图们江国际合作开发的新局面，对大大推进这一国际合作项目的进程发挥极为重要作用。

3. 东北亚经济圈

(1) 东北亚区域经济合作的提出及其形成

“东北亚经济圈”的概念最早是 20 世纪 80 年代由日本的一些研究学者和机构提出的。因此东北亚区域经济合作早期阶段的构想，也基本是围绕"日本海""黄海"等的开发和利用而开展的。

1987年3月，由日本经济同友会和日本政府有关研究机构组成的"日本经济调整协议会"提出了"东北亚经济合作区"构想。几乎在同时，中国学术界也开始关注东北亚地区国际经济合作问题。1988年，中国东北财经大学教授金凤德先后提出了连接日本海、黄海、渤海的"三海经济圈"构想和"东北亚经济圈构想"。中国学术界从此开始研究东北亚区域经济合作问题，并逐渐形成热潮。

1994年，中国吉林省、日本鸟取县、韩国江原道、俄罗斯滨海边疆区和蒙古中央省建立了"环日本海地方政府首脑会议"的制度，每年举行一次会议商讨区域合作与发展问题。这是除朝鲜缺席外，所有东北亚国家地方政府参与的论坛。

另外，1993年日本的北九州市也带头组织了"东亚环黄海区域会议"，每两年举行一次。参加城市包括日本的北九州市、下关市、福岗市；韩国的釜山市、仁川市、蔚山市及中国的大连市、青岛市、天津市和烟台市共10个城市。会议主要讨论环黄海地区的经济合作问题。①

然而，众所周知，东北亚区域经济合作更主要的一个内容是中国东北地区与俄罗斯联邦远东地区的合作。不过，由于20世纪60年代中苏关系破裂后两国形成了严重的对立和隔阂，导致了经济关系的冷淡和政治互信的低下，因此20世纪90年代两国在这个地区的经济合作基本上仅限于小额边境贸易，并没有开展大规模和高层次的资源开发与经济合作。这种局面必然使所谓的"东北亚经济圈"受到极大的局限，无法形成真正意义上的"东北亚区域经济合作"。因此上述以"日本海"、"黄海"等为主要内容的"东北亚区域经济合作"，在90年代中期后就开始逐步淡出人们的视野，并且除了理论上和学术上进行了一些探讨外，鲜有取得什么实质性的成果。

所以应当说，真正意义的东北亚区域经济合作，是在21世纪初随着中俄两国开始进行大规模的区域经济合作后才逐步形成和发展起来的。

2000年后，随着俄罗斯国家战略东移，中俄在东北亚地区的合作开始

① 参阅陆建人：《东北亚经济合作：历史回顾与当前进展》，《东北亚研究》，2005年第1期。

进入了一个全新的发展阶段。

2002年俄罗斯政府重新修订和实施了《1996—2005年和至2010年远东与外贝加尔地区经济社会发展联邦专项纲要》，并在此基础上2005年又制定了“政府和实业界建立伙伴关系，实现社会稳定和持续发展”的西伯利亚发展战略。与此同时，2003年中国也正式提出了实施东北老工业基地振兴战略。在俄罗斯开发远东和中国振兴东北战略同步实施的条件下，中俄两国在东北亚地区的互动合作揭开了全面经济合作的新篇章。

2004年和2005年中俄总理两次定期会晤联合公报都强调，支持中国企业参与俄罗斯西伯利亚和远东地区开发，鼓励俄罗斯企业参与中国西部大开发和振兴东北老工业基地。中国《国务院办公厅关于促进东北老工业基地进一步扩大对外开放的实施意见》和东北三省有关文件，都把俄罗斯远东地区列为东北地区对外开放、特别是“走出去”的重要地区；都把能源、木材加工业、科学技术等领域作为主要合作领域；而俄罗斯远东各州和边疆区都把对华经贸合作列为优先发展方向。①

2009年6月中俄双方正式批准的《中俄双方投资合作纲要》和2009年9月中俄双方正式批准的《中国东北地区同俄罗斯远东及东西伯利亚地区合作规划纲要》，是中俄两国在东北亚地区开展经济合作的带有里程碑性质的纲领性文件，标志着中俄两国在这个地区的经济合作发展进入了一个更高的发展阶段。

2009年9月8日中国国家发改委副主任张国宝在俄罗斯哈巴罗夫斯克举行的第四届远东国际经济论坛上演讲时特别指出，上述《地区合作规划纲要》是由中国国家发展改革委员会与俄联邦地区发展部经过历时两年多的编制、交流、磋商和会谈而共同完成的。这一中俄《地区合作规划纲要》，涉及领域之广，合作项目之多，合作内容之实，在中俄已批准或签署的文件中堪称首例。它是根据中俄两国地区发展规划以及基础设施建设的需要，考虑到全球化的背景，作为共同面向东北亚彼此关联度高的地区而制订的。其中主要内容为：首先应该共同构建大交通、大流通、大市场格局，实现交通运输的互联互通，形成双边运输通道和多边国际运输网

① 周延丽、史春阳：《中国东北振兴战略与俄罗斯开发远东战略的联动趋势》，黑龙江中俄信息网，2007年2月13日。

络，突破地区发展与合作的制约"瓶颈"。其中包括要尽快启动跨境大桥、通道、口岸等项目的建设；营造人员交往和货畅其流的便捷交通运输环境。其次要加强地区旅游、科技、环保、人文合作，推动民间交往。其中包括共同培育特色地方精品旅游路线，逐步向内陆及东北亚地区辐射；加强地区环保合作，维护好生态环境；扩大人文合作与民间交流，相互增进了解、友谊和互信，巩固中俄关系的社会基础。第三要推动地区重点项目合作，要选择规模大，带动作用明显，能够发挥优势，建设条件已经具备的投资合作大项目，给予重点支持和推进；大项目具有示范作用和长远联动效应，抓好一个大项目，可以形成一条通道，带动一批合作项目或一个地区发展，充分发挥辐射效应；要全面开展在能源、矿产品、森工、农业及基础建设等各领域的地区合作。

中国国家主席胡锦涛2009年9月23日在纽约参加联合国气候变化峰会期间会见俄罗斯总统梅德韦杰夫时，高度评价刚刚正式批准的中俄《地区合作规划纲要》是一份内容充实、很有分量的文件，对推动中俄毗邻地区合作具有重要意义。希望两国有关部门抓紧落实，推动两国地方合作不断迈上新台阶。同时还指出，中俄双方签署天然气领域合作谅解备忘录，成为两国能源合作的又一重大突破。中方高度重视同俄方开展能源领域合作，希望双方共同努力，推动双方能源领域合作不断取得新成果。他还提到，2009年6月成立的中俄海关合作分委会第一次会议不久前在北京成功举行，这是双方为规范双边贸易秩序采取的切实举措。希望两国海关等部门继续努力，强化海关监管，促进通关便利化，推动双边贸易步入健康有序的发展轨道。他最后强调，中方愿同俄方在现有基础上加强环保合作。

俄罗斯联邦总统梅德韦杰夫也指出，双方正式批准中俄《地区合作规划纲要》，是双边关系成熟稳健的重要标志，俄方将认真落实。他同时也指出，双方能源领域合作已经达到很高水平，俄方愿继续同中方发展电力、核能等领域有关合作。两国海关应该积极合作，促进双边贸易健康发展。俄方希望继续同中方加强环保、移民等领域合作。此外，他还指出，中国经济的出色表现有利于世界经济复苏，俄方愿同中方就国际金融合作加强协调。

总之，近年来中俄两国政府和领导人都高度重视中国东北地区与俄远东地区的经济发展，并将其提升到国家战略的高度。这些战略举措，对于推动整个东北亚区域经济合作，无疑具有重大而深远的意义。

（2）东北亚区域经济合作的进展成效

从20世纪90年代以来，东北亚区域经济合作在许多方面取得了很大的进展和明显的成效。

1）环境方面的合作。东北亚地区政府间的双边环境合作开始于20世纪90年代初期，并于90年代中后期形成规模。中国政府分别与日、韩、俄、蒙签署《环境保护合作协定》，在大气污染防治、水资源综合利用等领域开展合作，并针对东北亚地区共同的生态环境问题进行多方面的环境技术合作、自然环境状况评价等合作。

1998年在韩国首次召开了中、日、韩三国环境部长会议，确定了六个优先合作领域的实质性合作项目，并决定以后每年召开一次三国环境部长会议。

2003年，在中、日、韩三国环境部长会议上提出，东北亚地区要进一步建立区域环境合作机制，并就东北亚地区的水和大气污染、沙尘暴等问题进行深入的合作，通过信息共享建立一个地区性环境监测网络。迄今，东北亚国家之间环境合作的绩效已经显现出来。

几年来，三国已建立了东北亚地区酸雨沉降监测网、环境污染数据监测与分析中心和沙尘暴共同监测网络。开展了三国大气污染物远距离扩散合作研究，并在环境教育与培训、环境信息交流、促进循环经商发展方面加强了合作与交流。此外，通过环境合作，增加了各国之间的“环境共同体”意识。区域化“环境共同体”的雏形基本形成。同时，一些过去曾经导致国家间矛盾与纠纷的跨国环境问题，已开始转化为解决这些问题的具体的、积极的行动计划。东亚各国的环境合作，促进了东北亚地区环境产业和环境市场的积极发展。

2）金融方面的合作。东北亚金融合作也取得了重大进展。其中一个重要的内容就是筹建“东北亚银行”。

设立“东北亚银行”的倡议始于1991年在天津召开的第一届东北亚经济论坛年会，会上由时任韩国总理的南德佑和中国国务院发展研究中心主任马洪首次提出这一倡议。由于当时中国、蒙古、朝鲜和俄罗斯远东地区的发展需要大量资金①，而东北亚各国，特别是在亚洲经济中发挥举足轻重作用的中国、日本和韩国之间缺乏有效的金融合作机制，难以为东北亚地区的发展提供充足的资金补给，因此提出设立东北亚银行倡议的主要目的，是为东北亚地区的基础设施和跨国合作开发项目拓展长期性的资金来源。然而由于当时东北亚地区金融合作的条件并不成熟，所以这一建议迟迟没有得到落实。

进入21世纪后，东北亚地区国家之间开展合作的条件日益成熟，相关各个国家的态度也日趋积极。特别是2003年10月7日，中、日、韩三国领导人在印尼巴厘岛发表《中、日、韩推进三方合作联合宣言》，为三国之间政府和非政府间的合作包括金融合作，提供了更加有效的架构。在这样一种背景下，2003年10月在天津举行的太平洋经济合作理事会上达成一项共识，就是继续推进东亚银行的筹建。会议还将这家银行与由成员国政府出资组建的世界银行和亚洲开发银行相区别，将它定位为是一个由中国、日本和韩国的私人金融机构和企业出资建立、以赢利为目的、以"服务东北亚经济"为主旨的股份制商业银行。此后，中、日、韩三方各自成立了"东北亚银行"筹建小组，开始了筹备工作。2007年3月第十届全国人大五次会议召开期间，天津代表团20多位代表联名向大会提交议案，建议在天津滨海新区设立东北亚银行。

2008年10月29日，东北亚金融合作研究中心在天津南开大学正式成立，该研究中心的建立，标志着东北亚银行的筹建工作已进入实质阶段。该研究中心是创建东北亚银行准备工作的重要组成部分，该研究中心以创建东北亚银行为首要工作目标，对设立银行问题进行充分的研究和论证，加强东北亚各国金融人士的相互交流，为筹建东北亚银行做一些前期准备工作，并尽快提出具有亚洲区域性特色的东北亚银行的设立方案。这些举措对推进东北亚金融合作均具有重要的积极意义。

对东北亚金融合作具有更重大意义的是，在全球金融海啸暴发的背景下，2008年12月10日，中、日、韩三国央行发表联合声明，同意定期召

① 按照90年代初有关研究的估算，未来15年到20年，东北亚地区基础设施的升级和发展每年需要75亿美元，而当时国际发展金融机构每年所能提供的资金上限仅为25亿美元。

开行长会议，并就区域经济金融形势和共同关心的有关央行的议题交换意见。

12月12日，中国人民银行和韩国银行宣布签署一个双边货币互换协议。该协议提供的流动性支持规模为1800亿元人民币/38万亿韩元。双方可在上述规模内，以本国货币为抵押换取等额对方货币。协议的实施有效期为3年，经双方同意可以展期。

12月13日，中、日、韩三国领导人会议在日本福冈举行。三国领导人就加快扩大区域性货币互换体系以及尽早对亚洲开发银行进行增资达成了共识。这是中、日、韩三国首次单独召开的峰会，具有重要的象征性意义，标志着东北亚区域金融合作进入了一个新阶段。

2009年9月23日，俄罗斯联邦总统梅德韦杰夫在与中国国家主席胡锦涛会见时也表示，中国经济的出色表现有利于经济复苏，俄方愿同中方就国际金融合作加强协调与合作。

3）能源方面的合作。随着近年来国际石油价格大幅上升，能源供应与能源安全问题日益突出。尤其是东北亚地区各国经济都在快速增长，人口不断增加，对能源特别是石油的需求非常迫切，且在可预见的未来，能源需求与供给的不平衡将是长期发展趋势。因此，能源安全问题已成为东北亚国家共同面临的重大问题。

因此20世纪90年代开始，能源合作已引起东北亚地区国家的重视，并进行了诸多努力和尝试，提出了许多合作倡议。

自20世纪90年代末起，日本就积极推动亚洲的能源安全合作机制。日本在《2030年国际能源战略报告》中建议亚洲各国仿效国际能源机构（IEA），建议成立亚洲能源机构（AEA）；韩国政府和学界曾通过多种渠道向中国表达能源合作的意向，甚至为此专门成立了一个东北亚经济中心推进委员会；中国方面也越来越认识到东北亚能源合作的重要性，并积极参与了各种活动。同时，地区能源合作呈现良好势头。

2003年3月，东盟“10+3”能源当局成立“亚洲能源合作工作组”，以加强信息沟通。同年11月，中、日、韩三国炼油企业在日本东京举行的东北亚能源研讨会上达成共识，计划将通过“东北亚能源论坛”等多种形式进行接触，共同促进建立东北亚能源交易所，探讨在天然气领域开发合作等。

2004 年 6 月，在青岛举行的亚洲合作对话第三次外长会议发表了亚洲能源合作的框架文件《青岛倡议》，提出了 11 条具体合作建议，涉及信息交流、勘探开发、可再生能源开发生产、节能、电力普及与区域电网建设、参与国际能源市场定价、吸引外资、建设区域高效能源运输、传输网、维护运输通道安全、人力资源开发等。同年 9 月，中、日、韩与东盟能源部长会议在菲律宾召开，与会高官呼吁加紧建立共同的石油储备和节约能源。俄、中、日、韩、蒙五方还在科维克斯克气田的开发、销售及铺设输气管道方面开展合作。

2008 年 6 月在日本举行的五国能源部长会议，会议发表了联合声明，在进一步加强投资和节能、替代能源以及市场透明方面达成共识。日本经济产业省经济产业大臣政务官谷合正明表示，希望各国能加强节能问题的国际合作，开展低碳能源、开发新技术的国际合作，共同应对因能源问题引起的气候变化，将东北亚的能源合作推向更高的台阶。同年 9 月，在长春举行的第四届东北亚博览会上，中国国务院副总理王岐山和俄、朝、韩、日、蒙等东北亚国家的政府高官再次聚集一堂，商讨加强东北亚区域能源合作，共同应对棘手的能源问题。王岐山表示，能源资源合作是东北亚地区经济合作的战略重点。中国愿与各国深化能源的互利合作，加快推进石油、天然气等重大能源合作项目建设，推动建立清洁、经济、安全、可靠的东北亚能源合作体系。

2009 年 12 月 28 日，位于俄罗斯远东滨海边疆区的科济米诺港石油储藏和海上出口系统正式投入使用，第一艘出发的 10 万吨油轮将石油运送至中国香港。科济米诺港的启动，是东北亚地区能源合作的重要一步。当天上午，在科济米诺港系统启动仪式上，俄罗斯总理普京表示："对俄罗斯而言，这是一个很棒的新年礼物。这是一个战略项目，将帮助我们开拓新的市场，那就是不断发展的亚太市场。"

事实上，俄罗斯开通这条海上石油通道，至少谈论了五年，一直没能落实。如果没有港口，俄罗斯从西伯利亚出口石油会相当困难，因为那里冬天铁路运输十分艰难，牵扯到很多基础建设问题。所以，要扩大能源关系，就需要新的运输方法，那就是海运。通过就近寻找港口出口，既解决了长途依靠铁路的困难，又满足了中国等新兴市场国家和地区对能源的需求。而科济米诺港石油储藏和海上出口系统之所以能够于2009年底正式投入使用，正是由于俄罗斯石油管道运输公司为该石油码头斥资20亿美元。同时，俄罗斯政府为了鼓励发展东西伯利亚的石油储备，给予从科济米诺港运油的公司豁免关税。

俄罗斯石油管道运输公司于2008年10月与中国石油天然气集团公司（中石油）签署的向中国运送石油的协议2010年即可实施，上述科济米诺港石油出口系统的开通就是实施这一协议的重要环节。东西伯利亚到太平洋石油管道是俄罗斯最大的石油项目，年输送能力为8000万吨。向亚洲地区出口原油，首先从伊尔库茨克州的泰舍特到阿穆尔州的斯科沃罗基诺，完工期限为2009年末；第二阶段是从斯科沃罗基诺至滨海边区的科济米诺港。此外，每年将有1500万吨石油要经过东西伯利亚—太平洋管线的中国支线运到中国。中石油2008年10月同俄罗斯国家石油管道运输公司签署协定，修建通往中国的石油管道。

东北亚地区的能源合作还体现在电网建设上。2008年3月，中俄能源合作在跨国输电项目上也开始“破冰之旅”。中国国家电网公司与俄罗斯国家统一电力系统股份公司共同签署了“深化合作备忘录”，将逐步实现与俄罗斯西伯利亚电网互联，以将俄罗斯丰富的水电向中国输送。同年11月，在俄罗斯领导人访问中国期间，两国能源部门签署了一系列协议。此前，俄罗斯电力公司总裁邱拜斯就表示，如一切顺利，俄罗斯可在2010年向中国东北大规模输电。

不仅如此，俄罗斯电力专家正在研究西伯利亚电网与中国东北和朝鲜，并通过朝鲜与日本电网互联，形成东北亚电网。

4）将东北亚合作纳入了中、日、韩合作框架。进入21世纪，东北亚的政治和经济形势都有所改善。朝鲜半岛紧张局势已经缓和，六方会谈机制启动。东北亚各国经济形势都有不同程度的好转。另一方面，东亚经济合作步伐加快，东盟与中、日、韩组成的10+3合作框架逐渐走向制度化发展道路。10+3框架下的中、日、韩合作也逐渐走向制度化。

1999年10+3领导人会议期间，中、日、韩3国首脑会议以早餐会形式进行了会晤，以后便形成了正式的年度会晤机制，但都安排在10+3首脑会议期间进行。在2001年9月举行的第三次中、日、韩首脑会晤时，中国提议建立三国经济和贸易部长会晤机制。2002年第四次三国首脑会晤时，中国又提出建立中、日、韩三国自由贸易区可行性研究建议。至此，东北亚区域合作正式成为10+3框架内的一个重要内容。这意味着，东北亚合作有可能借助10+3框架而走向机制化。

10+3框架下的中、日、韩合作，虽然起步较晚，但它对推动东北亚地区的经济合作有很大意义。2003年10月，在印度尼西亚巴厘岛召开10+3领导人会议期间，中、日、韩3国首脑签署了《中、日、韩推进三方合作联合宣言》，决定大力推动三国之间在贸易和投资、信息通讯产业、环境保护、防灾治灾、能源、金融、科技、旅游、渔业保护等9个经济领域及人力资源开发、新闻媒体、公共卫生、教育、文化体育等5个非经济领域总共14个领域的合作。显然，这些合作将在三国中央政府的直接领导下，以政府协议的形式开展。这一点至关重要。这种由中央政府推动的合作，具有约束性和一定的紧密性，起点高，力度大，从而将大大提高东北亚区域合作的质量，加快东北亚区域合作进程。

2008年12月13日，中、日、韩领导人会议在日本福冈举行。中国国务院总理温家宝、日本首相麻生太郎、韩国总统李明博出席会议。会议签署了《国际金融和经济问题的联合声明》、《三国灾害管理联合声明》和《中日韩合作行动计划》等文件，达成了推动清迈倡议多边化进程、在未来12个月内应避免对投资和货物及服务贸易设置新障碍等多项共识。《中日韩合作行动计划》的具体内容包括：

在政治事务方面，要稳固建立三国对话机制。第二次和第三次领导人会议将分别于2009年和2010年在中、韩两国举行。三国将通过协商继续寻求在东盟系列领导人会议期间举行中、日、韩领导人会议。第三次外长会将于2009年在中国举行。三国外交高官会议每年将举行一次。并于2009年设立三国合作网络秘书处，以改善三国合作成效。

在经济事务方面，三国自贸区联合研究将于2008年底完成。进一步的深入研究将于2009年开始。三国将推动尽快完成有关促进三国投资便利化和投资保护的谈判。三国政府将在能源领域继续互利合作，并协作加强地区和全球能源安全。三国将通过在东亚建立高效和无缝链接的国际物流体系，来促进贸易便利化和经济增长。第三次交通与物流部长会将于2009年在中国举行。进一步促进海关合作，以创造良好的投资环境，促进贸易便利化。2009年中国将举办第三届三国海关领导人会议。三国将探讨在2009年建立联络系统的可能性，以促进工业领域中的合作。三国将继续加强包括财政部、央行、金融监管机构等在内的相关部门间的金融对话与合作，共同努力，实现地区的金融稳定。

在环保、科技方面，三国提出要启动东亚气候伙伴计划，共同研究沙尘暴的监控、早期预警和防控，解决本地区空气污染问题。加强治理海洋垃圾合作，开展候鸟联合保护和监控。同时要加强科技合作，于2009年在东京召开第二届中、日、韩三国科技合作部长级会议，并将进一步推进现有项目加强信息和通讯技术合作。

在社会和文化事务方面，三国政府将探讨在建立双边搜救合作机制基础上提升三国海上搜救合作的可能性。中、日、韩第二次三国卫生部长会议于2008年11月在北京举行。三国将致力于通过紧密合作，预防和应对大规模流感。三国将继续扩大卫生合作范围，涵盖与健康有关的其他问题。年度“三国合作论坛”将重新启动，它是三国外交和安全的学术机构间的协商机制。“韩中日青少年友好会见”将于2009年和2010年分别在韩国和中国举行。“韩中日青年领导者论坛”将于2009年在中国举行。三国将探讨启动“中、日、韩青年部长会议”的可行性。三国将继续举行展览、艺术表演和电影等文化活动。三国将继续在竞技体育、大众体育、体育科学与医学以及反兴奋剂领域进行合作。扩展三国旅游合作，扩大连接三国主要旅游景点的合作游轮航线的运营。

在国际领域合作方面，三国将就2009年哥本哈根举行的联合国气候变化大会如何达成一个公平有效、面向2012年后的国际气候变化安排交换意见。三国将就非洲事务加强对话和磋商。三国将致力于加强与东盟的合作，推进东亚合作，支持东盟在东亚合作中的主导作用。三国将与有关各方一道，为推动六方会谈进程共同努力。三国将就尽早实现2005年联合国首脑会议成果中所涉及的联合国改革逐步加强对话，寻求合作。推动多边裁军进程，加强国际不扩散体系，维护世界和地区的和平与稳定。

4. 泛北部湾经济圈

"泛北部湾经济圈"或"泛北部湾经济合作区"是近年来才出现的一个新兴的东亚区域经济合作架构，它实际上是中国与东盟在"10+1"自贸区的框架下，围绕北部湾地区的资源开发、产业合作和区位优势整合而正在形成的一个次区域经济合作区。

北部湾位于南海西北部，是中越两国陆地和中国海南岛环抱的一个半封闭海湾。环北部湾的城市组群主要有中国广东省的湛江市、海南省的海口市、广西壮族自治区的北海市、钦州市、防城港市和越南的海防特区。北部湾的地理条件很好，海岸线漫长，纬度较低，有多处大型深水不冻港湾，海港条件十分优越。此外，北部湾资源十分丰富，不仅是海洋石油天然气的富集区，而且具有丰富的海洋生物资源和多种海洋矿产资源，此外还有优质的海水化学资源。更重要的是，北部湾区位条件优越，它介于东亚与东南亚之间，背靠中国大陆和越南，面向南中国海，北通港澳台，东跨南海与菲律宾毗邻，南面与马来西亚、新加坡、印尼、文莱隔海相望，是重要的海上交通枢纽。且北部湾为著名的"一日港"，任何一个周边港口城市相互往来只用一天行程即可到达，往返便捷。因此，作为开发价值十分可观和可以成为中国西南地区对接东盟"出海大通道"的北部湾地区，毫无疑问具有十分重要的投资潜力和发展前景。正因如此，有很多权威人士认为，这个地区完全有条件成为整个东亚地区又一新的增长极。

其实早在20世纪80年代末，广西自治区社会科学院周中坚教授就发表论文，在中国学界最早提出了建立北部湾经济圈的构想。[①]此后到了90年代初，国务院发展研究中心常务干事、著名经济学家季崇威考察广西沿海后，也提出"总的构思是否可考虑建立一个北部湾开发区，或者叫北部湾经济特区，把防城港、北海、钦州三市列入区域范围，统一管理、统一规划、统一开发"。

尽管中国的理论界和学术界很早就提出了北部湾经济圈（区）的概

---

① 周中坚：《从历史走向未来：北部湾经济圈构想及其依据》，载于《亚太经济增长与中国沿海发展战略》，上海社会科学院出版社出版1990年版。

念，但是真正使这个概念从理论变为现实，从构想进入到操作的，则是著名的中国脑库（综合开发研究院）2005 年为广西自治区提交的发展战略研究报告以及 2006 年 7 月在南宁召开的首届“泛北部湾经济合作论坛”。

在首届“泛北部湾经济合作论坛”上，时任广西自治区党委书记的刘奇葆同志发表了重要演讲，从理论与战略的高度提出了构建中国—东盟“一轴两翼”的“泛北部湾经济合作区”战略构想。这一战略构想的核心，就是将正在进行的中国与越南的环北部湾经济合作延伸到隔海相邻的马来西亚、新加坡、印度尼西亚、菲律宾和文莱等东盟中临近北部湾的国家，通过积极推动泛北部湾经济合作，逐步将这一区域经济合作提升为中国与东盟之间一个新的次区域合作项目。再加上已经形成的大湄公河次区域合作以及以交通干线为依托的南宁—新加坡经济走廊，构建中国—东盟“一轴两翼”区域经济合作新格局。

依照此一构想，在实践中一方面要加强交通、环保、信息等基础设施建设，逐步带动产业合作与发展；加强物流、金融、旅游、文化、公共卫生等方面的合作，促进临海工业和海洋产业的发展；加强产业对接与分工，促进相互贸易与投资，联合开发海上资源；加快服务贸易自由化进程，促进中小企业发展以及它们对地区经济的参与，形成一批各具特色的港口群、产业群和城市群。另一方面是要以铁路、公路干线为依托，构建南宁—新加坡经济走廊，通过沿线重点城市和跨境合作，吸引产业、物流、专业市场的集聚，以点带面，在中国与中南半岛之间形成一个日趋繁荣的、辐射力强大的经济走廊。

“泛北部湾经济合作区”战略构想一经提出，短短数月内就得到中国党和国家领导人的认可与支持，胡锦涛总书记、温家宝总理等党和国家领导人均在不同场合予以肯定和高度评价。尤其是在第三届中国—东盟商务与投资峰会和第十次中国与东盟领导人会议上，温家宝总理两次代表中国政府正式提出要“积极探讨泛北部湾经济合作的可行性”的倡议。与此同时，这一战略构想也得到了新加坡、菲律宾、柬埔寨等泛北部湾相关国家领导人广泛的赞同与积极回应。

泛北部湾经济合作区的提出和实施，为这个地区的发展带来了显著的变化，创造了巨大的商机，带动了经济和贸易的蓬勃增长。尤其是 2008 年初，国务院批准实施了《广西北部湾经济区发展规划》，把广西北部湾经济区的开放开发上升成为国家战略，更是把广西的发展及中国与东盟围绕北部湾开展的次区域经济合作推进到了一个新的阶段。自2008年初中国政府批准成立广西北部湾经济区以来，到2009年底，北部湾经济区临海产业布局正在加快形成，基础设施也正在加快完善。经济区内投资规模超过10亿元的重大产业项目达43项，总投资达3700多亿元；广西北部湾经济区通往沿海的三条高速公路和沿海铁路扩能改造工程等一批交通项目陆续开工建设；总投资110亿元的两期沿海基础设施建设大会战项目也进入收尾阶段。另一方面，几年来，广西与东盟的贸易和相互投资有了大幅度增长，至2008年，广西与东盟的贸易额增长了3倍，东盟在广西的实际投资额增长了4.38倍，广西在东盟的协议投资额增长了26倍。

以上我们用了较大篇幅对中国在东亚地区积极参与和支持推动的几个主要的次区域经济合作“经济圈”做了较为详细的阐述。上述“经济圈”都是中国改革开放后，特别是进入21世纪后，把长期坚持的睦邻友好外交政策引入到经济领域，亦即把与周边国家发展合作实现共赢纳入了新时期的国家战略后的“杰作”。

因此，从某种意义上说，与周边国家开展次区域经济合作并构建“经济圈”已成为改革开放后“有中国特色”的经济建设的重要组成部分，甚至可以说是改革开放的中国为世界经济发展所作出的一个重要的贡献。

第二章

定义“北亚经济圈”

上一章我们阐述和定义了“经济圈”的概念，分析了20世纪80年代以来全球区域经济合作蓬勃发展的内在原因，同时也对中国与周边国家和地区构建经济圈的进展情况以及所发挥的作用进行了概述。本章将进入本书的主题——提出“北亚经济圈”的概念。

正如本书开篇所讲到，“北亚经济圈”这个概念是笔者首次提出的。在此之前，很少有人将中国内蒙古自治区与俄罗斯西伯利亚联邦管区和蒙古国开展区域经济合作纳入到理论研究的视野中，更未有人将此作为中国与周边国家和地区构建的一个新的经济圈来考虑。为此，笔者在本章中首先要阐述之所以提出这个概念的理由，同时还要对“北亚地区”这个地理概念进行分析和论证（因为在此之前不但很少有人提到“北亚地区”这个概念，而且即使提到也是十分混淆不清的），最后笔者将对“北亚经济圈”进行理论上的定义。

值得一提的是，笔者在本章中提出了整个北亚地区应建立三大经济圈的构想，在此之前，没有任何人提出过与此相类似的理论和观点。

第一节　为何要提出构建“北亚经济圈”

上一章已经指出，中国是全球开展区域经济合作的典范，是东亚地区所有的区域经济合作和次区域经济合作最积极的参与者和最坚定的推动者。

的确，中国改革开放后尤其是近年来，无论是学界、商界还是政府，在推进区域经济合作（无论是国内还是国际）发展方面都格外活跃，积极性和主动性都格外高涨，无疑是目前世界各国中开展这类活动最活跃的国家。

这首先是因为中国是一个疆域广袤的大国，许多地域资源禀赋不同、区位特点各异，这就为这些具有不同资源和区位特点的地区之间创造了开展区域经济合作的有利条件和广阔空间。

其次，由于中国通过改革开放建立了市场经济体系，极大地解放了生产力，尤其是加入了世贸组织后，在参与全球化的过程中，更使自己获得了十分宝贵的资金、资源、技术和市场，因而驶上了经济发展和生产力提高的前所未有的快车道。在这个过程中，整个中国和这个国家的各个地区，都越来越充分地认识到市场经济发展的内在规律，不仅深深懂得一个国家一个地区仅靠自己的资源和条件孤立发展是没有出路的，而且尝到了对外开放以及与外部地区合作给自己发展带来的重大利益和好处，因而更加积极主动地创造条件来开展不同地区之间的区域经济合作。

第三，改革开放后，特别是进入21世纪后，中国把长期坚持的睦邻友好外交政策引入到经济领域，把与周边国家发展合作、实现共赢纳入了新时期的国家战略，从而大大加速了中国与周边的日、韩、东盟以及俄、朝、蒙、印、巴等国家的经济合作。其中特别是与俄、日、韩、东盟所开展的区域经济合作取得了令人瞩目的快速进展。在这个发展过程中，中国政府坚定和积极的态度及作为，起到了至关重要的作用。

在这样一种大背景下，中国与周边国家相邻的一些省区，也积极地开展了与有关国家及地区之间围绕某些资源开发、产业整合和区位优势互补的次区域经济合作。例如上本书第一章所讲到的所有中国与周边国家和地区开展的区域经济合作中，都有中国的省区具体参与其中。在大湄公河次区域经济合作中，中国的云南省成为中国与东盟国家合作的前沿阵地；在图们江区域合作开发中，中国的吉林省成为中国与俄、朝、蒙等国家合作的前沿阵地；在东北亚区域经济合作中，中国的东北三省成为中国与俄、日、韩等国家合作的前沿阵地；在泛北部湾区域经济合作中，中国的广西壮族自治区也成为中国与东盟合作的另外一个重要的前沿阵地。

这些省区，一方面承担了具体落实区域或次区域经济合作中国家所赋予的重大责任；另一方面它们本身由于把自己的发展纳入到国家战略之中，因而获得了巨大的政策优势，同时又在与周边国家地区合作中获得了更加有利的外部条件，从而为自己创造了更加广阔和更加优越的发展位势及发展空间。

当然，我们也要注意到，凡是能够在上述中国与周边国家开展区域或次区域经济合作中承担重任的省区，都有一个最重要的先决条件，那就是具有与相关国家接壤的特殊的区位优势。这个所谓特殊的“区位优势”，就是指它所具有的独特的地缘优势，是国内其他任何省区都无法来取代的。

由此我们想到，在中国还有另外两个具有重要的无可替代的独特地缘优势的省区，目前在中国的对外区域或次区域经济合作中还没有承担重要的角色。一个是与蒙古国和俄罗斯接壤的内蒙古自治区；另一个是与蒙古国、俄罗斯、哈萨克斯坦、吉尔吉斯斯坦、塔吉克斯坦、阿富汗、巴基斯坦和印度等8个国家接壤的新疆维吾尔自治区。

本书所提出的建立北亚经济圈的战略构想，就是要发挥内蒙古自治区独特的地缘优势，推动和促进中国与蒙古国以及俄罗斯开展更加积极和重要的区域经济合作，填补中国与蒙古国以及俄罗斯西伯利亚中部地区区域合作发展薄弱的空间，把中国开展的合作共赢的睦邻友好国家战略扩大和提高到一个新的层次，不但为中国在新时期的发展创造更加有利的外部环境，而且为内蒙古自治区的发展创造新的政策优势和外部有利条件。同时，通过中国与蒙古国及俄罗斯西伯利亚中部地区的区域或次区域经济合作，促进和推动整个北亚地区的经济发展和繁荣，为整个亚洲和世界经济的发展作出新的贡献。

第二节　“北亚地区”的地理概念

如上所述，本书所要定义的“北亚经济圈”是一个全新的概念，此前从未有人提出过。不仅如此，甚至连“北亚地区”的地理概念也极少有人提及。这是为什么呢？

为了说清楚这个问题，需要先对人们所熟知和经常提及的“东北亚”这个概念分析起。

1.“东北亚”地理概念的分歧及其解读

目前，“东北亚经济圈”或“东北亚区域经济合作”已经成为国内外学界、媒体甚至官方正式文件中十分常见的用语。但事实上无论在国内还是国外，对于“东北亚”的地理概念有着众多不同的解读。

有人把“东北亚”理解为不包括俄罗斯而只局限于中、日、韩的“东亚”的北部，也有人把中国的长江以北加上日、韩、朝、蒙和俄罗斯西伯利亚及远东地区都看做“东北亚地区”，等等，不一而足。

著名学者陆建人教授在《东北亚研究》2005 年第 1 期上发表的一篇文章中，归纳了中外学界对“东北亚”地理概念几种不同的看法：

“在谈东北亚地区经济合作情况时，首先要明确‘东北亚’的地理概念。乍一看，这似乎是一个很简单的问题，但事实上，迄今为止，学术界对东北亚的地理范围并没有统一的认识。

中外学术界对‘东北亚’的地理概念大致有三种看法，一种看法认为东北亚地区指朝鲜半岛、日本、俄罗斯远东地区、蒙古国和中国的东北三省（吉林、辽宁、黑龙江）。持这种看法的中外学者居多数。

第二种看法是，东北亚地区范围应更加广泛，除了朝鲜半岛、日本、蒙古国外，还应包括俄罗斯远东地区和东、西西伯利亚，中国大陆及香港、台湾地区。这两种看法对“东北亚”的理解是指“亚洲的东北部地区”，但对“东北部”的具体划分范围有不同认识。这两种看法所指的“东北亚”可统称为“大东北亚”。而前一种看法代表了中外学术界的主流观点。

第三种看法是，‘东北亚’指的是东亚的北部地区。如果按‘东亚’来划界，那么就不包括俄罗斯了。因为俄罗斯传统上属于欧洲国家，尽管它横跨欧亚两大洲。这样，‘东北亚’范围就只包括中、日、蒙、朝、韩5个国家，这也可以认为是以国家来定位的一种概念。虽然东北亚合作不能缺少俄罗斯的参与，但如果把东北亚看成是东亚的一部分，那么从现有的东亚合作来看，并没有包括俄罗斯。这里所说的‘现有的东亚合作机制’就是指1997年开始形成的‘10+3’框架，即由东盟10国加上中、日、韩3国组成的中央政府一级的合作机制。朝鲜、蒙古国作为东亚国家，只要它们愿意，随时可以加入这一机制。但俄罗斯作为一个国家，由于不属于东亚地区，因此不会被包括在东亚合作机制之内。因为一般的区域合作组织，总是有一个地理上的界限。由中、日、蒙、朝、韩5国构成的‘东北亚’概念，可称为‘小东北亚’，以有别于上述‘大东北亚’的概念。需要提及的是，即使对‘小东北亚’这一概念也有不同认识。由于中国面积辽阔，‘东北亚’中的中国究竟是指东三省，还是指上海以北地区（黑龙江、吉林、辽宁、内蒙古、河北、北京、天津、江苏、上海）乃至于整个中国？目前，这三种看法在国内学术界都有。但从东亚10+3合作机制角度来看，中国当然是全中国。而从参与东北亚合作来看，重点应当为中国东北地区。”①

学者王力在《中国城市经济》2008年第10期发表的一篇文章中，也提出了自己对“东北亚”的定义。他说：

“东北亚是指亚洲东北部的国家和地区。广义的东北亚包括中国的东北、华北、西北及俄罗斯的远东（西伯利亚）、日本、韩国、朝鲜和蒙古国，其面积为3400万平方公里，占世界总面积的26%，人口约6.8亿，占世界人口的31%，国内生产总值（GDP）约5兆亿美元，占世界国内生产总值的30%。狭义的东北亚仅指中国东北、俄罗斯远东、日本、韩国、

① 陆建人：《东北亚经济合作：历史回顾与当前进展》，《东北亚研究》，2005年第1期。

朝鲜和蒙古国，其总面积998.8万平方公里，人口近3.24亿，国民生产总值（GNP）达3兆亿美元。”①

当然，中外学界和媒体对“东北亚”地理概念的分歧还不限于此，这里所举两例只是中外学者对这个概念不同理解的“冰山一角”而已。

可能细心的读者会进一步提到一个问题，那就是为什么中外学者会对“东北亚”的地理概念有这么多不同的看法，而且相互之间又有这么大的分歧呢？对这个问题的进一步深究还会发现，中外学界对于世界其他地区例如“东南亚”、“南亚”、“西欧”、“北美”的地域概念，相较于“东北亚”来说，其理解和认识要清晰和统一得多。

这其中的原因何在呢？当我们深究下去就会发现，之所以“西亚”、“南亚”“中亚”或“东南亚”这些地域都能形成清晰的且为国际社会普遍接受的概念，主要是因为这些国际地域中都包含有明确的国别地理界限。例如“西亚”主要是指位于亚洲西部的伊朗、伊拉克、科威特、沙特阿拉伯、叙利亚、约旦、阿联酋、卡塔尔、巴林、也门、阿曼、格鲁吉亚、阿塞拜疆、亚美尼亚、阿富汗、黎巴嫩、塞浦路斯、土耳其、以色列和巴勒斯坦等20个国家；“南亚”主要是指位于亚洲南部的印度、巴基斯坦、孟加拉国、尼泊尔、不丹、斯里兰卡、马尔代夫等7个国家；“东南亚”主要是指位于亚洲东南部的越南、柬埔寨、老挝、缅甸、泰国、马来西亚、新加坡、印度尼西亚、菲律宾、文莱和东帝汶等11个国家；而“中亚五国”也主要是指位于亚洲中北部、原属于苏联组成部分后来独立的哈萨克斯坦、吉尔吉斯斯坦、乌兹别克斯坦、塔吉克斯坦和土库曼斯坦等五个国家。

不仅如此，世界其他地区，如北美、南美、东欧、西欧、北欧、北非、东非、南非、西非等也都是由于有明确的所包含的国别地理界限，从而能够形成清晰且为国际社会普遍接受的国际地域概念。

唯有“北亚”即亚洲的北部地区，很难从所包含的国别地理界限上进行明确的划分。尽管日本、韩国、朝鲜、蒙古国都明确地处于亚洲北部地区，但还有另外两个疆域广袤的大国却是处在十分微妙的地理位置上。其中一个是横跨欧亚大陆的俄罗斯，另外一个是在亚洲东部纵贯南北的中

① 王力：《从东北亚区域发展看满洲里口岸的战略机遇》，《中国城市经济》，2008年第10期。

国。它们的部分地区如俄罗斯乌拉尔山以东直至白令海峡的西伯利亚地区和位于中国北部的东北三省、内蒙古和新疆维吾尔自治区，从地理位置上无疑都是北亚地区的重要组成部分，但是如果据此就把俄罗斯和中国都划入“东北亚”地区的国家，那显然是不能成立和非常荒谬的。这其实就是“东北亚”这个地理概念之所以没有能够成为清晰的、并为国际社会普遍接受的国际区域界限的根本原因，也是人们对这个地区的地理概念争论不休和无法达成共识的根本原因。

因此笔者认为，对于这样一种比较复杂原因下出现的概念之争，本身就没有必要去一定要厘清，也没有必要一定要达到一种统一的共识。仁者见仁，智者见智而已。只要是运用这些概念撰写论文或著作的作者，能把自己要表达的意思说清楚，能够自圆其说就可以了。这应当是读者在阅读和研究有关“东北亚”区域经济合作问题论文或著作的基本原则，也是笔者在本书提出“北亚经济圈”这个概念所遵循的一个基本原则。

2. “北亚地区”的地理概念

对于“北亚”地区的地理概念，百度百科是这样定义的：“北亚是指俄罗斯的亚洲部分，主要是指乌拉尔山以东、西伯利亚的广大地区、阿尔泰山脉以北、哈萨克斯坦以北、蒙古国以北、中国以北、日本以北、白令海峡以西的地区，占亚洲面积的三分之一”。

笔者认为，百度百科所提供的这种解释，仅把“北亚”定义为是亚洲地区最北部的俄罗斯乌拉尔以东直至白令海峡的西伯利亚地区，而把蒙古国、朝鲜半岛、日本和中国北部省区都排除在外，这个定义显然是太狭窄了。

对这一地理概念，中国一位学者做了一个更加宽泛得多的定义。2006年5月《中国经济时报》刊登一篇记者采访文章，报道了中国社会科学院赵英研究员提出的“北亚经济区”初步构想。在这篇文章中，赵英指出：

“所谓‘北亚经济区’，狭义的地理划分，是指中国长江以北地区，包括西北地区，直到俄罗斯北冰洋沿岸这一片广袤的亚洲大陆腹心地区。西部包括了俄罗斯亚洲部分，东部以白令海峡、鄂霍次克海、日本海、黄海、中朝边界为界。包括了俄罗斯亚洲部分、中国北部、蒙古国。从广义上来看，

‘北亚经济区’地理划分，向西延伸到中亚五国，向东延伸到朝鲜半岛。”

笔者认为，赵英所说的既然是“北亚经济区”，那么这显然就是从经济地理的角度给“北亚”所下的定义。从这个角度来看，他所指的“北亚”无论是狭义概念还是广义概念，都太宽泛，很难形成经济地理上真正的“经济区”或“经济圈”的实质性概念。更何况，就在赵英所说的这个“北亚经济区”中，事实上已经正在逐步形成一个众所周知的以俄罗斯远东地区、中国的东北三省、日、韩、朝以及蒙古国东部地区和中国内蒙古东部地区等构成的“东北亚经济圈”。而在上述赵英的狭义概念中，并没有把朝鲜半岛和日本纳入到“北亚”范畴内，甚至其广义的“北亚”概念，也不包括日本。

因此，在笔者看来，站在自然地理的角度上，“北亚地区”应当主要包括以下地区：俄罗斯乌拉尔山以东直至白令海峡的西伯利亚地区（包括乌拉尔、西伯利亚和远东三个联邦管区）、中亚五国、蒙古国、朝鲜半岛、日本以及中国最北部与俄罗斯、蒙古和朝鲜半岛接壤的几个省区（包括东北三省、内蒙古自治区和新疆维吾尔自治区）。这些位于亚洲北部的国家和地区，共同构成了“北亚地区”的地域范畴，形成了“北亚地区”的地理概念。

第三节 “北亚地区”的三大经济圈

而从经济地理角度看，笔者认为整个上述北亚地区至少应当形成三个基本的“经济圈”。

众所周知，整个北亚地区，地域极其广阔，其石油资源、天然气资源、矿产资源、林木资源、水资源及太阳能、风能等可再生资源都极其丰富，且到现在为止，几乎还没有得到开发，有人称之为这是“世界上最后一块还没有开发的人类宝藏”。

而处于这个地域的国家和地区，除日、韩等国家外，基本上都还处于相对比较落后的状态，在产业整合、资源开发利用、环境生态保护、构建国际大通道等方面，具有极大的合作潜力和合作空间。正因如此，在这样一个广袤的处女地亟待开展的相关国家和地区的区域经济合作，既可以带动整个地区尽快得到发展和繁荣，又可以为全球经济带来更丰富的资源和更宝贵的财富。

但是为什么笔者认为至少要形成三个大的“经济圈”呢？就是因为这个地区太广阔了，一个甚至两个经济圈都根本无法把整个地区的经济合作带动起来。

第一个经济圈，就是目前正在逐步推进的“东北亚经济圈”。对于这个经济圈所具有的意义及其所开展的以资源开发、产业整合和区位优势互补为主要内容的区域经济合作，前面已经充分论及，这里无需赘述。然而有一点我们应当注意到，这样一个意义重大的国际经济合作，并不能够惠及上述整个北亚地区。正如大家所知道的那样，现在通常所说的“东北亚经济圈”，主要是指俄罗斯远东地区、中国的东北三省、内蒙古东部地区、蒙古国东部地区以及日、韩、朝等国家和地区之间开展的次区域国际经济合作。换言之，这个“东北亚经济圈”的核心地带，是中国的东北三省、日、韩、朝以及俄罗斯远东地区。并没有把位于北亚地域的其他地区，如俄罗斯西伯利亚的中、西部地区（即西伯利亚和乌拉尔两个联邦管区）、蒙古国的中西部地区、内蒙古的中西部地区和新疆维吾尔自治区包括在内。显然，由于整个北亚地区十分广袤，因此仅仅开展东北亚经济圈的区域国际经济合作，并不能够带动起整个北亚地区的发展和繁荣。

而本书所定义的“北亚经济圈”，从经济地理角度来看，实际上是上述“东北亚经济圈”向西到北亚地区中部的一个延伸，是整个北亚地区第二个大的经济圈。其所包括的地理范畴就是中国的内蒙古自治区中西部地区、蒙古国中西部地区以及位于俄罗斯西伯利亚地区中部的西伯利亚联邦管区。换言之，在这个经济圈中，核心地带是中国的内蒙古地区（内蒙古中部地区也就是内蒙古的中心地区）、蒙古国（蒙古国的中部地区也同样是其中心地区）和俄罗斯西伯利亚联邦管区。

严格地说，我们现在所定义的“北亚经济圈”，其实应该定义为“正北亚经济圈”或“中北亚经济圈”，因为这个经济圈所处的地位，正好是整个北亚地区的中部。但是正如笔者所说，其实概念本身并不一定要严格得一丝不差，只要读者明白作者所指的是什么内容就可以了。在笔者看来“正北亚经济圈”和“中北亚经济圈”这两个概念，听上去似乎都不大贴切（“正北亚”这个概念肯定是不能用的，而“中北亚”又容易与中国与某个地区的合作概念或“中亚”这个概念混淆起来），因此索性还采用“北亚经济圈”这个概念，只要读者知道“北亚经济圈”的内涵就可以了，叫什么名称并不重要。

至于北亚地区的第三个大的经济圈，应该称之为“西北亚经济圈”。尽管本书并不打算对其展开研究和论述，但是笔者认为可以大胆地构想，“西北亚经济圈”应该是较“北亚经济圈”更西边的一个经济圈。即由我们现在定义的“北亚经济圈”，继续向西延伸到俄罗斯的乌拉尔山为界的广大地区构成。在这个北亚地区的西北部，由中国的新疆维吾尔自治区（也包括内蒙古西部部分地区和蒙古国的西部部分地区）、俄罗斯乌拉尔联邦管区以及与它们相邻的有关国家和地区构成所谓的“西北亚经济圈”。换言之，“西北亚经济圈”的核心地带应当是中国的新疆维吾尔自治区、俄罗斯的乌拉尔联邦管区及其相邻的有关国家和地区。

笔者认为，在这样广袤且特殊的北亚地区中，只有（至少）形成这样三个经济圈（如图2－1所示）才是合理的，而且对于带动整个北亚地区的发展也才是现实的。

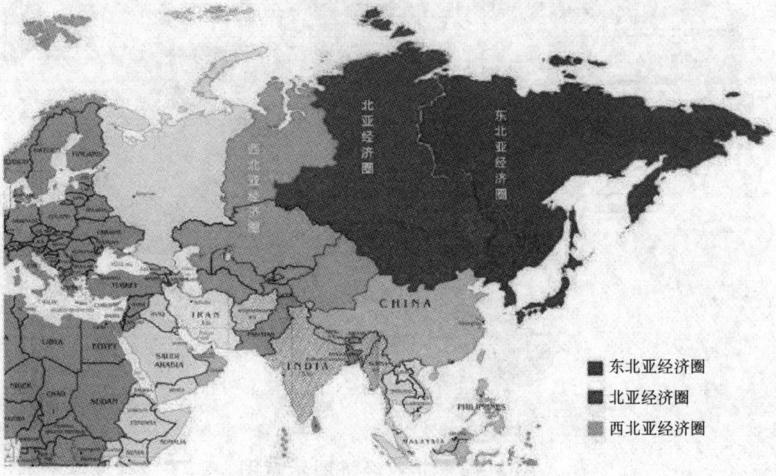

图2－1　亚洲北部三大经济圈示意图

当然，由于北亚地区特殊而复杂的地理和经济条件，本书上述所提出北亚地区三个经济圈的定义，并没有十分严格的界限，事实上这三个经济圈必然会出现许多资源开发和项目投资的交叉与合作，从而形成你中有我，我中有你的局面。但是无论如何，对于这样广袤的一个地区，按照不同的地域和经济地理条件，形成不同的经济圈，肯定是有现实意义而且是更宜于操作的。

第四节　“北亚经济圈”的定义与构成

本书所定义的“北亚经济圈”如图2－2所示，特指中国的内蒙古自治区、蒙古国和俄罗斯西伯利亚的中部地区——“西伯利亚联邦管区”所共同构成的地区。

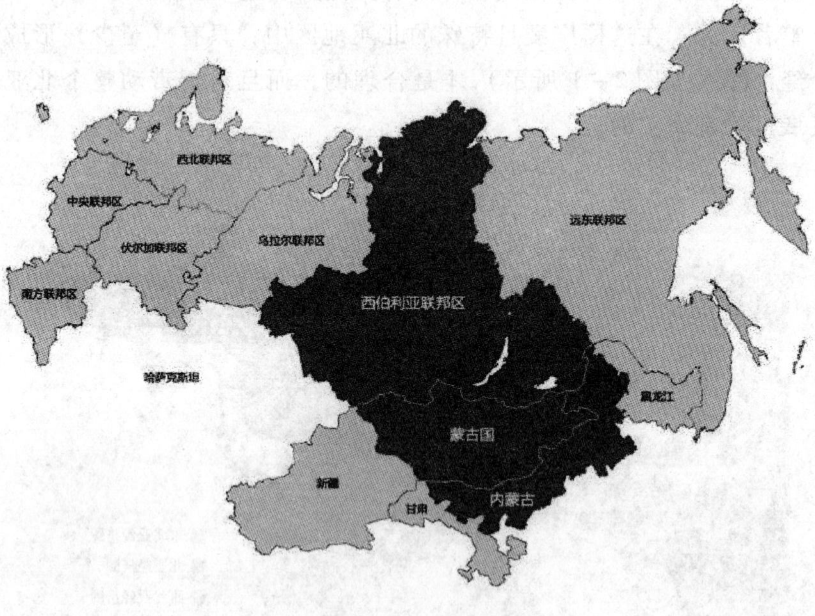

图2－2　北亚经济圈示意图

由于“北亚经济圈”完全符合亚洲开发银行对“次区域经济合作”的定义，即“包括三个或三个以上国家的、精心界定的、地理毗邻的跨国经济区，通过利用成员国之间生产要素禀赋的不同来促进外向型的贸易和投资”。因此它是一种典型的次区域经济合作区。

第三章

俄罗斯西伯利亚联邦管区

就笔者所知，大多数读者，包括众多的学者，对于上述构成北亚经济圈的国家和地区，除内蒙古自治区外都知之甚少。

甚至国内很多人对内蒙古自治区的认识也还处在“天苍苍野茫茫，风吹草低见牛羊”的水平上。殊不知内蒙古自治区从2002年到2009年已经连续8年成为全国经济增长最快的“冠军；已成为中国新的“煤都”、“奶都”和中国最重要的电力生产及煤化工生产基地之一。而位于内蒙古自治区中心的呼包鄂地区的经济发展水平、基础设施发达程度以及工业化和城市化的发展水平，已经超过许多中部比较发达的老城市群，正在形成一个中国北方新的大都市圈——“呼包鄂都市圈”。

为此，本书将在本章以及后面的第四章和第五章，对构成北亚经济圈的三个主要组成地区进行比较详细的介绍。

其中尤其是需要对俄罗斯西伯利亚联邦管区做更多的介绍，因为笔者相信，对于绝大多数中国读者甚至专家学者来说，对这个地区的认识可能几乎是空白的。而这个地区的面积竟然达到511.5万平方公里，相当于中国大陆陆地总面积的一半还要多。其各种资源的丰富令人惊叹，其尚未开发的程度以及其未来开发的潜力，使人毫不怀疑这是“地球上尚未充分开发的最后一块资源宝库”。

更令人难以置信的是，笔者在写本书时，竟然没有找到一份对这个联邦管区进行全面系统阐述甚至简要概述的资料。因此只能逐一搜集有关构成这个联邦管区（每个联邦管区相当于中国的大区）的 12 个俄罗斯联邦主体（每个主体相当于中国的省）中每个联邦主体的情况，在此基础上再将这些资料进行汇总，从而形成对该联邦管区一个总的概述，使读者对这个地区有一些基本的认识和了解。

笔者相信，对于大多数对这些地区知之甚少甚至完全不知的读者来说，这些内容是十分必要的。从某种意义上说，也可能是填补了目前中国对这个地区研究领域的一个空白。

第一节　西伯利亚联邦管区的构成

2000 年 5 月，俄罗斯总统普京签署了《关于俄罗斯总统全权代表权利》的总统令，将当时俄罗斯的 89 个联邦主体划为 7 个联邦管区：即中央联邦管区、西北联邦管区、南方联邦管区、伏尔加联邦管区、乌拉尔联邦管区、西伯利亚联邦管区和远东联邦管区。（如图 3－1 所示）

图 3－1　俄罗斯各联邦管区示意图

其中，俄罗斯西伯利亚联邦管区位于俄罗斯乌拉尔山以东的西伯利亚地区中部，其面积十分广袤，总面积达到511.5万平方公里，由12个联邦主体构成。它们是阿尔泰共和国、阿尔泰边疆区、布里亚特共和国、外贝加尔边疆区、伊尔库茨克州、哈卡斯共和国、克麦罗沃州、克拉斯诺亚尔斯克边疆区、新西伯利亚州、鄂木斯克州、托木斯克州和图瓦共和国等。(如图3－2所示)

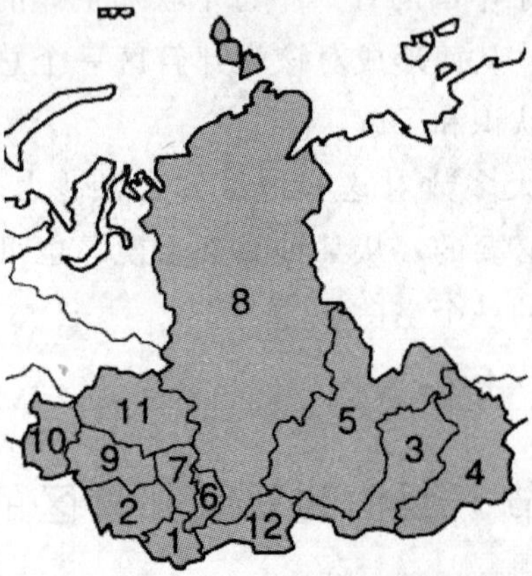

图3－2　俄罗斯西伯利亚联邦管区的构成示意图

数字分别代表：1. 阿尔泰共和国；2. 阿尔泰边疆区；3. 布里亚特共和国；4. 外贝加尔边疆区；5. 伊尔库茨克州；6. 哈卡斯共和国；7. 克麦罗沃州；8. 克拉斯诺亚尔斯克边疆区；9. 新西伯利亚州；10. 鄂木斯克州；11. 托木斯克州；12. 图瓦共和国。

第二节　西伯利亚联邦管区中的各联邦主体概况

1. 阿尔泰共和国

阿尔泰共和国位于西伯利亚联邦管区南部的阿尔泰山地，南与哈萨克斯坦、中国内蒙古自治区、新疆自治区以及蒙古国接壤。面积9.26万平方公里，稍小于中国浙江省。阿尔泰共和国首府是戈尔诺—阿尔泰斯克市，也是这一地区的政治、经济和文化中心。阿尔泰共和国人口为20.3万人（2002年），人均年龄30.5岁。见图3-3。

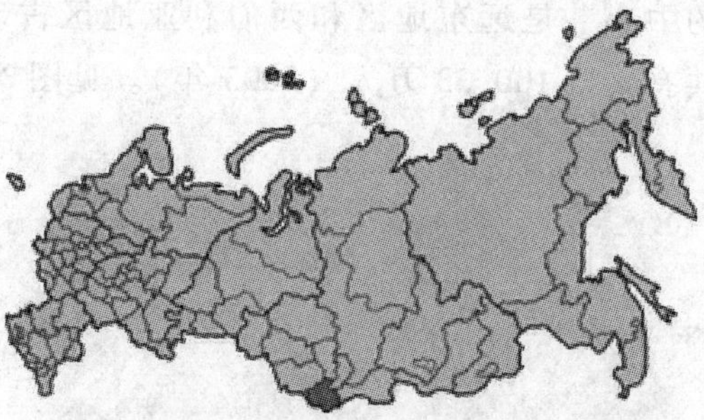

图3-3　阿尔泰共和国

2. 阿尔泰边疆区

阿尔泰边疆区位于西伯利亚联邦管区西南部的额毕河和卡杜里河流域，南面和东南面与哈萨克斯坦接壤，面积16.91万平方公里，略大于中国河南省。阿尔泰边疆区较大城市有巴尔瑙尔、比斯克、鲁布佐夫斯克等。巴尔瑙尔是阿尔泰边疆区首府，也是这一地区的政治、经济和文化中心。阿尔泰边疆区人口为262.1万人（2002年）。见图3-4。

图3-4　阿尔泰边疆区

3. 布里亚特共和国

布里亚特共和国位于西伯利亚联邦管区东南部，面积为35.13万平方公里，稍小于中国云南省。布里亚特共和国主要城市有乌兰乌德市、古西诺奥泽尔斯克市、北贝加尔斯克市。乌兰德市是共和国的首府，也是政治、经济和文化的中心，是远东地区和西伯利亚地区古老的大城市之一。布里亚特共和国共有人口 100.33 万人（2003 年）。见图 3－5。

图 3－5　布里亚特共和国

4. 外贝加尔边疆区

外贝加尔边疆区位于西伯利亚联邦管区东南部，贝加尔湖以东，东南和南部分别同中国黑龙江省、内蒙古自治区以及蒙古国毗邻，面积为 43.15 万平方公里，稍小于中国甘肃省。外贝加尔边疆区主要城市有赤塔市、涅尔琴斯克（尼布楚）市、斯列坚斯克市等。赤塔市是外贝加尔边疆区的首府和政治、经济、文化中心。外贝加尔边疆区人口 136.1 万人（1987 年）。见图 3－6。

图 3－6　外贝加尔边疆区

5. 伊尔库茨克州

伊尔库茨克州位于西伯利亚联邦管区南部，面积为76.79万平方公里，稍大于中国青海省。伊尔库茨克州主要城市有伊尔库茨克市、安加尔斯克市、布拉茨克市等。首府为伊尔库茨克市，也是该州的政治、经济、文化中心。伊尔库茨克州人口为251.87万人（2003年）。见图3－7。

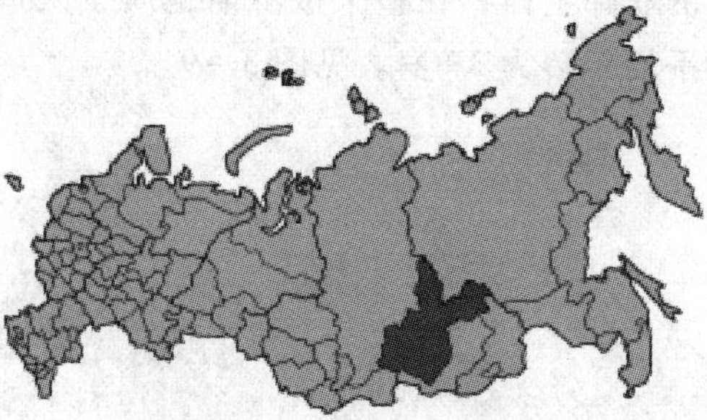

图3－7　伊尔库茨克州

6. 哈卡斯共和国

哈卡斯共和国位于西伯利亚联邦管区中南部，是西伯利亚联邦管区中最小的一个联邦主体，面积约为6.19万平方公里，略小于中国的宁夏回族自治区。哈卡斯共和国首府是阿巴坎市，也是该共和国的工业中心和科学文化中心。哈卡斯共和国人口为56.88万人（2003年）。见图3－8。

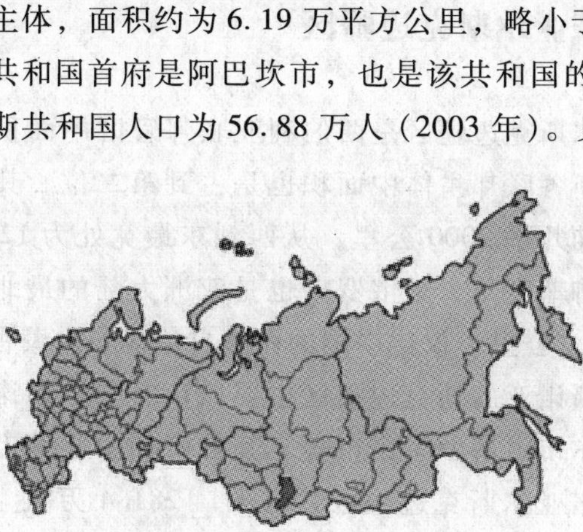

图3－8　哈卡斯共和国

7. 克麦罗沃州

克麦罗沃州位于俄罗斯西伯利亚联邦管区西南部，面积为9.57万平方公里，稍小于中国浙江省。克麦罗沃州主要城市有克麦罗沃市、新库兹涅茨克市、普罗科里耶夫斯克市等。首府是克麦罗沃市，也是该州的政治、经济、文化中心。克麦罗沃州人口为288.2万人（2003年），是西伯利亚联邦管区人口最多的联邦主体，在整个俄罗斯也属于人口密集型和大都市化的地区。居民的平均年龄为37岁。见图3－9。

图3－9　克麦罗沃州

8. 克拉斯诺亚尔斯克边疆区

克拉斯诺亚尔斯克边疆区是西伯利亚联邦管区中面积最大的一个联邦主体，其在俄罗斯各联邦主体中面积也是占到第二位。其南北从北冰洋直到萨彦岭南部延伸几乎3000公里，从西到东最宽处为1200公里。该边疆区的最北点是切柳斯金角，是俄罗斯也是亚洲大陆的最北点。该边疆区面积为233.97万平方公里，仅比中国的西藏自治区与内蒙古自治区面积之和稍小一些。克拉斯诺亚尔斯克边疆区主要城市有克拉斯诺亚尔斯克市、阿钦斯克市、搏托尔市、博罗季诺市等。其首府和中心城市为克拉斯诺亚尔斯克市。克拉斯诺亚尔斯克边疆区共有人口281.4万人（2003年）。见图3－10。

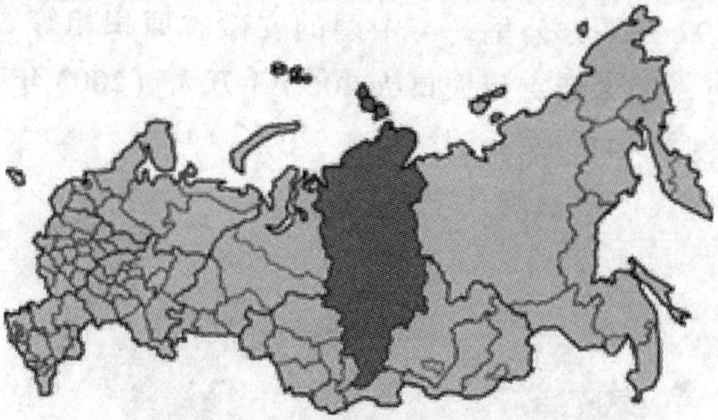

图 3－10　克拉斯诺亚尔斯克边疆区

9. 新西伯利亚州

新西伯利亚州位于西伯利亚联邦管区西南部，其西南部与哈萨克斯坦接壤。面积为 17.82 万平方公里，略小于中国广东省。新西伯利亚州主要城市有新西伯利亚市、别尔德斯克市、伊斯基季姆市、古比雪夫市等。首府为新西伯利亚市。新西伯利亚州共有居民 267.17 万人（2003 年），其中新西伯利亚市居民超过 140 万人（在人口数量上为俄罗斯第三大城市）。见图 3－11。

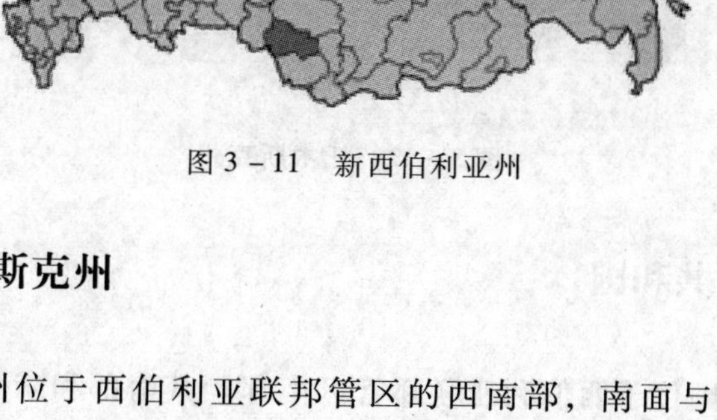

图 3－11　新西伯利亚州

10. 鄂木斯克州

鄂木斯克州位于西伯利亚联邦管区的西南部，南面与哈萨克斯坦接壤，面积为13.97万平方公里，与中国的安徽省面积相等。鄂木斯克州首府为鄂木斯克市。鄂木斯克州人口为206.43万人（2003年）。人口平均年龄34.5岁。见图3－12。

图3－12　鄂木斯克州

11. 托木斯克州

托木斯克州位于西伯利亚联邦管区西部，面积约32万平方公里，稍小于中国的云南省。托木斯克州首府为托木斯克市。托木斯克州共有人口103.24万人（2003年）。见图3－13。

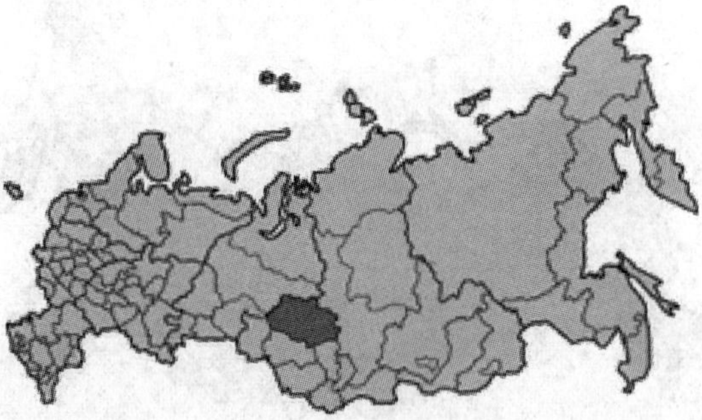

图3－13　托木斯克州

12. 图瓦共和国

图瓦共和国位于西伯利亚联邦管区南部。其南部和东南部与蒙古国相邻，面积为23.63万平方公里，与中国广西自治区面积相若。图瓦共和国首府是克孜勒。图瓦共和国人口为30.7万人（2003年）。见图3－14。

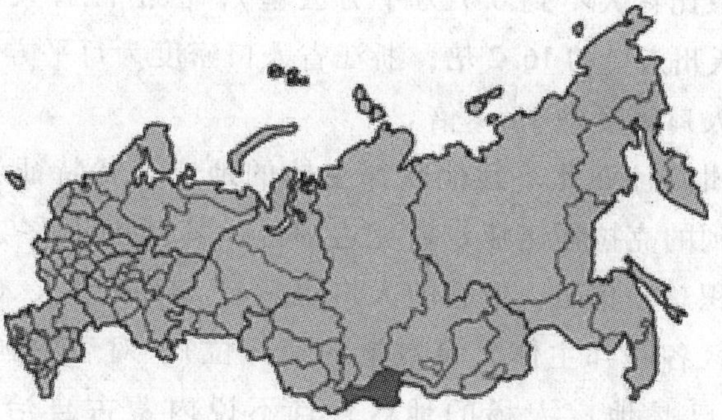

图3－14　图瓦共和国

第三节　对西伯利亚联邦管区行政区划与人口的概要分析

从以上对西伯利亚联邦管区各联邦主体的简要介绍中可以看到在俄罗斯西伯利亚联邦管区行政区划上的几个特点：

一是从面积上看，西伯利亚联邦管区主要特点就是地域广袤。最典型的例子就是克拉斯诺亚尔斯克边疆区。克拉斯诺亚尔斯克边疆区是西伯利亚联邦管区中最大的联邦主体，面积达到234万平方公里，只比中国的西藏自治区与内蒙古自治区（这两个自治区在中国的省区面积排行榜中名列第二和第三）面积之和（241万平方公里）稍小一点，占到整个联邦管区面积的45.7%。另一方面，西伯利亚联邦管区最小的联邦主体哈卡斯共和国（6.19万平方公里），面积也与中国的宁夏自治区差不多。

二是从人口上看，主要特点是地广人稀。最典型的例子是克麦罗沃州。克麦罗沃州是西伯利亚联邦管区人口最多的联邦主体（288.2万人），由于它的面积是该联邦管区最小的之一（9.55万平方公里，仅比最小的哈卡斯共和国大3.36万平方公里），因此它在整个俄罗斯也属于人口密集型和大都市化的地区，人口密度为每平方公里30.2人。但与中国的人口密度相比，它仍然是典型的地广人稀地区。克麦罗沃州的面积与中国的浙江省相近（浙江省只比它大不到0.7万平方公里），但浙江省人口达到4647万人，是克麦罗沃州人口的16.2倍；浙江省人口密度为每平方公里455.6人，是克麦罗沃州人口密度的15.1倍。

克麦罗沃州尚且如此，其他联邦主体的地广人稀特征就更是突出了。例如，前面提到的克拉斯诺亚尔斯克边疆区，其面积几乎与中国的西藏与内蒙古两区面积总和相当，但它的人口也只有281.4万人（但已是排在西伯利亚联邦管区各联邦主体人口数量的第二位）。对于中国来说，西藏和内蒙古两区都已是地广人稀的地区，且不说内蒙古自治区人口已达到2384.4万人，几乎是克拉斯诺亚尔斯克边疆区人口的8.5倍；即使是中国最地广人稀的西藏自治区，人口也达到284.2万人，人口密度（2.2人/平方公里）比克拉斯诺亚尔斯克边疆区的人口密度（1.2人/平方公里）高出将近1倍。

在人口密度方面，西伯利亚联邦管区12个联邦主体中，每平方公里人口密度超过10人的只有4个：克麦罗沃州（30.2人/平方公里）、阿尔泰边疆区（15.5人/平方公里）、新西伯利亚州（15人/平方公里）和鄂木斯克州（14.8人/平方公里）；5至10人之间的只有一个：哈卡斯共和国（9.2人/平方公里）；其他7个都低于5人，它们依次是伊尔库茨克州（3.3人/平方公里），外贝加尔边疆区（3.2人/平方公里），托木斯克州（3.2人/平方公里），布里亚特共和国（2.9人/平方公里），阿尔泰共和国（2.2人/平方公里），图瓦共和国（1.3人/平方公里）和克拉斯诺亚尔斯克边疆区（1.2人/平方公里）。也就是说，在西伯利亚联邦管区中有一多半联邦主体的人口密度都在每平方公里3人以下，这种普遍的地广人稀状况，对于中国来说简直是不可想象的。

与此相比，在中国大陆的31个省区中，只有一个省区人口密度每平方公里低于5人，这就是西藏自治区（2.2人/平方公里）；只有一个省区在5至10人之间，这就是青海省（7.3人/平方公里）；只有一个省区在10人左右，这就是新疆维吾尔自治区（11.9人/平方公里）；只有一个省区在20人左右，这就是内蒙古自治区（21.6人/平方公里）。由此可见，西伯利亚联邦管区的地广人稀达到了什么程度。

当然，地域广袤和地广人稀是整个西伯利亚地区的共同特点。因此我们另一方面还要关注它每个联邦主体所拥有的人口数量。因为在地广人稀的西伯利亚地区，这也是一个联邦主体经济是否发达、交通运输是否方便的重要指标。

从以上资料中可以看到，在所拥有的人口数量方面，西伯利亚联邦管区的12个联邦主体中，人口超过200万人（但都在300万人以下）的有6个，其中人口最多的是克麦罗沃州（288.2万人），以下依次是克拉斯诺亚尔斯克边疆区（281.4万人），新西伯利亚州（267.2万人），阿尔泰边疆区（262.1万人），伊尔库茨克州（251.87万人）和鄂木斯克州（206.43万人）。人口超过100万人的有3个，其中外贝加尔边疆区人口为136.1万人，托木斯克州人口为103.24万人，布里亚特共和国人口为100.33万人。人口低于100万人的有3个，其中哈卡斯共和国人口为56.88万人，图瓦共和国人口为30.7万人，人口最少的是阿尔泰共和国，人口仅为20.3万人。

在这里还要注意一个重要情况，那就是尽管新西伯利亚州所拥有的人口和人口密度都是在上述排名中位列第三，但是它的首府新西伯利亚市却是在人口数量上是仅次于莫斯科和圣彼得堡的俄罗斯第三大城市，其居民总数超过140万人。也就是说该州52.4%的人口都居住在这个城市中。

读者从下面即将介绍到各个联邦主体经济发展情况将会看到，拥有人口的数量与经济发展程度不仅是密切相关的，而且基本是正相关的。

此外，我们还要关注这个联邦管区的第三个特点，那就是居民平均寿命很短。我们注意到，在这个联邦管区中，经济最发达、拥有人口最多，同时也是人口密度最大的克麦罗沃州，居民平均寿命只有37岁；经济发展水平、人口数量以及人口密度均位于该联邦管区中等水平的鄂木斯克州，居民平均年龄只有34.5岁；而在这个联邦管区中面积最小、人口最少，经济也是最落后的阿尔泰共和国，居民平均寿命只有30.5岁。

当然，平均寿命短也是整个俄罗斯联邦的普遍特点。根据俄罗斯国家统计委员会2005年提供的数据，俄罗斯居民平均寿命为65.8岁；其中女性的平均寿命为73岁，男性平均寿命只有58.6岁，比20世纪90年代初苏联解体时的63.4岁还低了4.8岁。但根据俄新网2009年4月6日报道，俄罗斯总理普京最近在国家杜马发言称，预计俄罗斯平均寿命将达到近68岁，也就是说，最近5年平均寿命增长了3岁。不过，不管怎样说，俄罗斯的平均寿命比较低（人口出生率也比较低，且近年来一直处于下降的趋势）是一个举世公认的事实。而在地广人稀的西伯利亚地区，这个现象就更明显。它可能不仅与这个地区属于生存环境比较恶劣的高寒地区有关，也与这个地区经济相对比较落后，生活水平较低，因而人口流动性较大有关。

总之，熟悉和了解俄罗斯西伯利亚联邦管区各联邦主体的这些基本概况，对我们观察和分析未来北亚经济圈开展区域经济合作时的天时、地利、人和方面，是很有帮助的。

第四节　西伯利亚联邦管区的自然特点与资源概况

1. 地形地貌

构成西伯利亚联邦管区的那些联邦主体，大多数地形地貌都是以山地为主。

例如，阿尔泰共和国位于阿尔泰山地，山间谷地和山前坡地与山顶地区海拔高度相差较大。主要山脉在东南部，别卢哈山海拔4506米，是西伯利亚最高的山脉。山间低地是草原，主要有阿拜草原、库赖草原和乔亚草原等，也是该地区的重要地理特点。

布里亚特共和国是典型的山地地形，平原少，海拔为500—700米。共和国有4/5的面积被森林覆盖，南部是草原和半森林半草原地带，灰化土壤、沼泽与沼泽地区域占据了大面积的山间盆地。

外贝加尔边疆区境内以山地为主，大部分是海拔600—700米的山地地形，全境最高点海拔约3000米。东部和东南部位于阿穆尔河及石勒喀河和额尔古纳河流域，北部有奥廖克马河和维季姆河。中部和东南部有宽广的山间河谷平原。

克麦罗沃州土地具有多种地形地貌，可分成5个地形区：库兹涅茨克山地、山地盐沼地、萨拉伊尔斯基连绵的低山地、库兹涅茨克盆地和西西伯利亚平原。山地面积约占总面积的63.9%。

克拉斯诺亚尔斯克边疆区的地势分为有贝兰山脉的泰梅尔半岛、西西伯利亚平原和中西西伯利亚高原三部分。最高处是东萨彦岭的库茨涅茨克山（海拔2930米）。主要河流有叶尼塞河及其支流，北部有赫塔河、皮亚西纳河、泰梅尔河。境内最大的湖是泰梅尔和皮亚西诺湖。

图瓦共和国四周被赛留格木山、唐努山、西萨彦岭和东萨彦岭环抱，东部为上叶尼塞盆地，地貌以森林、草甸和草原为主。

由此可见，西伯利亚联邦管区大多数联邦主体的地形地貌都是以山地为主，地形较为复杂：山峦起伏，也有高原、河谷、宽广的平原和盆地以及草原，且河川密布，湖泊遍地。这也是这个地区矿产资源、水资源和森林资源十分丰富的根本原因，同时也是这个地区交通不通畅，经济不发达的重要原因。

2. 气候特点

西伯利亚联邦管区中的联邦主体，其气候基本上属于冬季长且寒冷，夏季短而暖温的大陆性气候。

例如，布里亚特共和国气候为明显的大陆性气候，无风少雪，夏季温度为14℃—22℃，冬季为-18℃—-28℃。平均年降雨量为300毫米左右。

外贝加尔边疆区呈鲜明大陆性气候特点，冬季严寒、干燥又漫长，夏季多雨。7月南部平均气温在16℃—19℃，降水大部分集中在8月。

伊尔库茨克州的气候为大陆性气候。1月平均温度从南部地区的-15℃到北部地区的-33℃；6月的平均温度从北部的17℃到南部的19℃。降水量北部和山区约400毫米，有多年的冻土带。

克麦罗沃州属大陆性气候，1月份平均气温为-19℃，7月份平均气温为20℃，年降水量为420毫米。

克拉斯诺亚尔斯克边疆区的气候为典型的大陆性气候，北部特别寒冷，1月份平均温度——北部达-36℃，南部达-18℃；6月份的平均温度——北部为13℃，南部为20℃。年降水量从北部的200—300毫米到南西伯利亚山的800—1200毫米不等。

新西伯利亚州地处温带，为显著大陆性气候。1月平均气温-24℃，7月平均气温22℃。年平均降水量300—500毫米。

鄂木斯克州距海洋较远，属显著大陆性气候。1月平均气温为-20.8℃;7月平均气温为17℃。年降水量平均为300—400毫米。降水一般集中在夏季。北部地区湿度较大，南部地区较为干旱。冬季常刮西北风，夏季西南风盛行，强劲的风势使该州的部分地区往往出现暴风雪和灰尘天气。

图瓦共和国气候属于温带大陆型气候，冬季寒冷，夏季温暖。1月份平均气温-32℃，7月份平均气温18℃。

由此可见，由于西伯利亚联邦管区中几乎所有的联邦主体基本上都是远离海洋的内陆性地区，因此它们的气候基本上都是四季分明的大陆性气候；加之它们都处于靠近北极的高纬度地区，因而冬季十分寒冷，气温普遍在-15℃—30℃；同时夏季比较温暖，气候普遍在15℃—25℃。年降水量基本在200—400毫米，而且降水集中在夏季。

3. 水资源

从下面各联邦主体水资源的概况就可以看到，西伯利亚联邦管区的水资源极其丰富。

例如，克拉斯诺亚尔斯克边疆区的河流流量每年达7000亿立方米，占俄罗斯的20%。克拉斯诺亚尔斯克边疆区的河流属喀拉海流域，有世界最大的河流之一——叶尼塞河（它发源于萨彦岭，总长4092公里）。克拉斯诺亚尔斯克边疆区内湖泊众多，总计为32.3万个，占俄罗斯湖泊总数的11%多。

布里亚特共和国和伊尔库茨克州的水资源也极其丰富，不但拥有占全球淡水的20%的贝加尔湖，而且水域系统发达，许多河流流入贝加尔湖。重要的河流有色楞格河、巴尔古津河、安加拉河、下通古斯卡河以及勒拿河流域的维季姆河、基列加河等。伊尔库茨克州总的水电能资源潜在储量估计在2000亿—2500亿千瓦/小时每年，其中理论上可利用的资源大约在1900亿千瓦/小时每年。

此外，阿尔泰共和国的水资源也十分丰富，山川巨河纵横交错，大小湖泊星罗棋布。主要河流有卡通河—鄂毕河左侧支流和比亚河—鄂毕河右侧支流。该共和国是西伯利亚与远东乃至俄罗斯湖泊最集中的地区之一，有大小湖泊7000余个，其中多数为岩溶湖、冰碛湖和天然堤堰湖。最著名的当数捷列茨科耶湖，在当地素有“黄金般的湖泊”之美称。该共和国地下水资源亦很丰富。冰川也是该共和国水资源的重要组成部分。

新西伯利亚州水力资源也十分丰富。这里约有430条河流，主要河流有鄂毕河、鄂木河。最大的河流鄂毕河是世界著名大河之一。此外，新西伯利亚州也称“湖州”，该州境内湖泊众多（恰内湖、萨尔特兰湖等），有大小湖泊几千个，主要分布在巴拉宾低地。该州的地下水资源有很大的利用价值，其所含矿物质可用来治病，地热则可用来取暖。西南部的咸水湖中含有盐和苏打及用来治病的淤泥。全俄罗斯有名的疗养院就位于卡拉奇咸水湖区。

而克麦罗沃州共有大、小河流21366条，流域面积为76479平方公里，州内河流地表水资源的储量达到4290万立方米/年。

托木斯克州也是如此，它位于巨大的西西伯利亚自流水流域，是西伯利亚最大的水源地之一，水资源十分丰富。托木斯克河流密集，州内有600多条河，总长度超过4万多公里，其长度接近于赤道的长度。所有的河流春天泛滥，流入鄂毕河流域，此外，州内还有95000多个淡水湖，大多数的湖泊小于1平方公里，最大的湖是和平湖，面积为18.3平方公里。

鄂木斯克州也有丰富的水力资源。这里有大小河流2000多条，总长度8000多公里，多数河流属额尔齐斯河水系。额尔齐斯河总长1174公里，其主要支流如鄂木河、塔拉河、乌伊河、奥沙河流经鄂木斯克州均在200公里以上。鄂木斯克州有大小湖泊约1.6万个，其中245个为咸水湖；大型湖泊有萨尔泰姆湖（146平方公里）、捷尼斯湖（118平方公里）和埃别伊特湖（83平方公里）；各湖泊富含腐殖泥，可用作农业化学原料和医学原料。

此外，阿尔泰边疆区和图瓦共和国水资源也非常丰富。前者境内主要河流有鄂毕河、北河、卡通河、切姆洛夫卡河、别斯哈那亚河、阿努伊河等。后者境内的大多数河流流经高山，境内主要河流为叶尼塞河，水力资源极其丰富（预计达8千兆瓦），而且境内矿泉众多。河流和湖泊内渔产丰富。

由此可见，水资源极其丰富是西伯利亚联邦管区最重要的自然特点之一，也是这个地区最宝贵的资源财富之一。尤其是在目前全世界许多地区水资源已经严重匮乏的情况下，这里极其丰富和极其宝贵的水资源，就更加凸显其不可估量的重要价值。后面还要讲到，这一特点也决定了北亚经济圈开展区域经济合作的特殊重要的意义。

4. 森林资源

从以下各联邦主体的森林资源来看，西伯利亚联邦管区的森林资源也极其丰富。

阿尔泰共和国森林资源总面积为368.5万公顷，其中森林覆盖面积234万公顷，森林覆盖率为41.5%，木材蓄积量为4.72亿立方米，针叶林占绝大多数，主要树种有西伯利亚冷杉和云杉。

阿尔泰边疆区森林资源主要分布在鄂毕河畔、山麓和泰加森林区，还有少部分人工种植林带。林中既有针叶树，又有阔叶树，主要树种有雪松、落叶松、白桦和山杨等。

布里亚特共和国也具有丰富的森林资源，树木种类主要是红松和冷杉林，木材储备量达20亿立方米。

外贝加尔边疆区60%的土地资源被森林覆盖着（占地3.13亿公顷），木材蓄积量达20亿立方米，大部分为针叶类灌木；北部丘陵地区主要为落叶松所覆盖，落叶松占该州原始森林带的70%，南部生长着稀有的达乌尔松、白杨、山楂树等，中部与南部山区为雪松、云杉、冷杉的家园。

伊尔库茨克州大约有76%的面积被森林覆盖，州境内森林土壤丰富，四分之三的土地覆盖着针叶林。木材蓄积量达92亿立方米，占俄罗斯木材蓄积量的10%以上。伊尔库茨克州是俄罗斯大型的木材基地——在俄联邦中仅位于克拉斯诺亚尔斯克边疆区之后而排第二位；而质量指标——良种树的储备集中性及开发利用程度都是非常出色的。

克麦罗沃州的森林资源占州面积的65%左右。该州内森林资源的主要品种有松树、冷杉、云杉、桦树和山杨。木材采伐量的利用率为45%。

克拉斯诺亚尔斯克边疆区的大部分土地都覆盖着原始森林（主要是阔叶林、红松），森林覆盖率为45%。克拉斯诺亚尔斯克边疆区是木材储量最丰富的地区之一。木材总储量为76亿立方米，占全俄罗斯的9.3%。其中包括成材和过熟材52亿立方米，占边疆区木材总储量的68.9%。

鄂木斯克州林木覆盖面积为600万公顷，占总土地面积的42%；主要林木种类有桦树、山杨、松树、云杉和冷杉以及雪松。森林是该州主要资源，木材蓄积量为3.57亿立方米。

托木斯克州境内植物资源十分丰富。既有樟松、落叶松、红松、冷杉、云杉以及白桦等森林资源，又有食用、药用植物及蘑菇等植物资源。

图瓦共和国境内木材资源也极为丰富，总蓄积量达1亿立方米。

5. 矿产资源

西伯利亚联邦管区矿产资源极其丰富。

阿尔泰共和国的稀有金属和贵金属储量巨大，在全俄自然资源中占有独一无二的地位。全共和国已探明20余处钨、钼、钴、镍、铋、锡矿产地，在共和国西南地区还发现了铜、锰、锡、石煤及褐煤产地。其中铋、钽、锂、铷和铯储量之丰富，不仅在俄东部地区，而且在整个俄罗斯也是绝无仅有的。此外，该共和国还有丰富的水银矿、铁矿石和多种建材资源。目前该共和国的资源开发和利用程度很低。

在阿尔泰边疆区东南部，已探明有储量丰富的铁矿。阿尔泰边疆区还拥有多种建材资源，其中品质好、具有开发价值的有生产水泥的主要原料石灰石、制造各种装饰板材的花岗岩和大理石以及用途广泛的石膏。

布里亚特共和国有丰富的稀有金属、有色金属。地下矿产资源有钨、钼、金、多种金属、石炭、褐煤、铁矿、霞石正长岩、石墨、石棉、石灰岩等。

外贝加尔边疆区矿物资源主要有黑色金属、有色金属与贵金属、萤石、煤、泥煤、各种建筑材料以及矿泉水等。铁矿石产地集中在北部地区，该地区还出产铜、钛、磁铁矿、钼矿等。西部和北部地区生产大量的煤矿石。黄金、锌—铅矿石的矿层多分布于中部和南部地区。该边疆区共有24处含有石煤与泥煤的矿层，总储量达69亿吨。此外，该地区含沼气量达1600亿—1800亿立方米，每年可利用10亿—15亿立方米。

伊尔库茨克州的土地上集中了储量巨大的金矿及烃原料、稀有金属（铌、钽、锂、铷）、47种贵重及彩色装饰石头（天青石、查拉石等）、食用盐和钾盐、铁、锰、钛、矿物建筑材料（菱镁矿、白云石等）。此外，在伊尔库茨克州还发现了锰、金刚石、多金属矿、锡、天然硫以及现有的优质传统矿物原料产地。

克麦罗沃州矿产资源主要是煤炭，煤炭储量居全国各州首位。库兹涅茨克煤田是世界上最大的煤田之一，煤层面积为2.67万平方公里（占州面积的28%），达1800米深，煤田地质储量为7334亿吨。克麦罗沃州还勘探到76处泥炭产地，碎散泥炭的储量约为1.2亿吨。克麦罗沃州拥有丰富的铁矿。全州包括菱铁矿在内各种铁矿储量为52.5亿吨，其中工业铁矿为10.4亿吨。此外，该州还分布着金、银、钨、汞、钼、钴、镍、石灰岩、白云石、石英岩、耐高温粘土和型砂等多种矿产资源。

克拉斯诺亚尔斯克边疆区的矿产资源储量占俄罗斯之最：集中了俄罗斯的铂金、准铂金、铜、镍的主要储量；拥有俄罗斯最大的磷灰石矿，其储量占整个俄罗斯储量的21%；拥有俄罗斯最大菱镁矿基地，其储量达5亿吨；还拥有极其丰富的铝土矿，储量据估计有1亿吨；铝土矿基地富含稀有金属和稀土，总计储量为5000万吨；其煤炭的总储量为863亿吨，其中褐煤总储量为639亿吨，占俄罗斯动力煤储量的66%，且其中的622亿吨可露天开采。另据估计，克拉斯诺亚尔斯克边疆区的工业类石油储量为6亿多吨，天然气和天然气冷凝油超过10000亿立方米和5000万吨。

新西伯利亚州有500多个石油、天然气矿区以及凝析油、煤、黏土、泥炭、黄金、锆、钛、铝土矿。此外该州还开采建筑材料——耐火粘土、水泥原料、镶面大理石、石碴等。地下水和腐泥也有开发。目前在开采之中的有83个矿区。

鄂木斯克州不仅有四大石油和天然气产区，而且还有储量居西伯利亚第二的脱岩粘土和锆石—钛铁砂矿产地，储量超过1.6亿立方米，并且还探明了钛氧化物和锆氧化物（运用于航空航天业和高精密度仪器的制造）的储量。锆和钛被广泛用于黑色冶金、有色冶金、冶炼合金以及核能、军工、医疗设备、陶瓷、玻璃和化工生产上。此外，鄂木斯克州还有140多种建材工业原料，已发现的黏土产地有120多处；腐殖泥丰富，共有174处产地，总储量为1.9亿吨。该州还拥有世界著名的大型西伯利亚喷水池，在州的北部地区由于有独一无二的自然条件，泥炭的形成仍在持续，而湖中又蓄积了大量腐泥煤。

鄂木斯克州石油储量为1.5亿吨，主要分布在州最北部地区。天然气产地主要分布在捷夫里兹区并已开采。鄂木斯克州共发现泥炭矿287处，总储量为3.473亿吨。

托木斯克州的矿产资源也极为丰富，既有铁、钛、铬、镍、金、银和白金、铝、锌、汞、锑及其他稀有金属等金属矿产资源，也有天然气、石油、泥煤、褐煤、粘土、沙、砾石等非金属矿产资源。而目前对该州来说，最重要的是石油和天然气基地。

图瓦共和国的主要矿藏包括金矿（主要以砂金形式存在）、铜、铱、铁矿（分布在克木奇克河流域和乌木奇克河流域）、煤、云母、岩盐、石棉、石墨、大理石、菱镁、硫磺等。

由此可见，西伯利亚联邦管区是当之无愧的品种和储量极其丰富，且尚未开发的“资源宝库”。

6. 可再生资源

除以上传统的资源外，在可再生能源领域，地大物博的俄罗斯可以说是“家底殷实”，拥有巨大的发展潜力。而这些巨大的发展潜力，几乎都分布在位于亚洲广袤的西伯利亚地区境内。

第一，西伯利亚地区拥有极为丰富的植被资源，可为生物燃料提供充足的原材料。

第二，西伯利亚拥有数量巨大且水量丰足的河流和湖泊，在世界和亚洲都位于前列，可为水利发电提供极大的动能。

第三，西伯利亚地区很多活动性构造带是发展地热的沃土，而其大部分地区充沛的光照，也为太阳能的发展带来契机。

第四，西伯利亚很多沿海地区同样适合风能发电。

总之，包括西伯利亚联邦管区在内的俄罗斯西伯利亚广大地区，在可再生能源方面，拥有不可估量的巨大潜力和无比广阔的发展前景。

第五节　西伯利亚联邦管区的经济发展概况

1. 工业

西伯利亚联邦管区远非有些人想象得那么荒凉和落后，相反这个联邦管区中的许多联邦主体都具有相当坚实的工业基础和相当强劲的工业生产能力及技术水平。在这里我们确实看到了前苏联作为一个工业化国家 70 多年发展的实力，为这个地区今后的发展奠定的重要的基础和条件。

在西伯利亚联邦管区中，有 9 个联邦主体都是经济发展水平比较高尤其是重化工业比较发达的。其中鄂木斯克州、克麦罗沃州和克拉斯诺亚尔斯克边疆区的重化工业在整个俄罗斯联邦中都占有重要地位。

克麦罗沃州是一个典型的工业区，在俄罗斯经济中所占地位极其重要。按州的工业潜力可以列入俄罗斯各地区中的前 10 名。该州采煤量占全俄的 55.4%，焦炭开采量占 80%，出产全俄 12.4% 的轧钢和 13% 的化纤产品。2005 年该州地区生产总值为 116 亿美元，人均生产总值 4100 美元。主要部门有煤炭、黑色和有色冶金、化工和石化、电力、机械制造和金属加工、食品和面粉业、林业和木材加工、轻工业以及建材产业。该州全部产品中，86% 属于开采业、冶金业以及电力工业。2005 年，该地区企业生产电力 258 亿千瓦时、煤炭 1.65 亿吨、精煤 4800 万吨、铁矿 210 万吨、钢 850 万吨、无机肥料 58.4 万吨、合成树脂和塑料 12.7 万吨、面包和面粉制品16.5万吨。

鄂木斯克州同样属于俄联邦经济发达地区。其工业产值占该州国民生产总值的70%，是俄前20个发达地区之一。其中军工产值占其大部，石油开采量占俄总石油开采量的9%，炼油、化学、石化业也较发达。如果按照制造产品的数量排顺序，那么鄂木斯克在俄罗斯排在莫斯科、彼得堡和叶卡捷琳堡之后位居第四。鄂木斯克州90%以上的工业生产集中在州中心，主要工业部门有：能源工业、电力工业、机器制造业、金属加工业、化学和石化工业、食品工业和轻工业。其中机器和仪表制造业、石油加工和石化工业是鄂木斯克州从前苏联时期就占优势的发达工业部门。

克拉斯诺亚尔斯克边疆区工业发达并积极参与俄罗斯及国际市场，其工业产值占整个俄罗斯工业产值的3%。克拉斯诺亚尔斯克边疆区以其强大的有色金属、化工、机械、贵重金属原料、木材工业等动力耗量大的燃料电力综合体参与国际间竞争。克拉斯诺亚尔斯克边疆区有许多重要的工业中心城市，如克拉斯诺亚尔斯克、诺里尔斯克、阿巴坎、捷尔诺戈尔斯克、阿钦斯克、米努辛斯克等。处于世界最北边的诺里尔斯克工程冶金联合体生产着这个边疆区六分之一的工业产品。

此外，新西伯利亚州、伊尔库茨克州、外贝加尔边疆区、布里亚特共和国和托木斯克州都是该联邦管区中比较重要的工业基地。

其中新西伯利亚州是西伯利亚重要的工业区之一，工业一直是其重要经济部门。尤其是新西伯利亚市，该州主要的工业部门和人口都集中在这里，造就了俄罗斯人口的第三大城市，也是整个西伯利亚地区（包括乌拉尔、西伯利亚和远东三个联邦管区在内）的第一大城市。

伊尔库茨克州也是如此，该州也是西伯利亚联邦管区的主要工业基地。同时其大量企业和60%以上的生产资金以及本州劳动人口大约半数以上的人，都集中在伊尔库茨克市周围。

外贝加尔边疆区的情况也与前两个地区差不多。该边疆区的首府赤塔市，工业企业云集，是西伯利亚联邦管区的工业中心之一。

布里亚特共和国也是西伯利亚联邦管区重要的工业生产基地。它主要经济发展中心是以乌兰乌德市为中心的布里色楞金斯克经济区，主要进行有色金属与稀有金属开采（钨、钼）。这里的机械制造业、木材工业和建筑材料工业也很发达。

托木斯克州工业生产主要集中在托木斯克和谢维尔斯克。在托木斯克州的经济中，化学、石化工业、机械制造、石油开采和木材企业占有特别的位置。石油开采、木材及木材加工业几乎遍及整个托木斯克州。

阿尔泰共和国虽然工业基础比较薄弱，发展比较缓慢，但工业的发展也有一定基础。其最发达的是食品工业，其他如建材工业、冶金工业、森林工业和机械制造业都具有一定的基础。

阿尔泰边疆区也是如此，其主要工业有建材工业、机械制造业、金属加工业和石油化工工业。

图瓦共和国的主要工业部门有电力工业、食品工业、建材工业、木材及木材加工工业、采矿工业。最重要的工业是矿山开采业，即有色金属、石棉、煤、金及其它矿产的开采。

哈卡斯共和国是西伯利亚联邦管区中经济比较落后的一个联邦主体。其首府阿巴坎市的人口仅20万人（集中了该共和国35.2%的人口），只是在这里有一些木材和食品加工业工厂。

以上是对西伯利亚联邦管区各个联邦主体工业发展状况的一个简要的介绍。下面再来分行业看看这个联邦管区的工业发展状况。

西伯利亚联邦管区的主要工业有：

（1）采掘工业

由于西伯利亚联邦管区矿产资源非常丰富，因此采掘工业是这个地区主要工业部门之一。

在布里亚特共和国采掘工业主要是以石炭为主，石炭主要供应乌兰乌德等地的大型综合供暖发电站。此外，重要的钨、钼开采及精加工地在德日金斯克，那里有大型的钨钼加工厂。同时在维季河畔进行黄金开采。

在外贝加尔边疆区，主要是开采放射性元素铀矿和钍矿，这些矿产品是该边疆区出口的主要产品，占该州出口总额的43%，主要向发达国家出口。另外，外贝加尔边疆区的黄金开采、辉钼开采、含铅矿开采、煤业开采也是主要的产业。

克拉斯诺亚尔斯克边疆区的矿山开采业主要开采煤炭、铁矿、有色金属及稀土、金子、石墨、冰洲石、铝、锌、菱镁矿及其他矿产等。其金矿开采在俄罗斯各州中占主导地位；同时诺里尔矿山冶金联合企业保证了俄罗斯大部分的铜、镍、钴和铂金的开采；而“克拉斯诺亚尔斯克煤炭”中心区每年开采约6000万吨煤炭。此外，在克拉斯诺亚尔斯克边疆区共建立了25个石油、天然气开采基地。

克麦罗沃州的煤炭产量占全俄总产量的38%，炼焦煤占全俄总产量的2/3。煤炭工业是该州工业的主导部门，煤炭部门提供克麦罗沃州工业产值的1/3，而且仅利用了库兹涅茨克地区煤田面积的10%—11%。

阿尔泰共和国共有3家较大型金矿、1家较大的开采和加工水银和钼的企业，主要产品有：黄金、水银、含钼和钨的精矿石。此外，当地还用地产黄金和白银加工金银首饰。

（2）森林工业

由于西伯利亚联邦管区的森林资源极为丰富，因此森林工业也是主要工业部门之一。

在布里亚特共和国工业中，木材工业占有很重要的地位。木材的主要储备在乌达河畔和贝加尔湖东岸地带，大量的未经加工的木材被运往乌拉尔、哈萨克斯坦和中亚地区。

伊尔库茨克州木材加工业也十分重要。其森林利用率占俄罗斯第一位，木材采伐几近西伯利亚联邦管区木材产量的一半，人均出口木材的数量超过了俄罗斯平均指数的五倍。15.9%的商品是由木材综合体生产的。

鄂木斯克州森工综合体主要依托当地自然资源。森林开采主要集中在北部的森林地带，而主要的木材加工能力则集中在鄂木斯克市，主要生产刨花板、家具、胶合板、包装材料等。该州计划将北部的森林工业向深加工方向发展，即发展森林化学、水解发酵和纸浆造纸的生产。

伊尔库茨克州占俄联邦硬纸板生产的11%、纸浆生产的51%。大型企业有：“布拉茨综合集团”股份公司、“乌斯奇—伊里姆斯克林业康采恩”股份责任公司、贝加尔ЦБК纸浆联合体等。

在托木斯克州，木材及木材加工企业几乎遍及整个全州。

在阿尔泰共和国林业和木材加工业工业中占有一定地位。主要产品有制材、锯材、木制品、家具和木制小礼物。

（3）传统能源工业

由于西伯利亚联邦管区的水资源和煤炭资源极其丰富，因此该地区以水力发电和火力发电为核心的能源工业基础也比较坚实。

伊尔库茨克州是西伯利亚联邦管区电力及燃料的主要提供者，这使得该州成为西伯利亚地区的动力生产发展基地。该州已建立了重要的水力发电站——在安加尔总功率为9.1千兆瓦、年发电500亿千瓦/小时的电站以及曼马干区（维季母河支流）的水电站，功率在100兆瓦左右，年发电高达4亿千瓦/小时。

克麦罗沃州能源工业占该州工业产值的12.8%。有10个大型电站，联合成两个电能中心（北部和南部）。库兹巴斯的动力系统归俄联邦所有，并合并于西伯利亚动力系统。西伯利亚联合电网统一调度管理局就设在克麦罗沃。

克拉斯诺亚尔斯克边疆区的能源工业主要是电力生产、电力运输和供暖系统。

在新西伯利亚州工业结构中，电力工业居第二位。新西伯利亚州的电力主要依靠新西伯利亚水力发电站（发电能力455兆瓦）和5个中央热电站（1个位于古比雪夫，其余4个位于新西伯利亚市）来供应。

鄂木斯克州电力设计生产能力为1165兆瓦，同时正在引进国外生态环保型设备来装备中央热电站，并在电站建设方面建立合资企业吸引外资。目前该州在埃基巴斯图兹获取一部分煤炭，并与俄罗斯天然气工业股份公司合作开采该州北部的天然气，同时利用可再生的泥炭、木材、生物气体等来扩大能源供应渠道。

（4）新能源工业

西伯利亚地区的新能源（即可再生能源）工业，是俄罗斯进入20世纪后发展起来的极具前景的新兴工业。除前面已经讲到的大规模水电建设外，俄罗斯在西伯利亚地区开始进行风电、太阳能发电、地热发电以及生物能发电的建设。

在风电方面，当前的风电站分布于三个地区：西部的加里宁格勒州、东北部的楚科奇自治区以及西南部的巴什科尔托斯坦共和国，三地的装机容量分别为5100千瓦、2500千瓦、2200千瓦。目前包括列宁格勒州在内的7个联邦正在修建新的风电站，建成后预计可新增装机容量27.6万千瓦。

在太阳能方面，总会给人留下"寒冷"印象的俄罗斯实际上有很多地区拥有充沛的光照资源，尤以西伯利亚和远东地区为甚。目前俄罗斯国有纳米技术集团已经在位于西伯利亚联邦管区的城市伊尔库茨克开展多晶硅研发工作。2009年12月4日消息指出，这项开发工作已经取得重大进展，有多家参加研发多晶硅的企业于2009年11月在莫斯科签订协议，拟建造1.2GW多晶硅太阳能生产线，总工程造价估计为24亿美元。消息还指出，世界上G瓦级别生产能力的工厂不多，其中包括美国的第一太阳能和中国的尚德太阳能。俄罗斯似乎不是太阳能光伏生产的聚集地，但此项工程将大大提高俄罗斯在世界光伏行业的地位。

另外，俄罗斯还有一项有关太阳能的重大实验引起了世界的关注。那就是2009年以来在西伯利亚联邦管区的新西伯利亚科学城，由一群生态、物理、数学家小组在当地成功建造的一座实验性"太阳屋"，并计划将来推动建造一整片的"生态村"。该座实验性"太阳屋"，是新西伯利亚科学城推动实现"21世纪生态居住纲领"的一部分；该纲领明确指出，准备以20年时间、分五个阶段来实现建造"生态村"。前新西伯利亚科学城的"太阳屋"推广计划，已经提报俄罗斯联邦政府，并争取与国家建设部合作，希望被纳入政府正在推动中的"自己的家"纲领里。在该纲领指导下，俄罗斯政府已制订了"西伯利亚能源生态住屋建筑发展"计划，将按照西伯利亚的地方条件提出"太阳屋"的概念，并就地取材进行小规模建材生产。此一计划曾在维也纳的"居住与环境保护"国际会议上提出讨论，并获得肯定，是值得进一步发展的计划。

在利用地热发电方面，也有一定的进展。位于远东地区的勘察加州拥有4座地热电厂，装机总容量8万千瓦，目前政府正在制定新的地热电厂建设计划。

在利用生物能发电方面，有专家预计，俄罗斯厚实的农业基础可生产出8.5亿升生物燃料，但尚未得到充分应用。目前在位于西伯利亚地区的城市鄂木斯克建有一座乙醇燃料工厂，由俄罗斯和乌克兰两国合资建立。

（5）冶金工业

由于西伯利亚联邦管区的矿产资源十分丰富，同时能源供应也十分充足，因而冶金工业也是这个地区的主要生产部门之一。

克麦罗沃州的工业产值中黑色冶金业占25.6%，在整个俄罗斯联邦也占有重要地位，其生铁产量占全俄产量的18%，黑色金属成材和钢产量占全俄总产量的17%左右。克麦罗沃州是俄多种金属轧材的主要供应者，其中包括钢轨、建筑和预制构件金属用材。

克拉斯诺亚尔斯克边疆区的冶金业主要是加工重金属、轻金属、合金、稀土及其他，其中最主要的是铝、镍、钴、铜、铂及金。有色冶金是克拉斯诺亚尔斯克边疆区的主导部门，总计生产30多种重金属、轻金属、合金、稀有金属。其中最多的是：铝、镍、钴、铜、铂和金。有色金属和黑色金属冶炼提供了克拉斯诺亚尔斯克边疆区约45%的工业产品。

在伊尔库茨克州，俄罗斯联邦几乎1/4的铝产品生产都在贝加尔地区。该区有两大铝厂所在地——布拉茨克和伊尔库茨克。

而在外贝加尔边疆区，黑色冶金业是其重要产业，其主要产品为黑色金属成品轧材。

（6）机械工业

西伯利亚联邦管区中的许多联邦主体在前苏联的工业发展中都占有重要地位，因此这个地区的机械工业基础也十分坚实。

例如西伯利亚最古老城市之一、也是西伯利亚大铁路主要枢纽之一的鄂木斯克市，在前苏联的历史中就占有极为重要的地位。卫国战争期间，前苏联在欧洲部分的许多工业企业撤往鄂木斯克市，成为卫国战争期间前苏联主要的工业生产基地。

克麦罗沃州也是如此。在卫国战争期间的1941年，70多家前苏联的重要大型企业从占领区疏散到该地，该州的库兹巴斯地区逐渐成为整个前苏联在战争期间煤炭和金属的主要供应地。用库兹涅茨克冶金工人熔炼的钢铁，制造了5万辆坦克和4.5万架飞机。此外，在战争期间这里还生产了大量制造炸药、火药和其他前线必需品的甲苯。战争结束后，与鄂木斯克州一样，这些企业多数都留在了当地，改变了当地的产业结构，从而成为前苏联重要的机械制造产业基地。

目前西伯利亚联邦管区的机械工业发展的状况是：

在鄂木斯克州机器制造业中，军工企业占3/4。主要的军工企业有：飞机制造联合公司、运输机械制造厂、西伯利亚仪器仪表厂、西伯利亚低温机械厂、鄂木斯克液压传动器械厂"额尔齐斯"生产联合公司、鄂木斯克联合装置厂等。鄂木斯克的军工企业按军转民计划生产了安—74型、安—3型、伊尔—116型（与新西伯利亚州合作生产）飞机以及航空发动机、农用中耕拖拉机、挖掘机、装卸机、新型通讯工具、医疗设备、家用设备、液压、低温、航海设备、安全环保型冷冻设备和压缩机等新产品。鄂木斯克80家工业企业和其他地区11家大企业合作研制并生产矿物原料开采与加工的进口替代设备。

在克拉斯诺亚尔斯克边疆区，机械制造业主要是生产桥式吊车、集装箱、挖掘机、收割机、木材转运设备、汽车挂车、河船、冰箱、电视机、电子技术产品、仪器设备等产品。

在新西伯利亚州，无线电电子工业、仪器仪表制造业在机器制造业中占有特殊地位，这些工业企业与宇航和原子能工业企业一起，成为该州军工厂综合体的重要组成部分（在整个西伯利亚军工综合体中新西伯利亚州所占比重最大），60%的工业生产集中在军工综合体。

在外贝加尔边疆区的赤塔市，机械制造的主要产品是机床、压缩机制冷设备以及汽车装配厂和机车厂。

在克麦罗沃州，机械制造和金属加工业占克麦罗沃州工业总产值的6.6%。主要生产矿山设备、动力机械。

在托木斯克州，机械制造业专门生产各种电动机、电缆、电线、电灯、压力计、轴承、金属切割工具、医疗器械及其他产品。

（7）石化工业

由于西伯利亚联邦管区是石油与天然气的富集区，因此，这里的石化工业也比较发达。

鄂木斯克石油加工和石油化工综合体是西伯利亚乃至全俄最大的综合体之一。目前该州50%的工业产品、11%的工业劳动力、30%的固定资产集中在这里。主要的石油加工和石化工业企业有：鄂木斯克石油加工厂、西伯利亚石油公司、鄂木斯克化工厂、鄂木斯克轮胎厂、鄂木斯克橡胶厂、鄂木斯克碳黑厂。

新西伯利亚州化学工业，特别是国防化学工业发展很快。化学工业为机器制造业提供塑料、绝缘材料并生产日用化学品、化学药剂产品、微生物化学产品和草药产品等。为加强医药化学工业的发展，目前新西伯利亚州正在研制并生产治疗和预防心血管系统、胃肠道、呼吸系统疾病以及肿瘤疾病的药物，并采用养蜂业产品和植物原料来生产各种药物。

伊尔库茨克州的石化工业地位重要，西伯利亚联邦管区使用的大约70%的石油产品都是在这里生产的，其大部分产品供应远东。而生产聚合塑料、人造纤维及丝线、矿物肥的企业则集中在安加尔斯克、布拉茨克、萨扬斯克、乌索里耶—西比尔斯克。

在克拉斯诺亚尔斯克边疆区，石化工业主要生产化纤、人造橡胶、轮胎、医用药剂、橡胶制品、胶、油漆、人造纤维、酒精、抗生素、人造血等。

在克麦罗沃州，石化工业占其工业总产值的4%。主要生产塑料、化学纤维、合成染料、化肥、化学药品制剂等。

托木斯克州的化学和石油化工业的发展与西伯利亚化学联合体（谢维尔斯克）和托木斯克石油化学联合体是紧密相连的。在托木斯克州，石油企业遍及全州。

阿尔泰边疆区的石油化工工业产值约占总工业产值的12%。在此有生产用于各种型号汽车、飞机、农用机械的轮胎的企业，以及生产化学纤维、布料、酸、碱、化学反应堆、溶液、颜料、树脂、漂白剂、洗涤剂、灭草剂、药剂等厂家。

(8) 建材工业

由于西伯利亚联邦管区黏土、石灰石以及大理石、花岗岩等石材各种建材资源十分丰富，因而建材工业在西伯利亚联邦管区也有相当的基础。建材工业主要利用当地的黏土、石灰石、大理石、花岗岩和其他原料来生产水泥、石棉水泥瓦、砖、钢筋混凝土构件、装饰石板等。

例如，建材工业是阿尔泰共和国的一个主要工业部门。阿尔泰共和国的建材资源，如大理石、花岗岩和制砖粘土等储量大并具有工业开发价值。阿尔泰共和国建材工业的主要产品有各种预制构件、红砖、装饰石板等。

（9）轻工业与食品工业

由于西伯利亚联邦管区的畜牧业、森林工业比较发达，因而这个地区的轻工业产品与食品工业产品都与畜产品加工业或木材加工业密切相关。

例如，外贝加尔边疆区是俄罗斯最大的养羊业中心之一。产值占农业总产值的75%。此地出产的羊毛和羊肉源源不断地运往克拉斯诺亚尔斯克边疆区、西西伯利亚和远东等地区。外贝加尔边疆区食品工业主要产品为肉类产品、纯奶制品等。

克拉斯诺亚尔斯克边疆区的肉类产量很大，边疆区有6个大型养猪联合企业、12个蛋禽加工厂、6个肉类加工厂，13个牛奶加工、水果罐头、面粉碾磨工厂，3个烈性甜酒加工厂。在边疆区食品工业企业中盈利额最高的企业是“毕科拉”股份有限公司，“毕科拉”股份有限公司每年生产3300万升啤酒。在克拉斯诺亚尔斯克边疆区北部地区，有畜牧业和养兽业、渔猎业。克拉斯诺亚尔斯克边疆区养殖玄狐和棕红色狐，每年产狐皮约为30万张；捕捞贵重品种鱼约10000吨。

鄂木斯克州大中型轻工企业共27家，包括纺织、皮革、制鞋等行业，纺织工业所占比重较大。纺织业主要生产工业用布、居民用布和各类针织品。较大的纺织企业是针织品厂，年生产服装品种达300余种。该州食品工业也比较发达。主要食品产品有乳品、奶酪、肉类和肉罐头。1/3的食品工业产品产自鄂木斯克市。

新西伯利亚州的轻工业，主要以缝纫、纺织、制毡、制鞋（主要是毡鞋、儿童和青年用鞋）以及家具业为主。新西伯利亚州食品工业也主要利用当地原料生产肉、奶制品、面粉、酒精和无酒精饮料等，其产品也销往西伯利亚其他地区。

在克拉斯诺亚尔斯克边疆区，其轻工业也主要是生产布匹、皮毛、鞋等。

食品工业是阿尔泰共和国工业的主要部门之一，主要食品有面包制品、不含酒精饮料、肉肠、奶油、奶酪、蔬菜水果罐头和葡萄酒。大部分产品满足共和国内市场需求，小部分供给毗邻地区。

2. 农牧业

西伯利亚联邦管区虽然处在寒冷的高纬度地区，而且地形地貌以山地为主，但由于其幅员广袤，地形复杂，因此平原、盆地、草场、农田等土地资源仍然十分丰富；且植被良好，遍布原始森林和各种植物；水源又极其丰富，到处都有河流、湖泊，因此它的农牧业尤其是畜牧业还是比较发达的。

新西伯利亚州是俄罗斯五大农业生产基地之一。在2000—2004年农业生产总值增长50%。农业产值占州生产总值的8%。主要的农产品为谷物、土豆、蔬菜、亚麻、牛奶、鸡蛋、羊毛、猪、羊、禽类。亚麻生产占有重要地位。养马业、养蜂业、养兽业和池塘养鱼业也有所发展。

鄂木斯克州是西伯利亚乃至全俄农业比较发达的地区，属于俄联邦谷物、乳类和肉类生产的十强地区。主要有种植业（小麦、黑麦、大麦和燕麦）、畜牧业、养禽业和养猪业、毛皮业和养兽业。它还拥有俄罗斯联邦东部最大的农业生产综合体。尽管全州人口只占俄总人口的1.5%，但它却提供了全俄3%的乳品、2.5%的肉类产品、3%以上的粮食种子、3.5%的动物油和4%的奶酪。

克拉斯诺亚尔斯克边疆区的农业也比较发达。该边疆区的小麦产量占整个西伯利亚联邦管区小麦产量的60%，并供给达一半以上的牛奶、蔬菜、蛋类产量。这个边疆区的谷物种植（小麦、黑麦、燕麦、大麦）和经济作物（亚麻、纤维亚麻）种植，主要都在该边疆区南部，这里也被称为是西伯利亚地区的“粮库”。此外在这里不但生长着西伯利亚地区最好的蔬菜、水果，而且肉牛、奶牛及家禽养殖业、细毛羊养殖业和养马业都较发达。

阿尔泰边疆区不仅是西伯利亚地区，而且也是全俄重要农业生产地区之一。阿尔泰边疆区还是西伯利亚地区独一无二的生产油料葵花籽、甜菜和甜菜籽的地区，这些作物的单位面积产量也比较高。

外贝加尔边疆区从贝加尔湖以东的地区是巨大的农业区域，是专业细毛绵羊的放牧地，肉奶和肉类动物养殖业、养猪业、家禽养殖业在这里都有很大的发展。在外贝加尔边疆区的南部区和东南区域，是植物作物栽培的主要地带。

图瓦共和国是一个专业生产畜产品的农业共和国，南部畜牧业区是最重要的农业畜牧业区，80%多的产品为畜产品。主要产业有养马业、养鹿业、养驼业、养细毛绵羊业和养肉、奶牛业。农业经营用地约500万公顷，占共和国国土面积的2/3。

农牧业是阿尔泰共和国的主要经济部门，农产品占共和国社会总产品的60%，重要部门是畜牧业和养鹿业。种植业虽然也是阿尔泰农业的主要部门之一，不过它在农业中的比重明显低于畜牧业。当地主要农作物有谷物、马铃薯和蔬菜以及经济作物。此外，阿尔泰人利用山区自然条件养蜂已数百年历史。今天养蜂业仍然是该共和国的主要农业活动之一，蜂蜜产量每年高达数千吨。

布里亚特共和国的叶拉夫尼斯克区自然气候条件有利于家畜业的发展。这里有养马业、养羊业和肉、奶畜牧业。该区也种植秋黑麦和一些蔬菜作物。

3. 交通运输

由于西伯利亚联邦管区地域十分广袤，且以山地为主，地形复杂，因此给这个地区的交通运输造成了很大的困难。在这里我们看到了横贯东西的西伯利亚大铁路对这个地区交通运输所起到的极其重要的作用。这个地区中所有交通运输比较发达的联邦主体，基本上都是以这条铁路为干线，形成自己的铁路和公路网络。

例如，新西伯利亚州最重要的运输形式是铁路运输，跨西伯利亚大铁路从该州境内穿过。此外，它的其他交通基础设施也十分便捷。该州有

5 个机场,其中包括 2 个联邦级机场——新西伯利亚航空公司机场（北方航线和本地客货运）和托尔马乔沃国际机场（有 79 条航线，其中 18 条为国际航线)。两条联邦级公路从新西伯利亚州境内穿过。俄罗斯最大的河流之一鄂毕河也由南向北流经新西伯利亚境内。通过鄂毕河的内河航运可以实现与俄罗斯北部地区的联系。

鄂木斯克州的交通运输网四通八达，境内有连接东西部地区的跨西伯利亚大铁路和连接俄罗斯北部和哈萨克斯坦及中亚国家的铁路干线。专用线路的主要网络集中在鄂木斯克纳济瓦耶夫斯克、伊西尔库尔、卡拉琴斯克及其他几个沿铁路干线坐落的枢纽车站。鄂木斯克州公路总长度 17087 公里，其南部各条公路都经过鄂木斯克市，成为鄂木斯克州中心连接新西伯利亚、秋明与俄罗斯其他地区中心以及哈萨克斯坦的纽带。此外，鄂木斯克州还有长约 580 公里的石油管道和成品油管道。鄂木斯克州主要的水路交通动脉是伊尔特斯河。在航空运输方面，鄂木斯克建有一座国际机场（在鄂木斯克市内）和 13 个地方机场（设在鄂木斯克市、特维斯城等)。

在外贝加尔边疆区，西伯利亚大铁路横贯其全境，赤塔则是重要的交通枢纽，这里的铁路通往乌兰乌德、外贝加尔斯克、斯沃博德内等地，还可抵达中国满州里市。公路有通往乌兰乌德、外贝加尔斯克、哈普切兰等地的国道。航空运输有飞往新西伯利亚、伊尔库茨克、哈巴罗夫斯克、丘利曼的航线。此外，建有因戈达河港，内河运输亦较方便。

布里亚特共和国内的交通主要是铁路，途经布里亚特共和国的铁路干线有莫斯科至符拉迪沃斯托克的西伯利亚干线。在布里亚特共和国内部邻近地区主要以公路交通为主，主要的公路干线有乌兰乌德—恰克图—扎卡缅斯克，乌兰乌德—霍林斯克—巴格达林，乌兰乌德—哥列米金斯克—巴尔古津—乌柳恩汗。此外还有沿色楞格河和奇卡河以及贝加尔湖开展内河航运的水域交通。

克麦罗沃州是俄罗斯东部地区具有较发达交通网的地区之一，其铁路、硬面公路的线路密度比全俄的平均指标分别高 2.6 倍和 0.9 倍。其交通运输系统包括铁路、航空、公路、城铁、河运以及工业企业运输系统。该州拥有连接西伯利亚大铁路和中亚的铁路网，2004 年铁路线总长 1718 公里。该州格外重视公路交通发展，2004 年该州公路总里程达 9440 公里，其中公用道路5806公里，柏油路长8936公里。该州有3座机场：克麦罗沃国际机场、新库兹涅茨克机场和塔什塔戈尔地方机场。

克拉斯诺亚尔斯克边疆区的交通运输网主要建于边疆区的中心区和南部地区。边疆区内铁路线总长3200公里，由西至东有两条干线具有全俄意义：西伯利亚交通干线和南西伯利亚干线。边疆区内的中心地区有较为便利的铁路通往区内各工业中心。在诺里尔斯克工业区有世界最北端铁路之称的铁路，此铁路将诺尔斯克市与杜金卡海港相连。克拉斯诺亚尔斯克边疆区内公路总长11990公里，公路密度为5公里/1000平方公里，其中硬面公路密度为4.6公里/1000平方公里。在克拉斯诺亚尔斯克边疆区的北部没有铁路和公路交通，因此在那里全长3487公里的叶尼塞河河运线，全长1146公里的下通古斯卡河河运线和全长316公里安加拉河河运线以及航空交通起着重要的作用。克拉斯诺亚尔斯克边疆区的区内航空运输主要包括货运飞机、民航飞机和直升飞机。克拉斯诺亚尔斯克通过航空线路可以与俄罗斯各大城市相连。

伊尔库茨克州的交通运输方式主要有铁路运输、公路运输和航空运输。

哈卡斯共和国阿巴坎市交通以公路为主，也有铁路通西伯利亚线上的大站克拉斯诺雅尔斯克，再东达弗拉基沃斯托克，西至莫斯科。也有飞往各地的航线。

受当地地形条件限制，阿尔泰共和国至今没有修建铁路，因为在复杂的地形条件下，建设铁路投资大，加之该地区货物流量不大，在可预计的时期内很难回收投资。目前，主要的运输形式是公路运输和航空运输。该共和国硬面公路总长2636公里，最长的是乔亚公路干线，这条干线是新西伯利亚—比斯克—塔尚塔国家级公路的重要路段，在阿尔泰共和国境内有540公里，通往俄蒙边境附近的塔尚塔。戈尔内—阿尔泰航空公司是该共和国主要的航空运输企业。共和国境内共有3个机场，此外在一些主要村镇修建了多处直升飞机机场。执行飞行任务的都是小型运输机和直升飞机，以货物运输为主。

托木斯克州交通不发达，与主干线连接不畅。州公路总长4500公里，平均1000平方公里只有14.2公里公路。很多的居民点只能是空运。州内有8个机场。州内的货运主要是河运和汽运。铁路运输方面有唯一的一条铁路线“白亚尔——托木斯克——塔尹卡”与西伯利亚主干铁路相连，全州的中心主线与托木斯克相连，在南边是公路与之相连。管道运输方式在州里具有重大意义，它满足了在州内开采石油、天然气的运送问题。石油管道和天然气管道横穿托木斯克州。

图瓦共和国的主要交通方式是公路。主要有阿克多武拉克—克孜勒—阿巴干—克拉斯诺亚尔斯克干线公路。

4. 对外贸易

西伯利亚联邦管区的对外贸易活动发展并不均衡，主要是几个经济比较发达的联邦主体对外贸易比较活跃。近年来，中国已发展成为这些地区重要的贸易伙伴。

例如，克麦罗沃州经济以出口为主。2005 年对外贸易额为 55 亿美元（比 2004 年增长 18%），其中出口额为 49 亿美元。2005 年，该州与 77 个国家有经济贸易往来，主要伙伴包括土耳其、伊朗、韩国、中国、英国、葡萄牙、塞浦路斯。克麦罗沃州的主要出口产品是黑金属和有机化合物（二者占 90%）。2005 年，克麦罗沃州与中国的贸易额为 4.87 亿美元，比 2004 年增长一倍以上，其中对华出口额为 4.42 亿美元。中国已成为克麦罗沃州 2005 年最大的贸易伙伴，双方的贸易额在克麦罗沃州对外贸易总额中所占的比例高达 9%。中国是库兹巴斯冶金产品的最大买家之一，冶金产品出口额占其对华出口额的 72%，主要出口产品有钢材、半成品和生铁。有机化合物在其对华出口中居第二位。克麦罗沃州 2005 年从中国的进口额达到 4500 万美元，比 2004 年增长 2.6 倍，70% 的进口产品分为三类：矿物燃料、用于金属冶炼的耐火砖和机械制造业产品。克麦罗沃州还和中国一些城市建立了友好城市关系和长期合作关系，如重庆市、辽宁省沈阳市和辽宁省朝阳市等。

在外贝加尔边疆区对外贸易中，中国是其最大的贸易伙伴。据 2005 年统计，外贝加尔边疆区与中国的贸易占其对外贸易总额的 96.1%。外贝加尔边疆区主要出口商品有木材（70.8%）、金属及其制品（22%）、机械设备和交通工具（3.3%）、化工产品和橡胶等，其中木材全部出口至中国。

主要进口商品为：食品及农产品（69.5%）、机械设备及运输工具（10.7%）、化工产品（5.4%）、纺织品及鞋类（5.3%）。

在鄂木斯克州，外贸是其近年来发展最快的经济部门之一。2004年对外贸易额约为45亿美元。2005年继续保持增长势头。石油化工产品的出口占州出口总额的80%左右，木材也是主要出口产品。该州50%的出口产品销往发展中国家，30%的产品销往发达国家，20%的产品销往独联体国家。主要进口商品有汽车、机械设备和运输工具，粮食制品和农业原料，煤、木材、纸浆及纸制品、纺织品、鞋、金属和五金制品等。从贸易额看，中国是鄂木斯克州的第三大贸易伙伴。2004年，双方贸易额为3.42亿美元，其中鄂木斯克州向中国出口额为3.41亿美元，主要出口产品为石油和石油产品、有机化合物和橡胶；从中国进口商品以化学和机械制造产品为主。从贸易额看，中方购买对方产品占双边贸易额的绝大部分，中方出口产品仅占双边贸易额的1%。

伊尔库茨克州也属于出口份额较高的区域，主要出口原料产品。在该州的外贸周转额中，出口占81%，其中铝出口量已占生产总量的94.1%，纸浆出口量占生产量的84.4%，板材出口量占产量的49.3%，原木出口量占产量的33.4%。该州还利用外资、引进技术来发展其种植业、畜牧业以及加工肉、奶的工艺设备等。

克拉斯诺亚尔斯克边疆区的经济在很大程度上依赖于外贸。其出口潜力排在俄罗斯各州的第五位，居西伯利亚地区之首。原料在克拉斯诺亚尔斯克边疆区出口中占有优势，金属及其制品是克拉斯诺亚尔斯克边疆区主要的出口产品（占总产量的70%多），其中包括黑色金属、合金钢、铁的半成品、轧材、管、金属结构产品、橡胶及其制品、石油产品和褐煤。黑色和有色金属产品在出口中占领先地位，主要是铝、铜、镍。在出口的石油产品中，柴油、汽油和活性燃料占2/3以上。木材及其制品在出口中占第三位。克拉斯诺亚尔斯克边疆区进口工业产品有机械工程类产品、石油综合体所需的无机化学类产品、矿产原料产品、仪器等；粮食类进口中，多为蔬菜、水果以及蔬菜和水果的加工品。

阿尔泰共和国主要的对外贸易伙伴是亚洲的韩国、蒙古、中国和日本，还有中亚的哈萨克斯坦。主要出口商品有：原木、锯材、精加工马鹿和梅花鹿茸、羊绒、原毛、皮革、电茶炊、食品、钨钼精矿石等。

布里亚特共和国的外贸与投资活动也比较活跃，主要从越南、蒙古、中国进口产品，同时向25个国家出口产品。布里亚特共和国的对外经济活动几乎有一半是与中国内蒙古自治区合作的，另外一些是邻近的国家乌克兰、哈萨克斯坦、白俄罗斯。

2004年新西伯利亚州对外贸易总额近13亿美元（比2003年增长19.8%），出口总量是进口总量的1.6倍。目前与世界97个国家的公司与企业保持着联系。在出口商品中，机械产品占70.7%（释热元件、机器和设备零部件、电焊条、碳电极、电磁铁等），金属和五金制品（黑色金属构件、未加工的铝、黑色金属）占7.2%，化学产品占7%。

新西伯利亚州与中国的经济合作不断扩大。中国在该州外贸额中占有较大比重（2004年为10%）。新西伯利亚州政府与中国的天津市、黑龙江省、辽宁省、吉林省、浙江省、内蒙古自治区和新疆维吾尔族自治区等省区都建立合作关系。2005年7月中国国家主席胡锦涛访俄期间，在新西伯利亚会见了西伯利亚地区政府的领导人。双方讨论了扩大两国地区间合作和协调地区发展计划的问题。新西伯利亚州提出在下列方面进行协作：生物技术、建材、医疗和生态设备、化学工艺、仪表制造、激光技术、电信系统、生产自动化、农业和绿色无污染食品、人文合作（培养汉语和俄语人才）以及向该州供应中药制剂等。

第六节　西伯利亚联邦管区的科研发展概况

1. 新西伯利亚的“科学城”

新西伯利亚市是俄罗斯的第三大城市，也是俄罗斯亚洲地区的最大城市。在距离新西伯利亚市30多公里的原始森林中，座落着俄罗斯重要的科研基地——俄罗斯科学院新西伯利亚分院。这里聚集了俄罗斯约三分之一的科研力量，因此也有俄罗斯的“科学城”之称。

俄罗斯科学院新西伯利亚分院是1957年创建的，当时之所以在这里建设大型的综合性科研基地，主要是因为新西伯利亚是横跨欧亚大陆的西伯利亚大铁路的交通枢纽；同时，在第二次世界大战期间，这里还是前苏联的战略后方，拥有一大批重要的工业企业和科研机构。刚开始时，新西伯利亚分院只有10个研究所，经过数十年的发展，科学城已经拥有100多个科研机构，20余所高等院校，3万多名研究人员，成为俄罗斯科学院系统中规模最大、科研力量最强的分院。新西伯利亚市也由此号称“俄罗斯最聪明的城市”，成为俄罗斯最重要的科研重镇。

“科学城”的研究范围相当广泛。在基础科学领域，“科学城”的数学所、物理所、化学所、生物所不仅在俄罗斯，甚至在全世界都非常著名。同时，“科学城”在应用领域的研究也成果颇丰。在能源综合利用、信息技术、环境保护、核能开发、生物技术和航天科技等方面都取得了大量具有世界先进水平的科研成果。上文所提到的“太阳屋”，就是这个“科学城”在新能源综合利用方面所取得的举世瞩目的重要成果。自该“科学城”建立以来，已获得120余项国家科技进步奖，70余项科学院记名金奖。

1998年11月，时任中国国家主席江泽民曾访问过“科学城”，并给予了高度评价。他在“学者之家”发表演讲时说：“新西伯利亚‘科学城’，是一个著名的实力雄厚的科学基地。在数学、物理、生物、化学等基础学科领域，在能源综合利用、环境保护、核技术等应用领域，都取得了大量世界水平的科研成果，涌现出了像拉夫连季耶夫、坎托罗维奇、杜比宁等一批享誉世界的科学家。一个170万人口的城市，拥有约100个各类研究所、20所高校、数万名科研人员，这在全世界也是少见的”。

新西伯利亚“科学城”近年来与亚太地区国家展开了广泛的科技交流与合作，其中与中国的合作最为紧密。2003年夏天，中国科学院与新西伯利亚分院达成协议，双方将合作在中国和俄罗斯各建三个高新科技园区，其中在中国的三个高新科技园区分别设在沈阳、长春和大连。此外，“科学城”与中国的上海、广州、宁波、哈尔滨等城市也有着密切的合作关系。每年到“科学城”进行访问和交流的中国科学家有500多人，“科学城”每年也有300多名科研人员到中国进行访问和学术交流。

2. 西伯利亚的“硅谷”

今天，新西伯利亚“科学城”不仅是一座基础科研的重镇，而且是俄罗斯最重要的IT产业基地，因此这里被西方人称作俄罗斯的“硅森林”——西伯利亚的“硅谷”。

10年前，俄罗斯的私营高科技公司开始在这里创业，当年这里IT业的产值只有1000万美元，现在这里的私营IT业已经达到1.5亿美元的产值，IT公司的数量更是以15%的速度增长。

目前，全球的顶级IT公司都盯上了这座生机勃勃的“科学城”，美国的英特尔公司和IBM公司、法国的斯伦贝谢公司都在这里设立了分公司。

“科学城”的快速发展也引起了俄罗斯政府高层的重视，2005年1月9日，时任总统普京在访问完印度后来到“科学城”视察，印度蓬勃发展的IT产业给了普京很大启发，他宣布将在科学城设立经济特区，支持科学城的总投资6.5亿美元的高科技工业园区，并决定由俄罗斯联邦拨款1亿美元投入这个项目。同时对这里的高科技企业实行税收减免及其他优惠政策。

目前，这个“硅森林”虽然离真正的硅谷还有很大距离，但却没人敢忽视这里的发展前景。

3. 发展创新经济

前苏联解体后，俄罗斯经济曾一度严重萎缩，由一个曾经称霸世界的“超级大国”，降为一个经济实力相对落后的“二流国家”。21世纪初，随着国际能源产品和矿产品价格的大幅飚升，以石油、天然气和矿藏等原材料出口为主要支撑的俄罗斯经济开始出现了快速上升的良好发展势头。但是普京等俄罗斯领导人很清楚，这种依靠原材料出口的畸形经济是脆弱的和不可持续的。俄罗斯必须实现经济的转型，必须赶上时代的潮流，大力发展创新型经济。因此，随着国家经济状况的好转和财力的提高，俄罗斯创新体系建设的步伐也在加快，并从2006年起开始进入一个全新的发展阶段。

2006年，俄第一批6个经济特区经国家批准正式建立，其中工业生产型经济特区2个，技术开发型经济特区4个。在4个技术开发型经济特区中，就包括西伯利亚联邦管区的托木斯克市技术开发型经济特区。托木斯克市是俄最早建立科技园的地方。1990年，俄在托木斯克市创办了第一个作为创新基础设施的科技园，创新和开发应用的基础较好，主要领域包括信息通信技术与电子、新材料与纳米技术、生物技术与医疗。科技园经过10多年的发展，已经开始为本地区带来经济与社会效益。

2005年1月俄时任总统普京在视察新西伯利亚“科学城”时指出，俄具有发展信息技术的人才潜力和技术储备，如果有效合理地利用这些优势，俄在信息技术领域就能取得突破式发展。俄近期内将在新西伯利亚等4个地区设立信息技术科技园，园区内将实行有别于经济特区的优惠政策，专门扶持信息技术企业的发展。为此，国家将从预算中拨出200多亿卢布资金专门用于园区的基础设施建设。

2006年3月10日，根据普京关于“将专业领域的高技术转化成推动经济发展的动力”的要求，俄政府又批准了一项新的《在俄罗斯联邦组建高技术科技园计划》。根据该计划，俄将在2006—2010年期间在莫斯科市、圣彼得堡市、新西伯利亚市、下新城市、卡卢加州、秋明州和鞑靼斯坦共和国建立7个科技园，并确定这些科技园将以开发纳米技术、生物技术和信息技术为重点。

创新经济的发展为西伯利亚的经济注入了活力，加快了经济发展速度。根据2005年制定的西伯利亚联邦管区经济发展战略，西伯利亚联邦管区要实施“强力电子”纲要，力争2010年电子工业的产值规模增至60亿卢布。该发展战略实施的另一项计划是“催化技术”纲要，计划到2006年年底达到50亿卢布的产值。此外，“激光技术”纲要也是这个发展战略中的重大举措，它作为超大型项目，每年将实现10亿卢布以上的产值。如果再加上国防系统的研制项目，2007年所有项目将能实现约15亿美元的产值，此后这个指标将增至50亿美元。

此外，还计划建设西伯利亚联邦管区信息技术中心。专家预测，到2010年将有2.5万名专家在该中心工作，在西伯利亚联邦管区其他大城市还将建设一些分中心。

同时，为了使西伯利亚联邦管区的资源型经济向生产科技开发型经济转化，受俄总统和俄政府的委托，俄科学院西伯利亚分院制定了《西伯利亚科学生产综合体高新技术发展纲要》。《纲要》提出了促进创新经济的措施，其内容主要包括：建立专业定向化的科研、教学、生产联合体，吸收科研院所、大学和区域主导企业参与其中；实施大型科技规划；实施中小型高新技术规划；建立高新技术分支机构；建立信息技术园区和技术开发型经济区。

在建立专业定向化的科研、教学、生产联合体方面，该《纲要》提出，科教生产联合体的法律形式可以是非营利性合作，由企业、地区和联邦中心予以财政资助。第一阶段提出的方案有：在新西伯利亚市建立分子工艺设计和环保工艺、大功率电器设备的科教生产联合体；在托木斯克市建立聚合物生产科教生产联合体；在鄂木斯克市建立石油加工和石油化工科教生产联合体；在克拉斯诺亚尔斯克市建立矿物深加工和原料再生科教生产联合体。

这些科教生产联合体要吸收科研院所、大学和区域主导企业参与其中。例如在鄂木斯克市建立石油加工和石油化工科教生产联合体的方案，就包括了俄罗斯科学院远东分院碳氢化合物加工研究所、国立鄂木斯克大学、国立鄂木斯克技术大学、西伯利亚石油股份公司、碳氢技术股份公司、鄂木斯克橡胶股份公司、鄂木斯克轮胎股份公司等。在托木斯克建立聚合物科教生产联合体的方案，也包括了俄罗斯科学院西伯利亚分院的研究所、托木斯克工业大学、国立托木斯克大学、“THK”责任有限公司等。

该纲要还提出了如下大型高科技开发方案：（1）俄罗斯太阳能动力研发方案；（2）西伯利亚硅谷开发计划；（3）西伯利亚大动力电器设备研发方案；（4）西伯利亚天然气化工开发计划；（5）西伯利亚石油加工和石油化工开发计划；（6）光电生物技术国家中心建设方案；（7）铁路交通自动化诊断系统研发方案；（8）研制具有延期性能的抗菌聚合材料研发方案；（9）俄罗斯聚合物研发方案；（10）组织生产闪烁晶体和激光晶体以及辐射技术和激光技术所需的晶体元素研发计划；（11）提高石油产量以及强化石油波动方法和物理化学方法的开采技术的系统工艺研发计划；（12）研

究制造可将高能物质能量转化为其他能量的便携式定向系统和技术装备开发计划；（13）新型环保技术和能源及资源保护技术开发计划；（14）俄罗斯自主供热技术研发计划；（15）提高核能供热技术的热能分配效率以及对核废料的有效利用技术开发计划；（16）为城市供应系统和通信系统在狭窄空间铺设无沟壕地下工程网络研制新型技术设备研发计划；（17）有效利用热电站废渣以获取新型物质开发计划等。据初步估计，西伯利亚科研单位和工业企业提出的这些高新技术方案，在2010年以前可为俄创造近1400亿卢布的价值。

在实施中小型高新技术规划方面，俄罗斯科学院西伯利亚分院提出了总计350多个应用广泛的规划。此外，通过和大专院校与专业科学院（俄罗斯医学科学院、俄罗斯农业科学院）合作，还提出30—40个规划。这些规划都属于基础研究的性质，在应用技术上尚须完善。

在建立高新技术分支机构和建立信息技术园区和技术开发型经济区方面，该纲要提出，在西伯利亚要建立技术转让中心、高新技术中心、技术园区等，以此保证科技活动的成果可以顺利地进入经济运转，使高新技术研究成果迅速商业化和产业化。此外，还要建设技术开发和工业生产型经济特区等新型的组织机构。

4. 在科研及创新经济中存在的问题

尽管前面我们提到俄罗斯著名的新西伯利亚“科学城”有很强的基础科研能力，也提到了这座“科学城”正在成为俄罗斯的“硅谷”，还看到俄罗斯在发展“创新经济”方面制定和提出了雄心勃勃的计划，但事实上，与世界上其他发达国家相比，其发展仍处于一个很低的水平。例如，从前面已讲到一个数字来看，即使“科学城”已成为俄罗斯最重要的IT产业“硅谷”，但是在2005年其IT产业规模仅为1.5亿美元，不要说与世界IT产业跨国公司相比，就是中国的许多中等规模的IT企业，也会大大超过整个“科学城”全年的生产规模。

另一方面，尽管其基础科研实力雄厚，但其科研成果的转化率却是很低的。例如，西伯利亚“科学城”建立之初，研发了许多世界级的先进技术和高科技产品，如高能粒子激光器、超震荡脉冲晶体激光器、遥感装置、世界上最精确的重力仪等，但遗憾的是，这些世界级的先进成果无法实现产业化。

“科学城”并不十分成功的主要原因是，现行科研体制阻碍技术进步和成果转化，科研机构与企业缺乏相互交流合作的环境和机制。

在前苏联计划经济的体制下，工业企业只按照上级主管部门下达的任务计划进行生产，不注重技术改进和成果转化。同时，西伯利亚“科学城”的规划和建设是按照科学社区进行的，“科学城”与地方政府以及企业隔离开来，相互之间缺乏交流和理解，使得“科学城”的发展不但无法得到当地政府的支持，而且还被地方政府设置了一些障碍。“科学城”不仅与外界缺乏沟通，其内部各研究机构和科研人员之间也缺乏交流与合作。“科学城”的研究成果只报给上级部门或发表在学术杂志上，并不考虑与企业合作，也并不致力于将成果产业化。

尽管近些年这种状况正在逐步改善，例如，托木斯克科研中心有了专门研究科技成果推广的专家，在托木斯克科学中心的所有院所经过系统培训都设有专门的技术推广人员，并设立专门的技术转让中心以鼓励科学院所属研究所和大专院校参与高科技开发活动等，但不可能一蹴而就，将会是一个很复杂、很困难和很漫长的过程。

此外，还存在技术研发与市场需求之间脱节、创新企业税收优惠幅度等激励措施的细节尚未确定、很多投资者慑于风险不愿与创新企业合作等问题。

因此，对于俄罗斯科研成果转化效率较低的现状，需要着重解决的关键性问题是，要制定企业创新发展战略，要科学分析市场和资源问题，要理顺创新活动和科技市场的关系，要研究促进科研与生产互动的因素和条件。同时还要建立创新项目的综合评价体系和具体监控程序，解决高技术和高附加值产品设计中技术创新的最佳方法，解决军转民企业的技术创新问题，使之步入良性循环。另一方面，要切切实实地推动科研院所的创新活动，提高它们迅速适应市场需求的能力等。①

---

① 参阅邹秀婷：《俄罗斯西伯利亚的创新经济》，《中俄经贸时报》，2007 年 5 月 9 日。

第七节　对西伯利亚联邦管区发展情况的概要分析

正如笔者在前文所提到的，到目前为止笔者还未见到有关俄罗斯西伯利亚联邦管区的详细介绍资料，近年来更没有见到有关该联邦管区经济发展的正式统计数据。因此本书对该联邦管区的分析，均建立在从各方面搜集到的有关各个联邦主体情况的资料汇总之上。尽管这些资料来源不同，资料和数据的准确性很难把握，而且有关统计数据的统计年份也不一致，但是也为我们对这个联邦管区基本的分析和大致的判断，提供了有益帮助。

从以上资料中可以看到西伯利亚联邦管区有这样几个突出的特点：

第一，幅员十分广袤，人口相对很少，整个地区都呈现出典型的“地广人稀”的特征。因而劳动力严重缺乏是这个地区最根本的劣势之一。

第二，资源十分丰富，尤其是矿产资源、油气资源、水资源、森林资源和可再生资源的储量和保有程度都极其丰富，其中很多资源都还远未充分开发和利用。相对于世界其他许多地区资源已充分开发，过度利用，甚至进入枯竭状态来说，这无疑是极其宝贵的财富。

第三，这个地区的大多数联邦主体，都具有相当的工业基础，尤其是在采掘、冶金、重型机械制造、火力与水力发电、石油天然气开发利用、军工产品和设备以及木材加工、建材制造等领域都具有一定的产业能力，有些方面（例如国防尖端产品）也达到了比较先进的水平。在这里我们确实可以看到前苏联70多年在工业化方面所取得的一定发展和成就，为这个地区奠定了重要的产业、技术和人力资源的坚实基础。但是，另一方面，如果与世界其他发达国家相比，甚至与中国目前发展的程度相比，这个地区的经济发展水平仍处于比较落后的水平上。例如，前文讲到这个地区中的克麦罗沃州是一个典型的工业区，在俄罗斯经济中所占地位极其重要，按州的工业潜力可以列入俄罗斯各地区中的前10名。但是2005年该州地区生产总值仅为116亿美元，按当年人民币汇率折算，只相当于950.2亿人民币，与中国各省区相比，只与排名倒数第四的海南省相差无几（2005年海南省 GDP 为 903.6 亿美元，排在其后面的省份分别是青海、宁夏和西藏）。

第四，农牧业尤其是畜牧业还是比较发达的。12 个联邦主体中，有 8 个联邦主体都是整个西伯利亚甚至是全俄罗斯的重要畜牧业的生产基地，其中有些还是全俄罗斯重要的农业生产基地。

第五，由于拥有俄罗斯乃至世界著名的科研中心——新西伯利亚科学城，使得这个地区具有十分雄厚的科研发展优势。但是正如我们上述所分析的，尽管新西伯利亚科学城的基础科研水平在世界上都是一流的，但是由于体制及各方面的原因，这些科研成果的转化却是十分薄弱和落后的。大量在世界上都属于尖端的科研成果，最后只有在实验室中得以成功，而不能转化为先进的生产力，不能转化为领先世界的工业生产能力和产品（除了航天工业和军事工业等极少数尖端工业外）。这种科研和生产严重脱节的现象，也是导致俄罗斯在那么多年工业化发展和具有相当实力的科研水平下，到现在还不得不依靠石油、天然气以及矿产品来作为自己的主要出口产品，还不得不依靠出口资源性产品来作为自己经济支撑的点之一。

第六，与这个地区具有如此强大的科研中心相对应的，就是这个地区所具有的高科技人才优势。俄罗斯是世界上科研人员数量最多的国家之一，尤其是数学、物理、工程、信息技术和计算机软件等基础研究领域中的科研人才水平一流。俄罗斯独特的数学理论和计算模型、可靠的航天系统和军事技术，使人们对俄罗斯培养的信息技术和软件设计人员刮目相看。这个地区由于有新西伯利亚科学城，这个优势就更加明显。这种基础科学研究及其有关高科技人才的优势，将使西伯利亚联邦管区在未来北亚地区的区域经济合作中，发挥出重要的作用。

第七，正如上面所提到的，尽管这个地区工业基础雄厚，尽管这个地区有十分重要的科研基地，但是从这个地区近年来对外贸易的产品来看，在发展现代产业方面，这个地区无论是技术能力还是设备水平显然还是比较落后（例如号称俄罗斯硅谷的“科学城”，2005 年的 IT 产业产值仅为区区 1.5 亿美元）。因为从它的出口产品结构就可以看到，这个地区与整个俄罗斯国家一样，出口的大多数产品，都是矿石、煤炭、石油、天然气等资源产品，木材、钢材、建筑材料等初级产品以及传统的重型机械产品，几乎没有先进数控设备、精密仪器和电子产品等在世界上代表产业先进能力和先进水平的工业产品。

第八，从这个地区近年来出口数量来看，它们的对外开放水平、对外贸易发展程度都还较低。克麦罗沃州在整个俄罗斯都是经济发达、对外贸易活跃的地区，但2005年其对外贸易总额也仅为55亿美元（且比2004年还增长了18%），比中国2002年河北省的对外贸易额还少11亿美元。另外一个经济比较发达的鄂木斯克州也是如此，尽管外贸是其发展最快的经济部门之一，但2004年其对外贸易额也仅为45亿美元。新西伯利亚州也是如此，这个州是该联邦区经济比较发达的重要工业基地，但其2004年对外贸易总额仅为13亿美元，且比2003年还增长了将近20%。

第九，这个地区的外贸不够发达，技术和设备比较落后，关键还是与这个地区的交通运输不够发达有关。因为整个西伯利亚联邦管区几乎都是内陆地区，交通运输就成为整个经济发展至关重要的命脉。从上述资料中我们看到，在这个地区中起关键作用的还是西伯利亚大铁路，这个地区所有发达的经济中心和城市，都以这条铁路以及在其基础上发展起来的其他铁路干线和支线网络作为自己主要的交通运输命脉。而且几乎每个联邦主体的主要工业企业、就业人口以及居民，都集中在这些发达城市中或其周围。公路建设虽然也有一定的发展，但除了个别地区（如克麦罗沃州、鄂木斯克州）公路运输网络比较发达外，其他地区都处于比较落后的状态。其重要表现就是数量少且质量低，多数联邦主体土地面积都达几十万平方公里，但公路都只有几千公里，而且相当一部分还是土路。还有大片广袤地区（例如克拉斯诺亚尔斯克边疆区的北部），既没有铁路，也没有公路，完全要靠内河航运和小型空中运输机来完成人员和货物的运输。显然，这样的交通运输能力和水平，对于西伯利亚联邦管区这样既广袤且矿产资源、森林资源又极其丰富的地区来说，就成为资源开发利用、对外贸易发展和经济发展的一个根本的瓶颈。

第十，这个地区包括轻工业和食品工业等在内的民用工业相当落后。这个联邦管区的绝大多数轻工业和食品工业，几乎都与其比较发达的畜牧业有关，基本上都是一些肉制品、奶制品和毛皮类加工制品，此外还有一些粮食加工制品。在一个工业发展已达半个多世纪且重工业发展已具有很强实力、国防高科技已经相当发达的地区，其民用工业如此落后，经济结构如此失衡，这不能不说是这个地区发展的又一个重大薄弱环节。

第十一，这个地区的人民生活水平普遍不高。人均寿命偏低（只有30多岁）也是这个地区的一个重要特征，而这个特征应该说与这里的居民生活水平普遍较低有很大的关系。北欧国家也是高纬度地区国家，气候条件同样比较寒冷和恶劣，但是那里的人均寿命几乎是全世界最高的。据世界卫生组织2008年的报告，北欧五国人均寿命为77.62岁，这个数字远远高于人均寿命66岁的世界平均水平。此外，号称“世界屋脊”的中国西藏地区，是高寒缺氧地区，那里的人均寿命在20世纪50年代新中国建立初期还只有36岁，现在则已经提高到67岁。这说明经济发展水平的提高和包括医疗保健、社会保障、文化教育、基础设施等生活条件的改善，对于提高居民平均寿命有着根本性的意义和作用。

综上所述，可以看到，一方面西伯利亚联邦管区地域广袤、资源丰富，工业尤其是重化工业以及农牧业比较发达，有着相当坚实的经济基础，同时在科研领域及人才方面也有强大的优势；另一方面这里位处内陆，地广人稀，劳动力资源严重缺乏，同时交通严重不便，资金严重短缺，使得丰富的资源难以开发，不仅现有的生产设备和技术能力已落后于时代的发展，而且先进的科研水平不能转化为先进的生产力，此外对外贸易和对外合作还处在一个较低的水平上，从而使其经济社会水平的进一步提高受到了很大的限制。

显然，这个地区也与整个俄罗斯国家一样，面临着以其自身的力量很难短时间克服的重大发展瓶颈。因而对外开放，开展对外经济合作，引进外部资金和先进技术，就成为破解这个地区发展瓶颈的迫切要求。加上这个地区的民用工业落后，民众生活水平不高，更需要借助外部的资源和力量迅速改变这种生产力畸形的结构，尽快提高和改善民众的生活，并引导这个地区走向繁荣兴旺的新阶段。

第四章
蒙　古　国

第一节　蒙古国基本概况

1. 地理概况

蒙古国深居亚欧大陆内陆，乃世界第二大内陆国（第一大内陆国为哈萨克斯坦），面积为 156.6 万平方公里。其地处蒙古高原，东、南、西三面皆与中国接壤，北面同俄罗斯的西伯利亚为邻。大部分地区为山地或高原，平均海拔 1600 米。靠近中蒙边界的友谊峰海拔 4374 米，为全国最高峰。群山之间多盆地和谷地；东部为地势平缓的高地；南部是占国土面积 1/3 的戈壁地区。西部湖泊较多。主要河流为色楞格河、鄂尔浑河、科尔布多河、克鲁伦河、扎布汗河等。主要的湖泊有乌布苏湖、哈尔乌苏湖、吉尔吉斯湖、库苏古尔湖和阿奇特湖等。

2. 人口概况

蒙古国总人口为295.2万人（2008年）。蒙古国地广人稀，南戈壁省人口密度最低，每平方公里仅0.23人。20世纪90年代以来城市居民占总人口的80%，其中生活在乌兰巴托的居民占全国居民总数的1/4。

3. 行政区划

蒙古国的行政区划分成1直辖市和21省。1直辖市为乌兰巴托市（首都）；21省为鄂尔浑省、达尔汗乌勒省、肯特省、库苏古尔省、科布多省、乌布苏省、中央省、色楞格省、苏赫巴托省、南戈壁省、内杭爱省、扎布汗省、中戈壁省、东方省、东戈壁省、戈壁松布尔省、戈壁阿尔泰省、布尔干省、巴彦洪戈尔省、巴彦乌列盖省和后杭爱省。（参见图4－1、表4－1。）

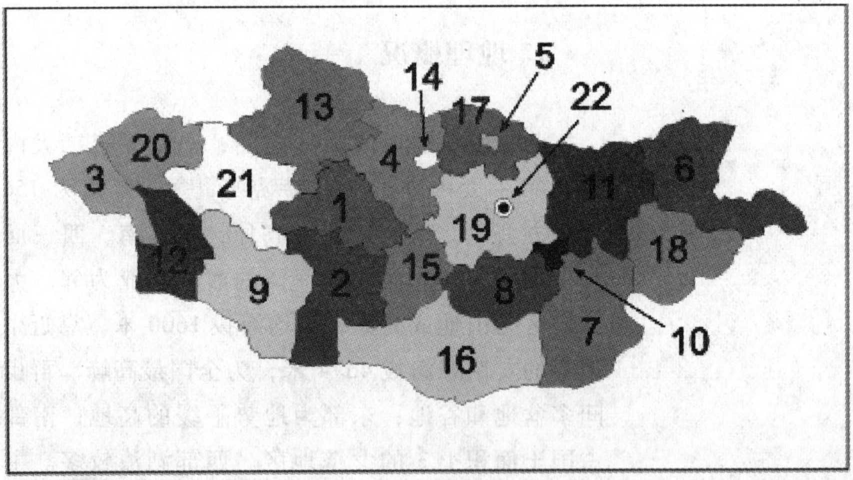

图4－1　蒙古国行政区划图

表 4－1　　蒙古国行政区划列表

（最后一列数字与上图所在位置相对应）

省（市）名称	首府	面积（平方公里）	人口（万人）	图中位置
乌兰巴托市	乌兰巴托	4700	76.0	22
鄂尔浑省	额尔登特	840	7.2	14
达尔汗乌勒省	达尔汗	3280	8.3	5
肯特省	温都尔汗	80300	7.1	11
库苏古尔省	木伦	100600	11.9	13
科布多省	科布多	76100	8.7	12
乌布苏省	乌兰固木	69600	9.0	20
中央省	宗莫德	74000	9.9	19
色楞格省	苏赫巴托尔	41200	10.0	17
苏赫巴托尔省	西乌尔特	82300	5.6	18
南戈壁省	达兰扎达嘎德	165400	4.7	16
前杭爱省	阿尔拜赫雷	62900	11.1	15
扎布汗省	乌里雅苏台	82500	9.0	21
中戈壁省	曼达尔戈壁	74700	5.2	8
东方省	乔巴山	123600	7.5	6
东戈壁省	赛音商德	109500	5.1	7
戈壁苏木贝尔省	乔伊尔	5540	1.2	10
戈壁阿尔泰省	阿尔泰	141400	6.4	9
布尔干省	布尔干	48700	6.2	4
巴彦洪戈尔省	巴彦洪戈尔	116000	8.5	2
巴彦乌列盖省	乌列盖	45700	9.1	3
后杭爱省	车尔勒格	55300	9.7	1

4. 气候特点

蒙古国属典型温带大陆性气候，温差大，夏季短而干热，最高气温达35℃，冬季长而严寒，最低气温可至－40℃，常有暴风雪，是亚欧大陆“寒流”的发源地之一。

第二节　蒙古国资源情况

1. 土地及农业资源

蒙古国可利用土地面积为1.565亿公顷。其中，农牧业用地面积占80%（1.252亿公顷），森林面积占10%，水域面积占1%，专用地占1%，其余部分为国家保密土地。在农牧业用地总面积1.252亿公顷中，耕地面积仅为121.7万公顷，占不到1%，其余1.234亿公顷（占99%以上）都是畜牧业用地（草原）。

2. 畜牧业资源

蒙古国草原面积为1.234亿公顷，约为国土面积的80%。草原类型中，森林草原所占比重较小，大部分为荒漠与半荒漠草原。

3. 森林资源

蒙古国森林面积为1750万公顷，占国土面积的11.2%，其中有开发潜力的森林估计为500万—600万公顷，占所有森林面积的1/3左右。森林主要分布在与俄罗斯交界的北部地区，并形成西伯利亚泰加林与中亚干旱平原的过渡性植被类型。

4. 水资源

蒙古国共有河流3800多条，总长度约6.7万公里，大部分分布在北部、中部地区，其中88%为内流河。主要有色楞格河、鄂尔浑河、克鲁伦河、科布多河和扎布汗河等 50 多条河流，其中色楞格河是蒙古最大的河流。大小河流年平均径流量为 390 亿立方米。蒙古国共有湖泊 3500 个，大多分布在西北地区，主要湖泊有乌布苏湖、库苏古尔湖、吉尔吉斯湖和哈拉乌苏湖等。蒙古国的河流、湖泊主要靠春、夏、秋季雨水补给。蒙古国水资源总量为 1920 亿立方米，其中河流与湖泊水资源为 1800 亿立方米，地下水资源为 120 亿立方米，人均水资源为 8 万立方米。

5. 矿产资源

蒙古国是矿产资源大国。其矿产蕴藏量居世界前二十位，且未曾大规模勘探开发。目前，已发现和确定的有煤、铜、钨、萤石、金、银、钼、铝、锡、铁、铅、锌、铀、锰、磷、盐、石油等 80 多种矿产，其中煤是蒙古国最丰富的矿产资源之一，蕴藏量达 500 亿—1520 亿吨；铜储量丰富、品位高，初步探明储量为 20 多亿吨，占亚洲第一位；黄金分布广、蕴藏丰富，已发现 130 多个金矿床，储量为 3400 吨；石油已探明储量达 40 亿—80 亿桶，仅与中国接壤的东、南、西部地区就有 13 个石油盆地，储量就达 30 亿桶以上，且油质好；铁矿探明储量为 20 亿吨；此外还发现萤石矿床 60 处，储量 2800 万吨以上，是世界上开采萤石的主要国家之一，其产量仅次于中国和墨西哥，位居世界第三；磷探明储量也已达 2 亿吨以上。

尤其重要的是，蒙古国的铀矿资源十分丰富，2007 年确立 15 个战略矿。有资料显示，1970 年蒙古国探明铀储量约 6 万吨，而俄罗斯专家认为蒙古国的铀储量为 12 万—15 万吨。蒙古国自 1973 年 9 月加入国际原子能机构以来，虽在核能方面开展了一系列的科研活动，在铀矿开采方面并未实施大规模的开发和利用。

6. 可再生资源

2006 年 8 月，联合国环境规划署在加拿大蒙特利尔召开的联合国气候变化会议上公布的新的全球风能分布图，其中显示包括中国和尼加拉瓜在内的广大发展中国家应用风力发电的潜力大大超出以往预计。而在新的风能分布图所包括的国家中，尼加拉瓜、蒙古和越南的风能潜力最大，这些国家将近40%的陆地适合风力发电。

另一方面，蒙古国是典型的大陆性气候，干燥少雨，特别是南部地区日照时间更长，极为少雨，因而也是一个太阳能潜力非常大的国家。

因此，2005年7月蒙古国家大呼拉尔（议会）通过一项可再生能源发展计划，明确提出支持风力、太阳能发电站的发展，并将其作为主要电力供应源之一。根据蒙古议会通过的决议，这项计划将分为2005—2010年和2010—2020年两个阶段实施，共需投入3.75亿美元的资金。其目标是到2020年，全国电力供应的1/5到1/4将由风力、太阳能发电站来完成。

由此可见，蒙古国的风能、太阳能等可再生资源是十分丰富的。

第三节　蒙古国经济发展概况

1. 经济总量

蒙古国经济以畜牧业和采矿业为主，曾长期实行计划经济，1991年开始向市场经济过渡。1997年7月，政府通过了“1997年至2000年国有资产私有化方案”，目标是使私营经济成分在国家经济中占主导地位。

金融危机爆发前，蒙古国经济在多年里一直处于上升势头。其中1996至2002年增长率分别为2.4%、4%、3.5%、3.2%、1.1%、1.1%和3.7%。2003年后，随着黄金、铜和羊绒等主要出口产品国际市场价格的急剧上升，蒙古国的经济增长也明显加速，每年的增长速度都达到5%以上。2003年至2007年增长率分别为5.3%、10.6%、6.2%、8.4%和10%。

由于2008年上半年蒙古还未受到世界金融危机的严重影响，因而全年GDP增长率仍达8.9%，但下半年金融危机的影响开始显现，全年增长率比上年下降了1%。2008年蒙古国的GDP为49.91亿美元，列世界第143

位；人均 GDP 为 1980 美元，列世界第 121 位。

到 2009 年，金融危机对蒙古的经济的冲击不断扩大，由于国际市场的矿产品价格大幅下降，导致蒙古国经济严重萎缩。尽管蒙古国政府采取了积极应对的政策和措施，且蒙古国经济复苏的曙光已初步显现，但是根据 2009 年末政府公布的数据显示，蒙古国 2009 年经济增长只能达到 1%—1.5%，比 2008 年下降 8% 以上。

2. 工业

蒙古国工业以轻工、食品、采矿和燃料动力为主。其中，采矿和燃料动力工业是蒙古国的支柱产业。轻工业和食品工业在蒙古工业部门中占优势地位，畜产品加工产品是其主体产品。

金融危机爆发前几年，蒙古国的工业与其 GDP 一样，在多年里一直处于上升势头。甚至到 2008 年上半年，工业产值还同比增长了 3.8%。

2008 年下半年开始，世界金融危机对蒙古国经济的冲击开始显现。据统计，2009 年前 10 个月，蒙古国工业总产值下降 10.4%。其中，矿业产值下降 3.9%，加工业产值下降 24.6%。

3. 农牧林业

（1）牧业

蒙古国是世界上三大畜牧业国家之一，畜牧业是其传统经济部门，是蒙古国国民经济的基础。目前，全国约有 50% 的人口从事农牧业生产。2007 年，蒙古国的牲畜存栏总数达 4030 万头，比前一年增长 15.7%，创历史最高纪录。

蒙古国的畜产品产量很大，不仅国内工业原料和人民生活必需的消费品大部分来自畜牧业，同时其主要出口产品也是畜产品，畜产品出口量占蒙古国整个出口商品总量的 80% 以上。但是 2006—2007 年蒙古国陆续发生了口蹄疫、牲畜感染炭疽病、牲畜流感等疫情，使其牧业出口受到很大影响。

（2）农业

农业在蒙古国的国民经济中地位很低。一方面起步很晚，只是到了 20 世纪 50 年代末期才开始发展农业；另一方面近年来还在不断萎缩，1989 年蒙古国的农业用地约 134.7 万公顷，到 1994 年只剩约 63.8 万公顷，减少了 50%；到 2005 年，更是锐减至 18.95 万公顷（仅占整个蒙古国国土面积的 1‰）其中，粮食种植面积 15.91 万公顷，蔬菜 5900 公顷，牲畜饲草料 5200 公顷。

4. 对外贸易

蒙古国向市场经济体制转变以来，实行支持对外贸易与对外投资的政策。对外贸易在蒙古国经济中起着重要作用。1997 年 1 月，蒙古国加入了世界贸易组织。为适应加入 WTO 的新形势，促进贸易自由化，蒙古国大呼拉尔修改了《海关法》。现在蒙古国每年向世界 37 个国家出口、从 66 个国家进口。近年来，更积极地发展同西方发达国家和亚洲国家的经贸合作。

蒙古国的主要出口商品包括铜钼矿、萤石精矿、肉类、皮革、服装、地毯、羊绒被子等多种产品；主要进口商品包括石油类产品、电力、机械设备、交通工具、化学产品、食品、纺织品及生活日用品。进口商品的 80% 来自于俄罗斯、中国、美国、日本、韩国。80% 以上的石油产品来自俄罗斯。

2008 年，蒙古国的对外贸易还没受到金融危机的严重影响，对外贸易进出口总额达 61.55 亿美元，同比增长 49.4%。其中，出口额 25.39 亿美元，同比增长 30.3%；进口额 36.158 亿美元，同比增长 66.6%。

2008 年年底，世界金融危机对蒙古国的影响开始显现，2009 年前 7 个月，蒙古国出口总额为 9.24 亿美元，同比减少 36.9%；进口总额为 10.88 亿美元，同比减少 40.4%。

自 1999 年起，中国成为蒙古国最大的贸易伙伴。蒙古国从中国进口机器设备、燃料、工业原料和生活日用品等，向中国主要出口矿产品、畜产品等。蒙古每年向中国出口大约200万张绵羊皮、150万张山羊皮、60万—70万张牛皮、30万张马皮、1.5万张驼皮，以及大量的羊毛、羊绒。这些货物的80%都通过二连口岸。

5. 引进外资

从1990年以来，世界88个国家的4814家公司在蒙古国直接投资，注册资金14.4亿美元，2000—2005年实际投资额达到80%。投资额按国家计算，大部分是中国、东南亚国家及美国公司；这些投资95.6%都集中在乌兰巴托市；投资的主要领域是矿业、旅游业、基础设施、农牧业、商业、建筑业等。

以蒙古国经济的重要组成部分采矿业为例，由于蒙古国的国力薄弱、财政拮据，不能投入大量资金勘探开发地下资源，为了解决尚未开采的丰富资源和尚未摆脱困境的国内经济，20世纪90年代中期，蒙古国政府制定了大力引进外资，发展采矿业，振兴经济的战略。此后，蒙古国历届政府均将开发矿产资源作为拉动其国民经济发展的重要政策，并在组织机构管理、政策法规支持方面给予重点关注。

1997年6月，蒙古国国家大呼拉尔通过了新的《矿产资源法》和2003年11月修改的《石油法》，对外国投资者提供了许多优惠条件。与此同时，从1997年以来，蒙古国政府同世界银行等国际金融组织和俄罗斯、中国、美国、加拿大、澳大利亚、日本等几十个国家联合举办了几届国际招商引资洽谈会和论坛活动。2004年，蒙古国政府采取了更加频繁多样的吸引外资的宣传活动，2月在乌兰巴托召开了东北亚投资与贸易国际会议，6月在伦敦举办了蒙古国矿产领域投资新机遇会晤，9月在乌兰巴托举办了继2002年、2003年后的例行国际矿产投资洽谈会。蒙古国如此频繁的招商活动，引起了外商浓厚的兴趣和广泛参与。

中国自1998年成为蒙古国第一大投资国。到2005年年底，中国累计对蒙古国投资额6.81亿美元，投资项目2666个，分别占外国对蒙投资额和投资项目数的47.3%和45%。其中主要投资行业为：地质勘探调查

3.61 亿美元、贸易与餐饮业 1.51 亿美元、建筑工程及建筑材料生产工业 0.29 亿美元、轻工业 0.24 亿美元。

6. 交通运输

铁路：对于内陆封闭的蒙古国来说，铁路至关重要，通过铁路来连接欧洲、东亚和东南亚，铁路运输担负全国货运量的 4/5 和客运量的 1/3。目前蒙古国最长的铁路是全长 1110 公里，横跨蒙古国，连接俄罗斯和中国，并经过乌兰巴托市的蒙古铁路，是蒙古国的主要交通干线。在东北还有巴彦图门铁路，长 239 公里，从俄罗斯边境到蒙古国东部的中心乔巴山市。此外，还有乌兰巴托铁路，是从蒙古国边界的扎门乌德途径乌兰巴托至蒙俄边界的苏赫巴托城市，以及从这里直达额尔登特铜钼矿、巴格淖、沙林河、纳莱赫煤矿的支路。现在蒙古国的铁路线总长度为 1815 公里。

公路：蒙古国公路总长约 49250 公里，主要以自然公路为主。其中土路 43666 公里，占整个蒙古国公路的 88.7%；碎石路和改良路 3870 公里，占 7.9%；柏油路仅为 1715 公里，占整个蒙古国公路的 3.4%。

为改善公路交通状况，以带动国内经济发展，消除地区贫困，密切和扩大对外联系，2001 年蒙古国政府决定铺设一条贯通南北、连接东西的公路大动脉——“千年路”。“千年路”西起巴彦乌列盖省，东至东方省，北起阿拉坦布拉格，南至扎门乌德，总长度 1 万多公里，与中国和俄罗斯相连。建成后，将成为继连接欧亚大陆的铁路干线后又一主要运输线路。

水运：蒙古国的水运很不发达，仅在库苏古尔湖和色楞格河下游有少量水运。

空运：由于蒙古国地域广阔、人口稀少，发展铁路和公路等高效运输网络有很大的局限性，因此在远途客运中航空运输发挥着重要作用。蒙古全国共有飞机近 40 架。空运航线总长 4 万公里，连接了国内 20 多个省会城市和近 200 个小型城市，与莫斯科、北京、呼和浩特、伊尔库茨克、新西伯利亚、汉城、大阪、柏林和伊斯坦布尔之间也有定期航班。全国只有一个国际机场，即乌兰巴托市的成吉思汗国际机场，另有约 190 多个民用简易机场。

7. 社会状况

蒙古国失业率很高，曾一度达30%—35%，且36%以上的居民生活在贫困线以下。贫困和失业已经成为长期困扰蒙古国经济发展和社会稳定的重大问题。

2003年后，随着矿产品和羊绒等主要出口产品国际市场价格上升所导致的经济增长加快，蒙古国财政状况也得到了明显改善。政府决定从2005年7月1日起提高国家公务员工资，并决定给每个生活在贫困线以下的家庭和所有不满18周岁孩子一定的困难补助金。此外，政府还在施政纲领中提出了兴建4万套住房和为初婚家庭补助的计划。该被列入2006年财政预算并获得大呼拉尔通过。

2008年爆发的全球金融危机对蒙古国的经济以沉重打击，也对蒙古国民众的就业率和生活水平带来了新的困扰，对蒙古国政府提高人民生活水平的努力造成了新的障碍。

第四节 对蒙古国发展情况的结论

通过上述资料，我们也可以对蒙古国的基本状况得出如下结论：

第一，蒙古国是个更加典型的“地广人稀国家”，在相当于中国大陆面积1/6（相当于10个江西省）的土地上，只生活着不到300万人，人口密度仅为1.5人/每平方公里。

第二，蒙古国的资源状况虽然比不上西伯利亚联邦管区，但还是有两大资源优势：一是矿产资源优势。蒙古国的矿产丰富，尤其是煤炭、铜、黄金、石油以及稀有金属，而且基本上还没有得到充分开发，因此是这个地区最宝贵的资源财富。二是蒙古国具有一定的水资源优势。尽管蒙古国河流湖泊的多年平均径流量和蓄积量并不很大，尽管这些河流湖泊都集中在蒙古国的中部和北部地区，而靠近中国的南部地区极为缺水，荒漠化十分严重，因此给人们造成蒙古国是一个水资源严重缺乏的国家的印象。但实际上由于蒙古国人口稀少，其人均水资源竟达到8万立方米，是全世界人均水资源9000多立方米的近9倍，是中国人均水资源2300立方米的34.8倍。从这点来看，蒙古国的水资源开发的潜力是很大的。而且由于蒙古国经济十分落后，其工业和农业用水很少，畜牧业更是基本上保持了水资源的原生态，因此其水资源几乎完全没有得到充分的开发和利用。更为遗憾的是，由于其经济落后，没有资金和实力，而且人烟稀少、逐水而居，因此其北部和中部相对丰富的水资源竟然不能用来解决其南部严重缺水的状况，而任其一天天地更加荒芜和沙化下去，这对于一个国家的整体发展来说，是很不利的。

第三，蒙古国的经济确实十分落后。从上述资料就可以看出，2008年，蒙古国GDP为49.91亿美元，仅列世界第143位；人均GDP 1980美元，仅列世界第121位。由此可见，这个长期依靠"苏联老大哥"、一直处于"苏联老大哥""支持"、"援助"的荫庇下，"建国"已长达80多年的所谓"社会主义"国家，其经济发展处于何等落后的水平！

当然，另一方面，我们还要看到蒙古国近年来的发展进步。从上面所引用的统计数据可以看出，从1996年开始，蒙古国的经济总量一直处于稳定上升的态势。尤其是2003年后更出现了一个较快发展的态势，每年GDP的增长率都达到5%以上，其中2004年和2007年还达到了两位数的增长。蒙古国2003年后的快速发展，一方面原因是国内政治日趋稳定以及政府采取了发展经济的积极政策和措施，另一方面更重要的是由于近年来国际矿产价格飚升，从而使以资源产品出口为导向的蒙古国外贸进出口近年来大幅增加。不过，正如上面所述，2008年席卷全球的金融危机也沉重打击了蒙古国的经济。

第四，蒙古国虽然工业非常落后，但是它毕竟是世界上三大畜牧业国家之一。如前所述，畜牧业是其传统经济部门，也是其国民经济的基础。畜产品不仅是国内主要的工业原料和人民生活必需品，而且还是占出口商品总量80%以上的主要产品。蒙古国的这个特点为其与其他国家和地区在这个产业方面的合作，提供了重要的基础。

第五，除了畜牧业相对比较发达外，蒙古国不仅工业落后，其农业近年来也出现了极度的萎缩。从上述资料看到，1989年蒙古国的农业用地还有134.7万公顷（1.35万平方公里），到1994年就大幅减少了50%；到2005年，更是锐减至18.95万公顷（即1895平方公里，仅占整个国土面积的1‰，只相当于1989年农业用地的14.1%）。其中，粮食种植面积只有15.91万公顷，即1591平方公里。换言之，整个蒙古国种粮食的土地面积只相当于中国香港特别行政区面积的一倍半。种植蔬菜和牲畜草料的用地更加可怜，只有5900公顷（59平方公里）和5200公顷（52平方公里），可能还比不上中国任何一个小镇的面积。因此蒙古国居民的粮食和蔬菜主要靠进口来解决。蒙古国这种极度畸形的产业结构，也是其经济长期落后的重要原因。

第六，严重落后的交通运输状况。应该说对于这个地处内陆完全封闭的国家来说，铁路是至关重要的。然而在这个相当于10个中国江西省的国土面积上，建国80多年来，只建设了两条独立的铁路和一条铁路支线，总长一共1815公里，大约相当于从中国的广州到上海的铁路长度（1810公里）。此外，在目前起主要运输作用的总长约49250公里的公路中，竟然占88.7%的是土路，其余的除碎石路和改良路外，柏油路仅占3.4%，为1715公里，比广州到上海的公路里程（1774公里）还少几十公里。同时，由于铁路和公路不发达，航空运输在蒙古国的远途客运中发挥着重要作用，但至今蒙古国仅有飞机40余架，全国只有一个国际机场，另有约190多个机场都是民用简易机场。一个面积相当广袤的内陆国家，交通运输如此落后，它的经济发展不起来，就是自然而然的事情了。

第七，最后，蒙古国的外贸进出口无论从数量上还是从产品结构上，都还处在十分落后的水平。从产品结构上看，蒙古国的出口产品基本上以最初级的矿产品和畜产品为主；从进出口数额上看，整个蒙古国2008年全年的对外贸易总额与中国2008年一天的进出口额相差无几（中国2008年平均每天进出口额为53.89亿美元，是蒙古国全年进出口总额的87.41%；换言之，蒙古国全年进出口总额仅为中国平均每天进出口额的1.14倍）。即使如此，蒙古国2008年对外贸易进出口总额还比2007年增长了将近一半（49.4%）。

综上所述，我们看到蒙古国是一个虽然具有一定资源优势，但经济社会各方面发展都十分落后的国家。因此，通过构建北亚经济圈，大大扩大蒙古国与中国及俄罗斯联邦的经济合作，为蒙古国的发展引进更多的资金、技术和各种资源，从而彻底改变蒙古国长期贫困落后的局面，确实是当务之急。可以这样说，蒙古国将成为构建北亚经济圈、开展这个地区跨境区域国际合作的最大受益者。

第五章

中国内蒙古自治区

内蒙古自治区简称内蒙古。位于中国北部边疆。

内蒙古自治区行政区划见图 5－1。

图 5－1　内蒙古自治区行政区划图

第一节　内蒙古自治区基本概况

1. 地理概况

内蒙古自治区疆域辽阔，地跨“三北”（中国东北、西北、华北）地区，北部与蒙古国为邻，东北部与俄罗斯交界，国界线长达4221公里。土地总面积118.3万平方公里，占全国总面积的12.3%。

2. 人口概况

据2008年统计数据，内蒙古自治区人口2413.73万人。其中城镇人口1248.26万人，占全区总人口的51.7%；乡村人口1165.47万人，占全区总人口的48.3%。

3. 行政区划

目前内蒙古自治区主要行政区划设置为3个盟和9个地级市。3个盟是兴安盟、锡林郭勒盟、阿拉善盟；9个地级市是呼和浩特市、包头市、鄂尔多斯市、呼伦贝尔市、赤峰市、通辽市、乌兰察布市、乌海市、巴彦淖尔市。内蒙古自治区首府为呼和浩特市（详见表5-1）。

表5-1　内蒙古自治区行政区划表

呼和浩特市：回民区　新城区　玉泉区　赛罕区　土默特左旗　托克托县　和林格尔县　武川县　清水河县
包头市：昆都仑区　东河区　青山区　石拐区　白云矿区　九原区　土默特右旗　固阳县　达尔罕茂明安联合旗
乌海市：海勃湾区　海南区　乌达区

续表

赤峰市：新城区　红山区　元宝山区　松山区　阿鲁科尔沁旗　巴林左旗　巴林右旗　林西县　克什克腾旗　翁牛特旗　喀喇沁旗　宁城县　敖汉旗
通辽市：科尔沁区　霍林郭勒市　科尔沁左翼中旗　科尔沁左翼后旗　开鲁县　库伦旗　奈曼旗　扎鲁特旗
鄂尔多斯市：东胜区　达拉特旗　准格尔旗　鄂托克前旗　鄂托克旗　杭锦旗　乌审旗　伊金霍洛旗
呼伦贝尔市：海拉尔区　满洲里市　牙克石市　扎兰屯市　额尔古纳市　根河市　阿荣旗　鄂伦春自治旗　莫力达瓦达斡尔族自治旗　鄂温克族自治旗　陈巴尔虎旗　新巴尔虎左旗　新巴尔虎右旗
巴彦淖尔市：临河区　五原县　磴口县　乌拉特前旗　乌拉特中旗　乌拉特后旗　杭锦后旗
乌兰察布市：集宁区　丰镇市　卓资县　化德县　商都县　兴和县　凉城县　察哈尔右翼前旗　察哈尔右翼中旗　察哈尔右翼后旗　四子王旗
兴安盟：乌兰浩特市　阿尔山市　科尔沁右翼前旗　科尔沁右翼中旗　扎赉特旗　突泉县
锡林郭勒盟：锡林浩特市　二连浩特市　阿巴嘎旗　苏尼特左旗　苏尼特右旗　东乌珠穆沁旗　西乌珠穆沁旗　太仆寺旗　镶黄旗　正镶白旗　正蓝旗　多伦
阿拉善盟：阿拉善左旗　阿拉善右旗　额济纳旗

4. 地形地貌

内蒙古自治区的地貌以蒙古高原为主体，除东南部外，基本是高原。高原总面积达 63.2 万平方公里，占全区总土地面积 53.4%。内蒙古高原由呼伦贝尔高原、锡林郭勒高原、巴彦淖尔—阿拉善及鄂尔多斯高原等组成，平均海拔 1000 米左右，海拔最高点贺兰山主峰 3556 米。内蒙古高原西端分布有巴丹吉林、腾格里、乌兰布和、库布其、毛乌素等沙漠，总面积 15 万平方公里。

内蒙古高原四周分布着大兴安岭、阴山、贺兰山等山脉，山地总面积为 24.7 万平方公里，占全区总面积的 20.9%，构成内蒙古高原地貌的脊梁。

在大兴安岭的东麓、阴山脚下和黄河岸边，有嫩江西岸平原、西辽河平原、土默川平原、河套平原及黄河南岸平原，总面积为 10 万平方公里，占全区总面积的 8.5%。这里地势平坦、土质肥沃、光照充足、水源丰富，是内蒙古主要的粮食和经济作物产区。

在山地与高平原、平原的交接地带，分布着黄土丘陵和石质丘陵，其间杂有低山、谷地和盆地，总面积为 19.4 万平方公里，占全区总面积的 16.4%。

内蒙古自治区的河流、湖泊、水库水面面积很小，面积仅为 9460 多平方公里，占全区总面积的 0.8%。①

5. 气候特点

内蒙古属典型的大陆性气候，具有寒暑变化剧烈的显著特点。冬季漫长而寒冷。其中 1 月份平均气温由南至北在 -10℃— -32℃，7 月份平均气温由南至北在 27℃— -16℃，气温变化剧烈，冷暖悬殊甚大。降水量由东到西从 500 毫米至 50 毫米，与之相应的气候也呈带状分布，从东向西由湿润、半湿润区逐步过渡到半干旱、干旱区。这里晴天多，阴天少，日照时数普遍都在 2700 小时以上，长时达 3400 小时。冬春季多大风，年平均风速在 3 米/秒以上，蕴藏着丰富的光能和风能资源。

第二节 内蒙古自治区资源概况

1. 农业资源

内蒙古现有耕地 686.08 万公顷，实际可利用的耕地面积超过 800 万公顷，人均耕地面积居全国首位。

内蒙古农业区和半农半牧区主要分布在大兴安岭和阴山山脉以东和以

① 参阅《内蒙古自治区矿产资源概况》，内蒙古新闻网，2008 年 8 月 28 日。

南。河套、土默川、西辽河、嫩江西岸平原和广大的丘陵地区，有适于农作物生长的黑土、黑钙土、栗钙土等多样性土壤地带和可利用的地上地下资源，从而形成内蒙古自治区乃至中国北方的重要粮仓。

内蒙古的农作物多达 25 类 10266 个品种，主要品种有小麦、玉米、水稻、谷子、莜麦、高粱、大豆、马铃薯、甜菜、胡麻、向日葵、蓖麻、蜜瓜、黑白瓜籽等，许多独具内蒙古特色，其中莜麦、荞麦、华莱士瓜颇具盛名。还具有发展苹果、梨、杏、山楂、海棠、海红果等耐寒耐旱水果的良好条件。

2. 畜牧业资源

内蒙古天然草场辽阔而宽广，总面积位居全国五大草原之首，是中国重要的畜牧业生产基地。草原总面积达 8666. 7 万公顷，其中可利用草场面积达 6800 万公顷，占全国草场总面积的 1/4。

内蒙古现有呼伦贝尔、锡林郭勒、科尔沁、乌兰察布、鄂尔多斯和乌拉特 6 个著名大草原，生长有 1000 多种饲用植物，饲用价值高、适口性强的有 100 多种，尤其是羊草、羊茅、冰草、披碱草、野燕麦等禾本和豆科牧草非常适于饲养牲畜。

从类型上看，内蒙古东北部的草甸草原土质肥沃，降水充裕，牧草种类繁多，具有优质高产的特点；适宜于饲养大畜，特别是养牛。中部和南部的干旱草原降水较为充足，牧草种类、密度和产量虽不如草甸草原，但牧草富有营养；适于饲养马、牛、羊等各种牲畜，特别宜于养羊。阴山北部和鄂尔多斯高原西部的荒漠草原，气候干燥，牧草种类贫乏，产草量低；但牧草的脂肪和蛋白质含量高，是小牲畜的优良放牧场地。西部的荒漠草场很适合发展骆驼。著名的三河马、三河牛、草原红牛、乌珠穆沁肥尾羊、敖汉细毛羊、鄂尔多斯细毛羊、阿尔巴斯绒山羊等优良畜种在自治区内外闻名遐迩。

3. 森林资源

内蒙古森林总面积约 1406. 6 万公顷，占全国森林总面积的 11%，居全国第二位，是国家重要的森林基地之一。森林覆盖率达13.8%，高于全国13.4%的平均水平。森林总蓄积量11.2亿立方米，居全国第四位。

内蒙古森林资源大部分集中在大兴安岭北部山地，这里的林木蓄积量占全区林地活立木蓄积量的3/4以上，被誉为“中国的绿色宝库”；盛产的兴安落叶松、白桦、黑桦等，均为著名的的优质林木。

此外，在罕山、阴山、贺兰山等山地也生长着成片的天然次生林。其中罕山地区的云杉、油松、柞木、山杨林；阴山地区的山杨、白桦林；贺兰山地区的云杉、松树林以及大青沟阔叶林等，都具有较高的经济和科学研究价值。

人工林也是内蒙古森林中不可缺少的组成部分。全区人工林保存面积达237万公顷，比新中国成立前增长52倍。1978年开始进行的“三北”防护林工程建设被誉为“绿色万里长城”和“世界生态工程之最”，使全区平原农业一半左右的农田实现林网化，牧区草原也得到林木保护。

4. 水资源

内蒙古自治区境内共有大小河流1000余条，其中黄河由宁夏石嘴山附近进入内蒙古，由南向北，围绕鄂尔多斯高原，形成一个马蹄形。其他流域面积在1000平方公里以上的河流有70多条；流域面积大于300平方公里的有258条，还有近千个大小湖泊。

全区地表水资源为671亿立方米，除黄河过境水外，境内自产水源为371亿立方米，占全国总水量的1.67%。地下水资源为300亿立方米，占全国地下水资源的2.9%。扣除重复水量，全区水资源总量为518亿立方米。年人均占有水量2370立方米，耕地每公顷平均占有水量1万立方米，平均产水模数为4.41万立方米/平方公里。

内蒙古水资源在地区、时程的分布上很不均匀，且与人口和耕地分布不相适应。东部地区的黑龙江流域土地面积占全区的27%，耕地面积占全区的20%，人口占全区的18%，而水资源总量占全区总量的65%；人均占有水量8420立方米，为全区均值的3.6倍。中西部地区的西辽河、海滦河、黄河3个流域总面积占全区的26%，耕地占全区的30%，人口占全区的66%，但水资源仅占全区的25%，其中除黄河沿岸可利用部分过境水外，大部分地区水资源十分紧缺。①

5. 矿产资源

内蒙古的地下矿藏富集，已发现的有120多种，探明储量的78种。其中有42种矿储量居全国前十位，22种列前三位，7种居全国之首。特别是煤炭处于国内北方露天矿群的集中地带，储量极其丰富。

现已查明含煤面积达10多万平方公里，累计探明储量2400亿吨，占全国探明储量的25%以上，居全国第二位。远景储量12000亿吨，仅次于新疆维吾尔自治区。其中储量在百亿吨以上的特大型煤田有5处，大部分煤田地质构造简单，厚度大，埋藏浅，煤层稳定，易于露天开采；而且煤种质量优良，种类齐全。东胜煤田的精煤是不用洗的天然优质动力煤，可与国际标准煤媲美，经济价值很高，已探明储量927.7亿吨。鄂尔多斯煨炭是造气和制作水煤浆的优质工业用煤。准格尔煤田探明储量259亿吨，发热量达7470千卡/千克。

内蒙古石油、天然气的蕴藏量也十分可观，已探明13个大油气田，预测石油总资源量为20亿—30亿吨，天然气为2700亿—10000亿立方米，世界级的大油气田——陕甘宁油气田的主体就在内蒙古的鄂尔多斯盆地。

黑色金属矿已探明储量的矿种有铁、锰、铬等多种。铁矿产地63处，其中大中型矿床15处，保有储量居全国第九位。

有色金属矿产探明储量居全国前五位的矿种为锌、铅、锡、铋，居第七至第十位的是铜、钨、钼、铝土、镍、钴等；矿产地128处，其中大中型矿床19处，主要分布在巴彦淖尔盟狼山—渣尔泰山，集（宁）二（连）铁路线两侧，锡林郭勒盟东北部，赤峰市北部和呼伦贝尔盟北部。

主要金矿床40处，大多数已开采利用。全区20多个旗县生产黄金，其中敖汉旗、松山区、喀喇沁旗、察哈尔右翼中旗和达尔罕茂明安联合旗年生产黄金超万两。

① 《内蒙古自治区自然资源》，内蒙古新闻网，2008年8月28日。

内蒙古自治区稀土资源得天独厚，誉满中外。已探明的稀土氧化物储量占全国的90%，居全国和世界首位。氧化铌储量占全国的90%以上，仅次于巴西，居世界第二位；铍、钽、钴的探明储量分别居世界的第一、第二位。

非金属矿产种类繁多，其冶金辅助原料非金属矿产有菱镁矿、耐火粘土、蓝晶石类物、白云岩、石英砂岩、脉石英、石英岩、石炭岩、萤石、铸型用砂、铸型用粘土、铁矾土等；化工原料非金属矿产有硫铁矿、湖盐、芒硝、天然碱、电石灰岩、化肥用蛇纹岩、泥炭、盐矿、溴矿、砷矿、硼矿等；建材原料及其他非金属矿产3个大类，42个矿种，近200处矿产地。其中4种居全国首位，20种居全国前五位。

据有关专家估算，内蒙古矿产储量潜在价值（不含石油、天然气）达13万亿元人民币，居全国第三位，具有巨大的开发价值。[①]

第三节　内蒙古自治区经济发展概况[②]

1. 经济增长速度连续8年位居中国第一

新中国成立以来，内蒙古自治区发生了翻天覆地的变化。改革开放以来，内蒙古以迅猛有力的步伐在中国西部崛起；进入2000年后，更是进入了“突飞猛进”的腾飞阶段，2002年以来内蒙古GDP增速持续多年保持全国第一位，创造了被誉为“内蒙古现象”的经济发展奇迹。

2008年，自治区经济总量由2000年的1539亿元增加到7762亿元，增

① 《内蒙古自治区自然资源》，内蒙古新闻网，2008年8月28日。

② 参阅《2008年内蒙古自治区国民经济和社会发展统计公报》；内蒙古自治区统计局《改革开放30年内蒙古工业经济持续快速增长》，2008年9月；《大跨越　大繁荣　大发展——内蒙古实施西部大开发综述》，新华网内蒙古频道，2009年2月；《内蒙古自治区60年来社会经济发展翻天覆地》，国际在线网，2007年6月27日；陈耀：《高速发展的内蒙古现象：透视与启示》，《西部论丛》，2006年第12期。

长了4.04倍，从全国第二十四位上升到第十六位；在西部12个省区中仅次于四川，并进入全国中等发展行列。人均GDP由2000年的5872元增加到32214元，增长了4.49倍，由全国第十六位上升至第八位；按年平均汇率折算达到4638美元，居西部地区之首。财政收入由2000年的155.6亿元增加到1107.31亿元，首次突破了千亿大关，增长了6.12倍。

2009年，内蒙古自治区在世界金融危机肆虐、国内外经济都受到不同程度打击的一年里，继续保持了经济增长的全国领先地位。2009年最新数据显示，内蒙古自治区GDP增长速度达到15.5%，连续8年保持中国各省区GDP增长速度的“冠军”，地区GDP达到了8967.5亿元人民币；在全国排名中比去年又上升一位，跃居第十五位。GDP人均37287元人民币，比上年又上升一位，仅次于广东省，排在全国第七位；按年平均汇率折算达到5467美元，超过了山东省和辽宁省两个经济强省。

2. 六大优势产业成为经济发展的支柱产业

内蒙古自治区经济之所以近年来得以高速增长，从而形成了“内蒙古现象”的经济发展奇迹，主要原因是改革开放以后，特别是2000年后，内蒙古工业实现了快速健康的增长。

进入新世纪后，随着中国工业化和城市化进展的迅猛发展，在房地产业、汽车产业以及基础设施等大规模建设的带动下，钢铁、水泥、建材等产业快速扩张，进而拉动了煤炭、石油、电力等能源和铁矿、有色金属等矿产这些上游产业以及交通运输业的巨大需求，从而使中国进入了新一轮以重化工业为重点的发展阶段。

内蒙古自治区的政府和企业及时抓住了这一重大战略机遇，在“十五”期间，形成了以煤、电、天然气为主的能源工业；以煤、天然气、氯碱为主的化学工业；以钢、铝、硅和有色金属为主的冶金工业；以工程机械、运输机械为主的装备制造业；以乳、肉、绒、粮等加工为主的农畜产品加工业和以稀土、生物制药、信息制造为主的高新技术产业等六大优势特色工业。这六大优势产业的工业增加值占到全区工业增加值近76%以上，形成了内蒙古独具发展优势和潜力的产业集群，成为带动全区经济快速增长的支柱产业。

2009年以来，尽管中国许多地区都受到了世界金融海啸的影响，但内蒙古的六大优势特色产业大多数指标仍保持了两位数以上甚至成倍的高速增长，继续带动整个内蒙古经济强劲发展。

据统计，2009年1—7月，六大优势特色产业实现工业增加值2070.7亿元，与去年同期相比又增长18%，继续保持两位数的大幅增长。

其中，2009年7月份内蒙古能源工业实现工业增加值138.3亿元，同比增长12.7%。尤其是煤炭生产继续保持较快增长，生产原煤5391.8万吨，同比增长29.1%；电力生产出现积极变化，由4、5、6月份的负增长转变为正增长，完成发电量1203.2亿千瓦时，同比增长0.6%。

化学工业实现工业增加值36.4亿元，同比增长31.3%。其中生产焦炭148.8万吨，同比增长25.1%；生产聚氯乙烯树脂4.9万吨，同比增长51.3%；生产化肥27.1万吨，同比增长71.2%；生产精甲醇15.6万吨，是上年同期的2.3倍。

冶金建材工业实现增加值91.8亿元，同比增长14.4%。其中生产生铁115.6万吨，同比增长10.6%；生产钢材110.2万吨，同比增长25.9%；生产十种有色金属13.1万吨，同比增长4.6%；生产水泥539.7万吨，同比增长52.7%；生产平板玻璃150万重量箱，同比增长18.2%。

机械装备制造业实现工业增加值19.1亿元，同比增长57.9%，继续保持快速增长的势头。其中生产汽车1665.0辆，同比增长14.2%；生产铁路货车700辆，同比增长81.8%；生产混凝土机械836台，是上年同期的3.5倍；生产金属冶炼设备1444.3吨，是上年同期的2倍；生产小型拖拉机1150.0台，是上年同期的5.5倍。

农畜产品加工业实现工业增加值56.2亿元，同比增长19.7%。其中生产精制食用植物油4.3万吨，同比增长18.2%；生产鲜、冷藏肉9.2万吨，同比增长44.3%；生产乳制品29.8万吨，同比减少3.2%（受三聚氰胺事件影响）；无毛绒2158.2吨，同比增长42.3%。

高新技术产业实现工业增加值12亿元，同比增长24%。其中生产彩色电视机95.7万台，同比增长7.1%。

3. 内蒙古工业发展的若干特点

改革开放30年来，内蒙古工业经济发展主要呈现以下几个特点

（1）工业生产持续快速增长，总量规模不断扩大，主导地位逐步显现

1978年，内蒙古的工业总产值仅为53亿元。改革开放以来，尤其是“十五”时期以来，内蒙古的工业生产得到了持续快速发展。2007年，全区实现工业总产值5813亿元，比1978年增长100多倍，年均递增达17.7%，工业在国民经济中的主导地位更加突出。

（2）产业结构日趋优化，经济效益稳步提高，优势行业的地位日益明显

内蒙古传统优势产业结构调整和新兴产业优化升级所带来的创新效率，已成为新型工业化的强大推动力，促进了工业经济的快速发展。

一是重工业比重继续提高。1978年以来，内蒙古工业经济充分利用本地的资源优势，大力发展了有色、黑色金属矿采选及冶炼和煤炭、电力、建材、机械、化工等工业，使全区重工业取得了长足发展。2007年规模以上重工业增加值实现1981.1亿元，是1978年全部工业增加值21.8亿元的90.9倍；占规模以上工业的比重将近80%（79.4%），其中能源工业地位更是十分突出，占总量比重的37%。

二是轻工业比重虽下降，只占规模以上工业的17%，但是企业结构、技术结构、产品档次都发生了根本转变。轻工业中的五大工业占到全区轻工业增加值的82.3%。它们分别是农副食品加工业（27.2%）、食品制造业（24.8%）、纺织业（17.0%）、饮料制造业（6.8%）、医药制造业（6.4%）。

三是煤电投入得到加强。自1978年以来，特别是近几年，内蒙古加大对煤炭开采的投入，致使煤炭产量不断增加。2007年原煤产量达34886万吨，是1978年2194万吨的15.9倍，年均递增10.1%；发电量超过1931.9亿千瓦小时，是1978年37.8亿千瓦小时的51.1倍，年均递增14.5%；电力投资完成2832.3亿元，年均递增28.2%。

四是产业结构日趋优化。在电子产品、汽车行业、煤化工等行业，项目的引进和发展，使全区产业结构日趋优化。

五是支柱产业的支撑作用明显增强。随着全区工业经济的不断发展，支柱产业的支撑作用也日益增强。2007 年规模以上能源、化工、冶金、装备制造、农畜产品加工和高新技术产业等六大支柱产业完成增加值 2370.5 亿元，占规模以上工业增加值的比重达 95.0%，六大优势特色产业成为支撑全区工业生产的主要力量。

六是优势行业的地位日益明显。据有关专家按市场占有率、相对劳动生产率、专门化率、企业规模指数、销售收入利润率等五个指标，对全国各省市区工业优势产业进行比较，结果显示内蒙古自治区在食品制造业、煤炭开采和洗选业、非金属矿采选业、纺织业、燃气生产和供应业、黑色金属矿采选业、有色金属矿采选业、农副食品加工业、电力热力生产和供应业、黑色金属冶炼及压延加工业、通信设备、计算机及其他电子设备制造业等十多个领域，均居各行业的全国前十位。其中食品制造业居第一位，煤炭开采和洗选业居第二位。这也从另一个角度，说明了内蒙古优势产业所处的重要地位和巨大的发展潜力。

（3）企业所有制结构进一步深化，各种经济成分并存，竞争力不断提高

1978 年全区全部工业企业构成仅分为国有和集体两个部分。随着改革开放的不断深入，到 2007 年全区各类经济成分的工业企业总数达 11.6 万多家，比 1978 年增长了 16 倍多，其工业增加值已占全区规模以上工业增加值的近 1/3；表明以股份制、三资和私营企业为主体的非国有工业从无到有、从小到大、从弱到强，迅速发展，成为推动全区经济持续快速增长和保持社会稳定的重要力量。与此同时，国家投资和引进外资建设了一批规模大、实力雄厚、竞争力强的大型骨干工业企业和企业集团。1978 年年底，全区没有一家大中型企业，到 2007 年年底，全区大中型企业总数已达 438 家，其中：大型企业 50 家，中型企业 388 家；年产值上亿元的企业 852 家，其中有 2 家企业产值超过 100 亿元。这些企业的成长已经成为全区工业经济发展的中流砥柱。

(4) 工业品产量大幅增长，质量明显提高

1978 年以来，全区工业品产量大幅增长，质量明显提高。2007 年在全区规模以上工业统计的主要产品产量中，均比 1978 年有大幅度的增长。

其中：发电量 1852.2 亿千瓦小时，是 1978 年 37.8 亿千瓦小时的 49 倍；原煤 34886 万吨，是 1978 年 2194 万吨的 15.9 倍；成品钢材 911.9 万吨，是 1978 年 36.2 万吨的 25.2 倍；水泥 2779.1 万吨，是 1978 年 91.9 万吨的 30.5 倍；平板玻璃 1389.7 万重量箱，是 1978 年 11.8 万重量箱的 117.8 倍；生铁 1253.4 万吨，是 1978 年 107 万吨的 11.7 倍；机制纸及纸板 24.2 万吨，是 1978 年 4.3 万吨的 5.6 倍；小型拖拉机 16730 台，是 1978 年 193 台的 86.7 倍；成品糖 19.5 万吨，是 1978 年 4.4 万吨的 4.4 倍。还有很多产品从无到有，例如：1978 年完全空白的彩色电视机生产，到 2007 年已生产达 830.3 万台，乳制品、液体乳、羊绒衫等产品在 1978 年还没有形成规模，到 2007 年生产量已分别达到 367.9 万吨、313.5 万吨和 1322.5 万件，已经成为自治区的龙头产品。有些产品通过科技创新，形成了新型产品，例如成品钢材已由原来较单一的品种形成现在的多种型号规格的钢材。

(5) 工业品牌化、竞争力增强

内蒙古是全国最早实施名牌带动战略的地区之一。早在 1995 年，自治区就把实施“品牌推进战略”确立为内蒙古发展的五大战略之一，先后出台若干政策扶持品牌企业，创建公平、有序的法制环境，运用市场的手段、社会的力量，由点及面加以推动，使品牌战略工作逐步深入人心。

目前，全区已有“鄂尔多斯”、“鹿王”、“伊利”、“仕奇”、“草原兴发”、“河套”（面粉）、“蒙牛”、“河套”（酒）、“草原”（糖）、“塞飞亚”、“小肥羊”、“科尔沁”、“维信”、“伊泰”、“远兴”15 个品牌被认定为中国驰名商标，还有 78 个内蒙古著名品牌。品牌企业的销售额已占到自治区规模以上企业销售额的 55%，支撑着工业的半壁江山。

(6) 科技创新日新月异，企业创业创新热情不断高涨

2007 年年底，全区规模以上工业完成高新技术产值已达 892.5 亿元，

比2000年的74.86亿元增长了11倍。“十一五”期间，全区高新技术产业的发展情况已成为工业经济科技创新活动的一个缩影。2007年年底，全区规模以上工业实现新产品产值81.04亿元，占规模以上工业总产值的1.4%，比2000年多64.53亿元。内蒙古的优势企业也在通过技术创新积极转型。以伊利、蒙牛为代表的内蒙古乳品企业，通过创新制造工艺和提取工艺，不断推出新产品，拥有了市场竞争的主导权。

2007年，大中型工业企业科技年报数据显示，全区调查的大中型工业企业为449个，有科技活动的单位数为94家。大中型工业企业科技经费投入36.85亿元，R&D经费内部支出19.3亿元，占全区GDP总值的0.32%。拥有发明专利169件。全区工业企业科技创新活动日趋活跃，创新意识不断增强。2007年度科技进步统计监测报告显示，全区规模综合评价位次在全国居第22位。

30年来，内蒙古工业经济从无到有，从小到大，历经蜕变，逐步走向辉煌。当前，无论经济总量还是结构调整都已经处于一定的高度，为全区实现科学发展、高位突破、全面建设小康社会奠定了牢固的基础。

4. 成功实现资源优势向经济优势的转化

内蒙古是中国自然资源最为富集的地区之一，人均自然资源拥有量超过全国平均水平1.58倍，而人均能源资源拥有量超过全国平均水平的13.27倍，居各省区第一位。

正因如此，在全国进入新一轮以重化工业为特征的发展阶段时，这种比较优势得到最大程度的发挥。加上内蒙古横跨东北、华北和西北的地理区位优势，使内蒙古成为国家西部大开发重点工程“西电东送”北线的主力军。近五年来，一大批依托当地资源优势的产业项目相继开工建设，如大唐托克托电厂一二三期、海勃湾电厂三期、岱海电厂一期、乌拉山电厂二期、霍煤集团煤电铝联营、宝日希勒煤电联营、包钢集团热轧薄板和冷轧薄板、包头希望铝业电解铝、赤峰远航水泥、蒙牛兴安盟乳业液态奶、神华集团煤制油、胜利煤田露天矿、吉盐化集团PVC等。这些项目加快推动了内蒙古的资源优势向经济优势的转化，特别是优势资源的就地转化。

5. 基础设施获得较大改善

基础设施是经济腾飞的基础，也是内蒙古社会经济发展中长期存在的薄弱环节。2000 年后，中央在实施西部大开发战略总体思路中，首先把基础设施建设作为促进资源优势转变为经济优势的基础。

"十五"以来，内蒙古自治区基础设施条件明显改善。一方面，国家加大资金投入力度，为内蒙古提供了新的机遇。从 2000 年到 2008 年，国家累计投入建设资金达 567.8 亿元。2008 年内蒙古完成全社会固定资产投资 5596 亿元，比 2000 年的 430 亿元增长了 13 倍。

另一方面，贯穿自治区东西部的铁路、高等级公路和电网"三大运输通道"基本形成。一是建成了西起阿拉善东至呼伦贝尔，贯通 12 个盟市的高等级公路运输大通道；国道 110 内蒙古段全部建成高速公路，成为内蒙古自治区中西部进入京津冀地区最便捷的公路运输通道；在实现全部旗县通油路的基础上，通乡油路工程也已经启动；2000 年到 2008 年全区新增公路总里程 3.4 万多公里，其中二级以上公路 1.2 万公里。二是开工建设了集张铁路、两伊铁路等重点铁路项目，连接东西部的铁路运输大通道建设全面启动；2000 年至 2008 年新增铁路总里程 2627 公里。三是电网建设形成西起阿拉善、东至呼伦贝尔、贯通全区的电力大通道。四是通信设施形成了覆盖全区、联通国内外的大容量、高效率、数字化、安全可靠的传输网络。五是机场建设加速，全区机场数量已达到 11 个。

总之，贯通全区的高速公路、公路、铁路、机场、电力和通信网络使内蒙古的城乡面貌发生了根本变化，城市建设步伐明显加快，城镇化率达到 47.2%，市政设施条件和人居环境改观很大，城市发展空间进一步拓展。在短短五六年间首府呼和浩特市的城区面积就由 2000 年的 80 平方公里扩大到 2006 年的 160 平方公里，翻了一番。

6. 生态环境实现重大改善

从 1998 年开始，内蒙古自治区生态建设力度明显加大，在国家的大力支持下，相继实施了天然林资源保护、京津风沙源治理、退耕还林、退牧还草等一批生态建设重点工程。到2005年年底，国家在内蒙古累计投入生态建设资金173亿元，治理生态总规模超过2.7亿亩，全区荒漠化土地累计减少2400多万亩，沙化土地减少730万亩，90%以上的退化草原得到保护。

2006年年末，全区森林面积达到3.08亿亩，全区自然保护区达到190个，面积达到19839万亩，其中国家级自然保护区21个，面积4990.5万亩。

2008年全区林业完成营造林面积1078万亩，造林成活率达85%；全年完成退耕还林和荒山荒地造林面积232.5万亩；完成天然林资源保护工程造林面积178.5万亩；完成京津风沙源治理工程造林面积303.1万亩；完成“三北”防护林四期工程造林面积108.3万亩；幼林抚育（作业）面积1061.0万亩。林业系统自然保护区个数达到132个，保护区面积1.4亿亩，被保护的物种达到3430种。全年实现林业产业产值199亿元，其中营林产值86亿元。林业产业增加值105亿元。

由于实施退耕还林、退牧还草、京津风沙源治理、天然林保护、重点防护林、水土保持、天然草场保护、异地扶贫移民等一系列重大工程，内蒙古生态环境实现了“整体遏制、局部好转”的重大转变，局部地区环境质量有了明显提高。开工建设了一批大中型水利枢纽工程，农田有效灌溉面积达到4050万亩，节水灌溉面积达到2240万亩，解决了440万人、820万头（只）牲畜的饮水困难问题，强化了水资源保障供给能力。内蒙古生态环境如此大的改善，为其发展创造了良好的基础条件。

7. 投资软环境不断优化

除了硬环境之外，内蒙古自治区还十分重视优化、改善软环境，提高市场化程度以及政府的行政效率和服务水平。目前，通过推进行政管理体制的改革，行政审批事项已大幅度减少；同时，全区投资主体已实现多元化，单位自筹、招商引资和上市融资等非政府投资比重已占到总投资的74.2%。对外开放和招商引资也取得一定成效。

8. 内蒙古经济发展面临的困难和问题

（1）地区经济发展不平衡

2007 年，呼包鄂地区完成工业增加值 1338.65 亿元，占内蒙古自治区全区工业增加值的 53.64%，其他九个盟市工业增加值只占 46.36%。呼包鄂地区企业实现利税总额 575.37 亿元和利润总额 383.25 亿元，分别占全区工业企业实现利税总额和利润总额的 54.75% 和 59.69%。呼包鄂地区工业企业各项主要经济指标均占全区总量的 50% 以上。

（2）工业经济结构性矛盾仍然突出

从内蒙古自治区的轻重工业比例看，轻工业依赖农产品原料的特征十分明显，重工业中采矿工业和原料工业仍占据优势。从主要行业看，原材料和基础性产业比重大，深加工和高新技术产业比重小。2007 年，内蒙古规模以上工业企业按增加值排序居前十位的工业行业依次是：煤炭开采和洗选业、黑色金属冶炼及压延加工业、电力热力的生产和供应业、有色金属冶炼及压延加工业、农副食品加工业、化学原料及化学制品制造业、食品制造业、纺织业、有色金属矿采选业、非金属矿物制品业。其中煤炭开采和洗选业占同期全国规模以上工业企业增加值的 3.5%；电力热力的生产和供应业占同期全国规模以上工业企业增加值的 7.3%；有色金属冶炼及压延加工业占同期全国规模以上工业企业增加值的 3.9%；农副食品加工业占同期全国规模以上工业企业增加值的 4.1%；化学原料及化学制品制造业占同期全国规模以上工业企业增加值的 6.6%；纺织业占同期全国规模以上工业企业增加值的 4.1%。可以看出，内蒙古仍然是原材料和基础性产业占绝对多数。而交通运输设备制造业、医药制造业、电气机械及器材制造业等高技术产业则在 38 个主要工业行业中所占比重分别为 1.2%、1.3% 和 0.4%。

（3）产业层次较低，制约工业发展后劲

经过多年的发展培育，内蒙古自治区的原材料加工、能源和农畜产品

加工业在全国占有一席之地，但是全区六大支柱行业都集中在上游产业和初级加工业，这类产业对其他产业增长的拉动作用较弱。长期以来，内蒙古工业主要是依托资源和成本优势，企业技术创新能力薄弱，产品主要以原材料、初级产品为主，形成了高加工度、高技术含量、高附加值、高竞争力的产品比重很低，低加工度、低技术含量、低利润、低竞争力的产品比重很高的窘境。面对当前以注重技术创新和推进新型工业化的发展趋势，如果不能尽快有效转变增长方式，不能注重和依赖技术创新，不能全面提高产品的核心竞争能力，势必将降低产品的综合竞争能力，减少产品的市场占有份额，进而影响全区工业经济的持续快速发展。

(4) 工业经济增速迅猛，但增长模式依然粗放

内蒙古工业经济增长速度不断加快，为国民经济快速增长起到突出作用，但从增长模式看依然是粗放增长。长期以来，自治区工业依托资源优势，以粗放经营为特征的传统模式发展，追求增长的数量，忽视了增长的质量。近年，工业发展与资源、草原生态保护相协调的可持续发展战略逐步受到重视，但长期形成的高投入、高消耗、高排放的经济增长方式没有得到根本性转变，高速的工业增长依靠牺牲环境和消耗大量能源资源来支撑。同时，原材料和能源需求较大工业的高速增长会拉动能源、原材料工业进一步扩张，将增加能源、资源和环境的压力，可能引发进一步粗放式经营现象的发生。

(5) 节能减排任务艰巨

由于内蒙古工业经济主要是依托资源优势，以粗放经营为特征的传统模式发展，直接导致内蒙古节能减排任务非常艰巨。因此，内蒙古自治区今后发展中能否控制高能耗、高污染行业增长过快势头，严格执行国家产业政策，对达不到国家产业政策准入标准的小炼铁、小炼钢、小有色、小铁合金、小炼焦、小电石、小水泥等企业一律予以关闭淘汰；依照产业多元、产业升级、产业延伸的总要求，推进非资源性产业发展，加快工业结构调整；对电力、钢铁、有色、化工、建材和煤炭等自治区六大重点能耗行业，加大节能技术推广使用、节能技术改造项目建设力度，降低行业产品能耗；大力发展服务业和劳动密集型、技术密集型的非资源型产业以及高新技术产业，积极推动资源型产业延伸升级，等等，已经成为内蒙古自治区经济能否进一步转型升级的关键。

9. 内蒙古对外开放严重滞后

如上所述，中国实行改革开放以来，内蒙古自治区也与中国其他省区一样，取得了极其巨大的成就。但是客观地说，就其总体发展水平来说，与国内发达地区相比，还是比较落后，其中一个很重要的原因，就是它的对外开放还处于一个较低的水平。内蒙古自治区的对外开放程度不仅与东部沿海发达地区还有比较大的差距。即便与国内其他沿边省区相比，也处在比较落后的地位。例如 2007 年内蒙古自治区的 GDP 总量在全国排第十六位，人均 GDP 在全国排第八位，但外贸进出口在全国排名仅为第二十三位。在全国沿边 8 个省区（云南、广西、西藏、吉林、黑龙江、内蒙、甘肃、新疆）中，尽管内蒙古的 GDP 总量仅次于黑龙江高居第二位，而且人均 GDP 高居沿边 8 省区榜首，但外贸进出口总额却排名倒数第三，仅高于甘肃和西藏两省区。

中国改革开放的实践经验证明，一个地区的发展与它的改革和开放程度是绝对密不可分的。尽管近年来内蒙古地区主要是凭借着资源产业和某些其他产业优势，确实取得了令人瞩目的发展，其中心地带呼包鄂地区的发展水平甚至达到了东南沿海发达地区的水平。但是，从整体来看，内蒙古地区仍然比较落后，不仅与东南沿海省区有较大差距，即使是与中西部某些发展比较迅速的省区相比，也有一定的差距。

此外，前面也分析到内蒙古经济发展存在的不少困难和问题，其产生的重要原因之一，也是内蒙古的开放程度还不够，还没有通过大开放来推动大改革，还没有通过大开放为自己创造更多更好的发展条件和发展机遇。

因此，内蒙古一定要把对外开放作为头等大事来抓，而全面向北开放，构建北亚经济圈，就是内蒙古自治区对外开放的最佳选择。

第六章

构建北亚经济圈的必要性

本书前面几章已经论述了北亚经济圈的定义，并对北亚经济圈的三个主要组成地区进行了比较详细的介绍和深入的分析。这一章，将集中阐述构建北亚经济圈的必要性。换言之，本章将告诉读者，构建北亚经济圈对中、俄、蒙三国有何重大的战略意义，最后还会特别指出，构建北亚经济圈对中国内蒙古自治区的进一步发展会有怎样的重大意义与作用。

第一节　构建北亚经济圈是中国发展的战略需要

1. 构建全新的中蒙关系是中国21世纪的重大战略选择

从20世纪80年代起，中国开始对周边国家实施重要的睦邻战略，大大改善了与周边国家的关系，营造了中国改革开放的良好外部环境，创造了中国经济迅速发展的有利条件。

但是我们也看到，在中国所实行的一系列与周边国家改善关系的睦邻战略中，中蒙关系是一个很大的薄弱环节。尽管中国与蒙古国的政治往来、经济合作和文化交流与80年代之前相比有了根本的而且是长足的发展，但是与中俄关系、中日关系、中韩关系、中国与东盟关系、甚至中国与中亚五国的关系相比，都要松散和薄弱得多。

这里的根本原因是，在许多人看来，蒙古国既不像俄罗斯那样，是一个在全球战略格局中具有举足轻重地位的大国；也不像日本、韩国那样经济科技发达，能够带动中国的经济发展，能够给中国带来资金、技术和促进中国从各方面提高国际竞争力；同时也不像东盟国家或中亚五国那样，由于有了“10+1”和“上海合作组织”因而在中国的外交与国际合作中占有相当重要的战略地位。很多人认为，蒙古国不过是我们周边一个贫穷落后的内陆邻国，它过去只是“苏东阵营”一个无足轻重的“小兄弟”，“苏东阵营”解体后，它更是一个在世界经济政治格局中没有任何地位的弱国。

更值得关注的是，这样一个与俄罗斯、中国内蒙古及东北三省相邻的国家，竟然在东北亚地区的经济合作中，几乎没有自己的位置。我们在有关东北亚经济合作的许多重要研究报告、学者文章、会议论坛和媒体报道中，极少看到“蒙古国”这个字眼。从某种意义上说，蒙古国成为这个地区一个“被人遗忘的角落”。

然而，对中国来说，蒙古国是最重要的邻国之一。下面我们将看到，它对于中国所具有的战略意义是十分重要而深远的，甚至在某些方面是其他周边国家所不能替代的。因此，构建全新的紧密友好的中蒙关系，应当成为中国21世纪睦邻友好战略的一个重大举措。

而本书所提出的构建“北亚经济圈”的战略蓝图，就是为发展新世纪全新的中蒙全面友好合作关系，搭建一个最重要的平台。

2. 构建北亚经济圈对中国国家安全具有特殊重要的战略意义

对于任何一个国家来说，保障国家安全历来是其首要的战略目标。

蒙古国对于中国的国家安全可以说具有头等重要的战略地位。从地理位置上看，蒙古国位于中国和俄罗斯之间。其东、西、南三面与中国相邻，与中国的边境线长达4670多公里，横跨在中国北方的中央。从中蒙边界向中国境内700公里的弓形范围内是中国的三北地区，即东北、华北和西北地区。

有军事战略家指出，从蒙古国南下可直逼华北、进取京津，尤其是蒙古国的扎门乌德距北京的直线距离只有600多公里，其中几乎毫无天然屏障，对于现代机械化部队来说，可以实现朝发夕至。不仅如此，从蒙古国西进可切断中国新疆与内地的联系，东进则可阻断东北地区与关内的交通。由此可见，蒙古国的地理位置，对于中国的国家安全所具有的地位和作用，是其他任何邻国都无法相比的。

从历史上看，由于中国的西北、西南有崇山峻岭作为国家的安全屏障，东部的大海在西方列强没有对中国形成坚船利炮威胁之前，也同样是国家的安全屏障，因此只有中国的北方历来都是对国家构成重大威胁的主要方向。而在中华帝国的历史上几乎每朝每代都贯穿着与北方游牧民族的武力争夺、较量和战争。

在新中国的历史上，由于20世纪60年代中苏关系的交恶，中国的国家安全也同样在北方受到了严重的威胁，蒙古国曾长期成为前苏联威胁中国安全的前沿基地。前苏联在中苏边境和中蒙边境陈兵百万，使中国的东北、华北和西北的广大地区直接暴露在强大的苏军威胁之下，特别是华北和北京地区，面对来自驻蒙苏军的威胁，完全缺乏战略缓冲区。这种对中国安全极为不利的战略态势在60年代末曾达到顶峰。经历过那个时代的中国人，对于当时中苏两国之间紧张的军事对峙以及可能随时爆发的战争威胁，至今记忆犹新。

当然，由于当时东西方冷战的国际政治格局以及中苏之间复杂的战略关系，20世纪60至70年代中苏两国除在珍宝岛发生了小规模的军事冲突外，并没有酿成大规模的武装冲突，更没有发生大规模战争。但也足以说明以蒙古国和俄罗斯为邻国的中国北方，对中国的国家安全具有何等重要的战略意义。

进入20世纪80年代后，特别是前苏联解体和冷战格局结束后，随着中俄两国以及蒙古国开始的向市场经济转轨的改革，三个国家都把发展本国经济、壮大本国国力以及提高本国人民生活水平作为头等大事来抓，从而使得三国之间的国际关系得到了根本的改善，消除了前苏联对中国北方长期存在的军事威胁。

但是，近年来中国北方的国家安全又出现了新的隐患，那就是美国利用蒙古国制约中俄两国的战略企图日益明显，并为此大力发展同蒙古国的政治、经济、军事的全方位关系。

在政治上美蒙两国的高层互访频繁。美国的前国务卿贝克和奥尔布赖特分别于1990年8月、1991年7月和1998年5月访问蒙古国。其中最重要的一次是2005年11月21日，美国总统布什在参加了韩国釜山召开的APEC峰会后，对蒙古国进行了4个小时的闪电式访问，这是历史上第一位访问蒙古国的美国总统。蒙古国总理在会见布什时表示："蒙古国把美国当作'第三邻国'。"而布什在对蒙古国国民发表讲话时回应说："美国为能够成为蒙古国的'第三邻国'而感到荣幸。"出访前，布什接受蒙古国电视台采访时就说，"我们在某种程度上认为我们是蒙古国的'第三邻国'，我们喜欢这样的口号"。

在经济上，自20世纪90年代以来，美国不但给予蒙古国长期最惠国待遇，提供大量援助，而且军事上两国的合作也不断加强。1995年以来，美太平洋驻军总司令、太平洋驻军陆军司令、国防部副部长等官员相继访蒙，蒙古国国防部长也多次访美。1994年美国军方决定将蒙古国纳入美军太平洋总部"联盟战略体系"，同时美军对蒙古国军校的课程设置、教育体系、训练方式进行直接指导，帮助蒙古国培训军官。1996年两国签订《蒙美政府间军事交流协定》，规定必要时美军可以临时进入和使用蒙古国军事设施。

"9·11"事件发生后，美国更进一步加强与蒙古国的政治和军事合作，美国为蒙提供军事技术和装备，定期举行美蒙联合军事演习，并试图把蒙古国培养成其在亚太的重要基地。2003年8月，美国海军陆战队与蒙军举行了代号为"可汗探索03"的联合实弹军事演习，这是美蒙间举行的规模最大的联合军事演习。2004年5月，蒙古国参加了在泰国东北部举行的2004年度美泰"金色眼镜蛇"联合军事演习，这是蒙古国首次参加

“金色眼镜蛇”联合演习，这表明美国与蒙古国的军事合作正在进一步加强；双方还启动蒙美安全磋商机制，进一步增加在亚洲腹地的影响。美国从亚洲战略的角度，把蒙古国作为监视中国北部的重要基地。自2003年起，美国利用台湾“国防部”的人力、技术，在蒙古国设立对中国的监听站，监听中国内蒙、东北、新疆等地区的电讯。

不仅如此，美国还企图通过“颜色革命”来进一步把蒙古国打造成所谓“西方民主式”的国家。2008年6月29日在蒙古国议会进行换届选举投票时，蒙古国最大在野党民主党支持者以计票不公为由举行示威活动，事件最终演变成严重骚乱，使该事件成为该国历史上最严重的一次骚乱。后来的事实证明，这是美国某些势力支持的一次“颜色革命”。

总之，美国无论是用经济援助手段，还是用军事合作手段，抑或是扶持所谓“民主派”的“颜色革命”，其目的都是一个，就是塑造一个亲美亲西方的蒙古国。一些美国战略家认为，塑造一个亲美亲西方的蒙古国。可以起到一石三鸟之效：第一，可以在欧亚大陆加紧向前苏联控制的地区进行渗透，挤压俄罗斯的战略空间，防止俄重新崛起。由于蒙古国北面与俄罗斯西伯利亚接壤，蒙俄边境线长达3485公里，从蒙古国北出可切断俄罗斯西伯利亚铁路大通道、威胁赤塔、伊尔库茨克、新西伯利亚工业区，因而蒙古国可以成为美国和西方国家牵制和威胁俄罗斯的一个重要战略基地。第二，等于在中俄之间打进了一个“楔子”，避免这两大强国连为一体互为战略后方，与美国展开战略竞争。第三，最主要的动机是利用蒙古国所特有的地缘地位，使蒙古国成为渗透中国和遏制中国的前沿基地。也有中国的战略分析家担心，在目前美日等西方势力一再加强对蒙古国拉拢和渗透的形势下，如果蒙古国有朝一日加入了以美国为首的北约组织，则中国的北疆安全将会重新面临巨大的挑战和威胁。

由此可见，由于蒙古国对中国国家安全占有的特殊重要的地理位置，因此我们任何时候都不能对这样重要的战略要冲掉以轻心。

另一方面，也应该客观地看到，对于蒙古国来说，自从脱离了前苏联的“保护”后，由于各种复杂的历史和政治原因，对于中国这个不断崛起的强大邻国也感到“忧心忡忡”，担心自己的国家安全受到中国的威胁。这正是蒙古国在中、俄、美、日以及其他国家之间开展“等距离外交”以及在中、俄两大邻国之外发展“第三邻国”战略的要害所在，也是近年来蒙古国不断“亲近”美国、日本和其他西方国家的要害所在。

如何才能从根本上解决这个问题呢？如何才能使中蒙两国不但不会成为相互担心的国家安全的威胁隐患，而且能够成为保障各自对方国家安全的战略屏障呢？那只有一条道路，就是发展双边友好、互惠互利、共同发展、共同繁荣的经济合作关系。使两国真正成为相互不可分离的最重要的经济伙伴，进而成为利益攸关的战略伙伴，结成世代友好的亲密邻邦关系。中蒙两国如果不仅在经济上相互合作共创繁荣，而且相互成为对方的安全屏障，那不但符合两国人民的利益，而且有利于这个地区的和平稳定，对于整个东亚乃至世界的和谐稳定来说，也同样是幸莫大焉！

由此可见，构建“北亚经济圈”最重要的意义之一，就是在这个战略平台上，实现构建中蒙两国新世纪战略合作伙伴的远大目标。此举不但可达到保障中国北疆安全长治久安的目标，而且将彻底消除蒙古国对中国崛起的担心和恐惧，从而使两国成为利益攸关的战略伙伴。

3. 构建北亚经济圈对中国的能源资源战略具有特殊重要的意义

中国虽然也是一个幅员广大、物产丰富的国家，但是随着经济的快速发展，中国进入了一个资源能源严重短缺的时代。有资料显示，要维持中国经济的高速增长，到 2020 年，中国将需要进口大量的矿产资源。这一方面是由于中国人口众多，导致人均矿产资源消费量受到很大制约，例如中国人均石油消费不足美国的 1/18，不足日本的 1/13。有人曾断言，如果中国人像美国人那样消费矿产资源，三个地球也不够中国人消费。另一方面，中国资源危机也来自于过高的生产能耗。2002 年世界银行发表的《世界发展报告 2002》中，对世界各国 GDP 能耗进行了比较 。从中可以看到，中国 1 亿美元 GDP 所消耗的能源是 12. 03 万吨标准煤，大约是日本 1 亿美元 GDP 所消耗能源的 7. 2 倍、德国的 5. 6 倍、美国的 3. 5 倍、印度的 1. 2 倍、世界平均水平的 3. 3 倍。近年来，这种状况虽然有所好转，但情况仍不容乐观。据研究测算，2008 年的中国能源利用效率为 33%，比发达国家低 10 个百分点；单位产值能耗是世界平均水平的 2 倍多；比美国、欧盟、日本、印度分别高2.5倍、4.9倍、8.7倍和43%；中国8个行业（石化、电力、钢铁、有色、建材、化工、轻工、纺织）主要产品单位能耗平均比国际先进水平高40%。2006年，中国的GDP总量占世界GDP总量的5.5%，然而能源消耗却占世界能源消耗的15%左右。仅水泥一项，消耗就达12.4亿吨，占全世界水泥消耗的54%。中国庞大的人口体系与过高的生产能耗，拉动了资源消费量的节节攀升，这是进入新世纪后中国政府面临的最紧迫问题之一。

正是由于这个原因，中国除了加大自身矿产资源的勘探开采能力和通过转变增长方式、降低能耗等措施外，目前还在全球实施了“引进资源”的重大战略措施，在包括澳洲、南美、非洲、东南亚等国外很多地区，都大力通过经济合作、共同开采或收购并购等方式，寻求稳定的进口矿产资源，来解决中国长期发展的资源短缺问题。

然而，在这方面，我们看到了中国能源资源战略的一个重要的“薄弱点”，那就是反而在距离中国最近而且又是资源十分丰富的蒙古国，尚未有任何重大的战略举措，这不能不令人感到遗憾。

正如我们在第三章有关蒙古国的资源情况时所讲到的，蒙古国是矿产资源大国。其矿产蕴藏量居世界前二十位，且未曾大规模勘探开发。如果中国能够与蒙古国以及石油、天然气、矿产资源和森林资源更加丰富的俄罗斯西伯利亚地区，进行资源能源的勘探、采掘、开发和利用的合作，利用中国充裕的资金、先进的技术和人力资源，建立起先进高效的采掘、开发、利用体系以及发达的铁路、公路、管道和航空运输网络，那么对于中国目前正在实施的资源能源战略将具有根本性的重大意义。因为如果能够在这个地区成功地进行资源开发合作，那么与中国到世界其他地方去开发、购买和运输相比，无论在开发和运输成本方面、运输距离和时间方面、来源的稳定以及运输的快捷、便利和安全方面，都具有十分明显的优越性。

因此，构建“北亚经济圈”另外一个最重要的战略意义，就是在这个战略平台上，中、蒙、俄将能够更加顺畅和成功地开展资源和能源的合作，从而为解决中国的战略资源短缺瓶颈，提供又一个新的重要的渠道。

4. 构建北亚经济圈对中国的水源战略具有特殊重要的意义

水是生命之源。水资源是地球上最重要的资源之一。而众所周知，目前水资源短缺则是正在实现高速工业化和城市化的中国最大的威胁之一，在中国北方中部和西部地区，水资源短缺问题尤为严重。

前些年，中国内地及港台一些专家学者为解决中国的水资源短缺，大声呼吁甚至提出设想，要搞一个“大南水北调”工程，不惜一掷万亿资金，历经几十年时间，要把中国西南部的怒江、澜沧江、雅鲁藏布江水系的一部分丰富水源调往历史上长期缺水的中国北方地区。但是由于这样一种构想过于宏大，所遇到的困难和艰巨性难以想象，因此几乎根本不具备实施的可能性。不仅如此，由于这些江河虽然发源于中国，但也是流经印度等南亚国家的恒河和流经越南等东南亚国家的湄公河的上游水源。如果我们真要从这些大江大河的上游将大量水源调入中国北部，势必给这些周边国家带来严重的影响甚至生存危机，从而引发严重的国际纠纷。这不仅会给中国的国际形象带来巨大损害，更会大大损害中国与周边国家的关系。历史上许多战争，都是由于国家之间争夺水源而引起的。中国发展到今天，正在逐步成为一个负责任的大国，绝对不应做任何影响周边国家发展的事情。

目前，中国正在开始开展一项比较现实的、分别从长江上游、中游和下游调水，并形成东线、中线和西线三条调水线路的“南水北调”工程。工程规划为50年，总体规划分三个阶段实施，总投资达4860亿元人民币。但是其中的困难和问题是非常大、非常多的：一方面，即使这项工程全部完成，仅靠长江所调的水源，也远远解决不了整个中国北方历史长期缺水的严重困境；另一方面，从长江水系大量调水总会不同程度地影响到长江中下游地区的水源开发和利用；更遑论这种大规模的“南水北调”就像修建三峡大坝一样可能对生态环境造成一定的负面影响。还有一个更重要的因素，那就是长江水源本身目前就已经面临水量不断减少的问题。

然而，在这方面，我们又看到了中国水资源战略的一个重要的“机会点”，那就是距离中国最近的蒙古国的水资源相对丰富，而且由于没有得到充分的利用，开发的潜力很大。

正如前面第四章所分析的，蒙古国确实具有一定的水资源优势。但由于蒙古国的河流湖泊都集中在该国的中、北部地区，而靠近中国的南部地区极为缺水，荒漠化十分严重，因此给人们造成蒙古国是一个水资源严重缺乏的国家。然而实际上蒙古国人均水资源达到 8 万立方米，是全世界人均水资源的 9 倍，是中国人均水资源的 34.8 倍。而且由于蒙古国经济十分落后，其工业和农业用水很少，畜牧业更是基本上保持了水资源的原生态，所以可以说其水资源几乎完全没有得到开发和利用。

因此，如果中国能够与蒙古国就水资源的开发利用进行合作，开展“北水南调”工程，充分利用中国的资金、技术和人力资源，将其北部相当丰富的水源调往严重缺水的蒙古国南方和中国的北方，那么这不仅可以从一定程度上解决中国北方严重缺水的状况，而且也会对蒙古国南方严重缺水的状态起到极大的缓解作用，从而给蒙古国带来整个环境的改善和经济的发展，这对于中国和蒙古国来说，都是一件有利于两国百姓福祉和后代子孙的大好事。

更重要的是，如果有可能的话，中国还可以通过蒙古国与俄罗斯开展水资源的开发合作。如前所述，处于中国正北方的俄罗斯西伯利亚联邦管区的水资源极其丰富，其中也包括距离蒙古国边境只有 200 多公里的全世界最大的淡水资源——贝加尔湖。

被称为“西伯利亚之海”的贝加尔湖是世界上蓄水量最大的淡水湖。这个湖泊虽然面积只排在世界第八位，但它的最深处竟然达到了 1637 米，平均水深也超过 700 米。依靠这样的深度，贝加尔湖容纳了占全球地表1/5 的淡水总量。贝加尔湖的水不仅多，而且极为清澈，它的水质极好，可以直接饮用。有专家估计，贝加尔湖的水量足够全世界所有人喝一个世纪。

由于就在距离严重缺水的中国北方不远的地区，竟然有这样一个世界最丰富之一的淡水资源宝库，而且这个巨大丰富的淡水资源宝库竟然几乎没有得到开发和利用，千百年来每年都有大量高清澈高含氧的湖水，白白地流入了北冰洋。因此有许多人开始提出和关注从贝加尔湖调水进中国北部地区的“北水南调”工程。

当然，对于涉及中、俄、蒙三国的这样的一个调水工程，绝对不是一件容易办到的事。在国内有关“北水南调”的争论中，反对者就列出了很多理由：一是“北水南调”距离长。从贝加尔湖调水到北京的距离最短也不会少于2000公里。二是“北水南调”成本大。要从海拔455米的贝加尔湖湖面，提水超过海拔1000米的蒙古国境内，高差超过500米，虽然现在的技术不成问题，但要建非常多的扬水泵站，增加大量成本；加上贝加尔湖的冬季平均气温达到零下38摄氏度，湖面封冻约90厘米厚，虽然从深水处照样可以取水，但在施工和防冻技术、设备上，必然增加不菲的费用。三是“北水南调”投资多。有调水专家认为，虽没有经过准确的勘察和设计，但从几个大的方面粗估，“北水南调”的实际工程量不会比“南水北调”低多少，因此，投资起码是相仿的，不会低于5000亿元人民币。总之反对者主要的意见是认为“北水南调”工程复杂、成本高，在经济上很不划算。也有一些人认为俄罗斯人有“贝加尔湖情结”，由于担心会对环境和生态造成破坏，因此俄罗斯对从贝加尔湖调水会“不予考虑”，至少目前的可能性是微乎其微。

但是笔者认为，如果中国能够成功通过与蒙古国及俄罗斯开展合作，大规模将包括色楞格河河水和贝加尔湖湖水在内的蒙古国北部和西伯利亚丰富的水资源，引向严重缺水的蒙古国南方地区和中国广大的北方地区，那么这样的“北水南调”工程意义是非常重大的。

第一，由于包括色楞格河和贝加尔湖在内的蒙古国北部地区和俄罗斯西伯利亚地区的淡水资源极其丰富，因此通过“北水南调”从该地区引出来的水对于这个地区极其丰富的水资源宝库来讲，只会是九牛一毛，但是对于长期缺水的蒙古国南方和中国北方地区来说，则是改变这个地区历史形成的生态环境和现实发展瓶颈的百年大计、千年大计、甚至是惠及子孙万代的万年大计。

第二，由于这个地区的水资源几乎完全是白白地流向北冰洋，而且在广袤的地区中极度的地广人稀，因此在这个地区开展“北水南调”工程，不仅不会对该地区的经济发展、环境生态和人民生活造成太大的负面影响，反而会惠及俄罗斯、蒙古国和中国的相关地区，使这些国家和地区都得到水资源开发利用的巨大好处。对于中国北部和蒙古国的南部来说是得到了宝贵的水资源，而对于蒙古国的北部和俄罗斯西伯利亚地区来说，则是使千百年来“一文不值”白白浪费的水资源，变成了能够换来巨额资金和其他好处的巨大财富，由此给该地区发展带来的巨大经济利益，给当地人民生活带来巨大的福祉，彻底改变这个地区“捧着金饭碗讨饭吃”的落后状况。

第三，中国正在进行的“南水北调”工程虽然可以在一定程度上缓解北方城市地区的居民用水和工业用水，也能够使一部分农牧业地区的缺水状况得到改善，但是对于整个北方地区来说，要解决其根本的缺水问题，是远远不够的。如果能够通过“北水南调”工程为严重缺水的中国北部地区带来更多的更好的水资源，从而能够不仅解决居民用水和工农业用水，而且还可以更大规模地治理严重荒漠化和沙化的生态环境，使中国北部地区千百年来由于缺水而形成几百万平方公里的荒滩、沙漠、戈壁变成良田绿洲，根本改变这个地区的人类生存和发展条件，那岂不是一件更大的好事？何乐而不为！

第四，最重要的是，我们现在进行南水北调工程，毕竟是在对本国宝贵的水资源进行“再分配”，是从实际上江河湖泊也已日渐干涸的南部地区把水调往更加干旱的北方。其付出的代价是南方地区由此失去了很大一部分宝贵的水资源，更何况由此还会带来南方地区生态环境可能产生的负面影响。从长远来看，这些都可能会对南方地区的经济发展和人民生活带来一定程度的损害。

从某种意义上说，我们现在正在做的实际上是“自己折腾自己”的事情。如果这种事发生在30年前中国还是一个对外封闭的国家时，还可以理解，那是没有办法的事。但是现在已经是全球化的时代，中国已经全面对外开放，已经融入整个世界。如果在这方面我们还不能有“跨出国界”“用别人丰富的资源来补充我们短缺资源”的眼光，那我们就是愚蠢和可笑的。

现在中国在石油、天然气、矿产资源等方面都已开始跨出国界，走出国门，在全球范围内与其他国家和地区开展能源和资源战略合作，“用别人丰富的资源来弥补我们短缺的资源”，在水资源方面为何就不能这样做呢？所有上述反对“北水南调”工程的人，起码都没有用这样的眼界和这样的角度来思考问题。更何况石油、天然气和矿产资源还有很大的可替代性，例如风能、太阳能、核能的开发利用，已经成为今后低碳经济发展的趋势。而水资源是不可替代的，它对于一个国家的人民生活、经济发展和生态环境的重要性，远比能源和矿产资源更重要。因此，在水资源方面，中国更应该跨出国界，走出国门，来弥补我们资源的短缺。

至于讲到成本和费用问题，如果换个角度来思考，也许就会有其他的道理出来。我们到国外去购买或采取投资、并购等方式来获取石油、天然气和矿产资源，其购买、开采、运输的成本和投资费用，难道不是远远大于我们自己开采、运输和利用本国资源的成本吗？为何还要这样做呢？不就是因为我们自己这些战略资源十分短缺，必需千方百计来获得外国资源来为我所用吗？为何对利用外国水资源就不能用这样的角度来思考问题呢？当然，水资源与其他战略资源在交换价值、使用价值和价格形成的机理上有很大的不同，表面上看，一般来说水与空气、阳光一样，是人们随时可以得到的“大自然的恩赐物”，因而其市场价值与价格完全不能与上述其他需要花大量投资来勘探、开采、运输和利用的战略资源相比。但是人们不要忘记一个重要的经济原理，那就是在沙漠里一杯水的价格可能远远超过黄金价格，亦即物品的交换价值和市场价格也是由其稀缺性来决定的。对中国来说，水资源的短缺对国民经济的影响，对百姓生活的影响，对中国环境生态的影响，对中国可持续发展的影响，已经达到了十分严峻的程度。在这种情况下，花一定的成本和一定的投资，来从国外获得这种日渐短缺和弥足宝贵的资源，难道不是很值得吗？更何况，如果我们真要做这件事，通过中、俄、蒙三国相互的协商，经过认真的探测、研究和制订合理科学的调水方案，其成本未必会像现在有些专家凭空想象的那么巨大，工程也未必那么复杂（“南水北调”工程就是一个很好的证明），而且随着科技的进步和调水利用价值的提高，调水的成本还可能会被降低和“稀释”。总之，所谓“成本高昂”和“经济上不划算”，不仅不能够成为反对“北水南调”的充分的理由，反而证明了这种看法是目光短浅和眼界狭窄的。

第五，至于有人提出了俄罗斯会反对从贝加尔湖“北水南调”的看法以及对此所表现出忧虑和担心，其实近年来这种状况已经发生了很大的改变。

蒙古国自不必说，因为蒙古国早已提出了从贝加尔湖引水的“北水南调”工程构想。早在 2005 年 5 月 14 日蒙古国驻华大使馆就举办的“北水南调”的新闻发布会上，蒙古国前总理宫嘎道尔基和蒙古国自然资源保护部长鲍罗德出席了此次发布会，同时，与会的还有来自 10 个国家的 28 家公司。在这个新闻发布会上，鲍罗德指出，蒙古国已经计划从俄罗斯贝加尔湖引水到中国，蒙古国议会已于 2004 年批准了“北水南调”项目，而且有关从贝加尔湖引水的问题，蒙古国与俄罗斯也开始进行接触。同时作为一个折衷和先期可以进行的措施，蒙古国同意先从发源于该境内并注入贝加尔湖 300 多条河流中最大河流的色楞格河向中国调水，实施其在本国境内“北水南调”的第一步工程。这个工程关键内容是将色楞格河等 7 条河流的水堵截在蒙古国境内，使之形成一个巨大的湖泊，并利用高位落差将水引至蒙古国腹地和南部地区，同时再利用中国现有的河道将水引入中国的北方地区。

尽管蒙古国提出的这个方案还非常粗略，还有很多值得商榷和不足之处，但这毕竟是中、俄、蒙三国有可能认真研究和探讨“北水南调”工程的一个非常重大的事件，是一个可以启动这个项目的非常重要的信号。可惜的是，这样一个重大的事件，竟然被当时几乎所有的人当作了蒙古国的一个“作秀”，网上竟然还有帖子把它列为 2005 年的“十大科技骗局”之一。

提出“蒙古作秀”论的人们认为，蒙古国的“北水南调”计划还只是一个设想，因为无论是资金还是施工，蒙古国都没有能力完成如此浩大的工程，因此蒙古国是在“造势”，其目的就是希望中国以及国际组织对它加大各方面的援助。其实，对这点根本用不着怀疑，蒙古国的总理和部长到中国来搞这样的新闻发布会，当然是由于自己没有资金、技术和能力来做，为此而希望与中国政府或企业合作，得到中国方面的大力支持。同时人们一定要理解到，蒙古国之所以提出要“北水南调”，从根本上来说，也并不是要真正为中国来“排忧解难”，而主要是通过与中国合作开展“北水南调”，来解决其腹地及南方地区的严重缺水问题，当然同时也可以解决中国北方缺水的问题。

蒙古国那次新闻发布会上所提出的“让北京人喝上贝加尔湖的水”的

口号，确实只是一个为了让此工程能够得到中国援助和支持的“噱头”，但是其真实的意图是与中国政府或企业进行合作，从而能够实现其“北水南调”的宏图战略，在这一点上蒙古国是没有“作秀”的，其与中国乃至俄罗斯合作来进行“北水南调”工程的诚意也是不容怀疑的。

当然，正如有人所提出的，“北水南调”工程尤其是从“贝加尔湖”调水的关键，是俄罗斯的态度。几年前几乎所有的舆论都认为这是非常困难的，因为在这一点上，俄罗斯是不可能松动的。

但是持有这种怀疑论的人，现在恐怕要好好读一读下面所引用的俄罗斯联邦委员会主席米洛诺夫 2008 年 9 月在出席第五届贝加尔国际经济论坛代表大会全体会议时发表的一段讲话了。他说：“我想，现在对我们国家来说，为了在俄罗斯经济和领土发展的现代化方面做出重大转折决定的时刻已经到来。我们需要新的战略，这一战略使我们不再从现有的情况和本着‘获取’丰富资源的消费态度来发展西伯利亚，而是要从未来的俄罗斯东部的发展全景来发展西伯利亚。……根据联合国的预报，到 2025 年，地球上将会有 40 亿人处于缺水状态。在西伯利亚和远东地区集中了俄罗斯近 80% 的水资源。仅仅在贝加尔湖就拥有世界淡水总量的五分之一。日益严重的缺水问题将是改变世界经济结构的因素。因而有着最丰富水资源的俄罗斯将拥有很好的机会，在和水相关的产品的市场上也将占据领先位置。如果一个富含水资源的国家，能够找到相应的国际经济的需求回应，那么这不仅可以巩固这个国家在世界上的经济地位，也可以巩固该国在世界上的政治地位。”①

从上面这段话中读者看到了什么？看到了俄罗斯的国家战略将要发生重大的转折；看到了俄罗斯将不再以“自己消费”的态度来对待西伯利亚和远东地区的巨大而丰富的资源；尤其是看到了俄罗斯对这个地区极其丰富的水资源态度的转变，那就是俄罗斯要让这个全世界最丰富的水资源在国际水产品的市场上占据领先地位，要让这些过去白白浪费掉的宝贵资源“能够得到相应的国际经济需求的回应”。这意味着什么？这意味着俄罗斯终于明白，它所拥有宝贵的水资源，是可以变成巨大财富的，是可以为它

① 见俄罗斯联邦驻华大使馆网站。

的西伯利亚和远东地区的发展带来巨大经济利益的。毫无疑问，这已成为中、蒙、俄三国有可能开启“北水南调”合作的一个最新的和最重要的信号，也为过去人们认为完全没有希望的事情提供了重要的转机和可以进行研究和探讨的重要前提条件。

综上所述，中、蒙、俄开展水资源的次区域国际经济合作，实现“北水南调”的宏伟目标，其可能性现在已经是存在的了，目前关键的问题是不能看到眼前的一些困难和问题就放弃一个宏大和合理的战略构想。

没有伟大的理想，就没有伟大的行动；没有长远的构想，就没有长远的战略。“大胆设想，小心求证”，关键还是首先要有“大胆设想”。毛泽东主席1952年就提出了“南方水多，北方水少，如有可能，借点水来也是可以的”宏伟战略设想，如果按照当时中国的条件来看，这种设想可以说是一个根本没有任何可能实现的“空想”。但是如果没有毛泽东主席提出的“南水北调”的宏伟设想，就没有中国有关部门和广大科技工作者持续进行长达半个世纪的有关“南水北调”的大量野外勘查和测量；而没有对“南水北调”工程长期、深入、细致、全面、系统的调查研究和科学论证，也不可能在今天条件具备时就一下子提出50多种“南水北调”的方案，并在这50多种方案的基础上，形成了现在的东线、中线和西线调水的实施战略。

所以“凡事预则立，不预则废”。今天，我们难道不可以像毛泽东主席一样提出这样一种宏伟的战略构想吗——“中国的北方和蒙古国的南方水少，蒙古国的北方和俄罗斯西伯利亚水多，如有可能，借点水来也是可以的”。

“世上无难事，只怕有心人”，做任何事情都有困难，关键在于事在人为。只要方向和目标是正确的，而且确定了，那就要向这个目标和方向去做最大的努力，要锲而不舍。更何况，虽然过去有人提出过开发利用贝加尔湖“北水南调”这种构想，但都只是说说而已，主要停留在民间和媒体议论的层面（现有资料表明，极少有专家学者就这个问题开展研究并提出有价值的理论观点），并没有上升到次区域国际经济合作这样一种高度，并没有按照次区域国际经济合作的原则，由相关的国家和地区政府进行有关的磋商、谈判，听取各方利益诉求，研究和制订能够满足各方利益要求的方案，制订切实可行的政策和措施，并开展统一协调的行动。这无疑是这个具有重大意义的项目至今没有得到进展的重要原因。

当然，正如国与国之间开展的双边经贸合作或建立自贸区谈判一样，任何一种次区域国际经济合作，都是不同国家、不同地区之间的国际合作，因而肯定不会是轻而易举的事情。每个国家和地区都有自己的特殊情况和困难，都有自己的利益考虑和利益诉求，都有自己的顾忌和担忧。要使这些问题都得到基本的解决，达到共同合作的意愿和共识，必须要做长期艰苦的协商、谈判和不懈的努力。同时，在合作措施上必须要让相关国家和地区都能得到好处，要在利益上达到共赢，这样才能落实求大同存小异、共同合作、共同获益的次区域经济合作原则。

正因如此，构建“北亚经济圈”将为中、蒙、俄开展水资源的次区域国际经济合作搭建一个战略合作平台。在这个战略平台上，中、蒙、俄如能够和顺畅地开展水资源的合作，最终实现“北水南调”的目标，那不仅对于中、蒙、俄三国，而且对于整个北亚地区乃至世界经济的发展，都会具有重大的意义。

5. 构建北亚经济圈对中国发展低碳经济具有重要的战略意义

中、蒙、俄还有一个十分重要的合作领域，那就是在清洁能源，特别是在风能和太阳能方面的开发合作有着极大的潜力。

目前，发展清洁能源的意义已经超出了能源产业的范畴，成为改善整个地球和人类生存环境的大问题。几百年来，由于人类过多使用化石能源，特别是20世纪后半期工业化在全球更多国家迅猛发展，导致二氧化碳排放过多，使地球的温室效应大大增加。目前北冰洋及许多大冰川的融化以及遍布世界频发的极端恶劣气候灾难，已经开始显现出这种温室效应对地球生态和人类生存环境所造成的破坏及其未来具有毁灭性灾难的前景。在这种情况下，发展低碳经济，发展化石能源之外的清洁能源（水能、核能、风能、太阳能、生物能源等）就成为整个人类21世纪重要的发展方向。

目前发展以低能耗、低排放、低污染，排放最少的温室气体，同时获得整个社会最大的产出为基础的低碳经济，已成为整个国际社会致力推动的经济发展模式和应对全球气候变化的重要战略选择。因此，哪个国家在低碳经济道路上发展得好发展得快，哪个国家就会站在新世纪产业创新的制高点上。显然，这样一种历史性的新的产业发展方向，为中、俄、蒙共同发展低碳经济和清洁能源产业，提供了一个极为重要的研发、生产和交易的巨大空间。

前文已经讲到，联合国环境规划署公布的新的风能分布图中，蒙古国是风能潜力最大的国家之一，它将近40%的陆地适合风力发电。另一方面，蒙古国干燥少雨，特别是南部地区日照很长，因而也是一个太阳能潜力非常大的国家。而且2005年蒙古国已经明确提出支持风力、太阳能发电站的发展，并力争到2020年，全国电力供应的1/4到1/5将由风力、太阳能发电站来完成。

另一方面，俄罗斯西伯利亚地区在这一方面也同样拥有巨大的发展潜力：一是这个地区内极为丰富的植被资源可为生物燃料提供了充足的原材料；二是远东地区的活动性构造带是发展地热的沃土；三是西伯利亚外贝加尔、雅库特地区充沛的光照为太阳能的发展带来契机；四是西伯利亚沿海地区非常适合风能发电。

中国的内蒙古自治区也是如此。内蒙古是中国风能最丰富的地区。在全区118万平方公里的土地上，有46万平方公里属风能丰富区，其中10米高度可开发利用的风能资源占全国风能资源的40%，居全国首位；此外，内蒙古的太阳能资源也异常丰富，全区总辐射量和全年日照时数仅次于西藏，居全国第二位；内蒙古生物质能源资源主要是农作物秸秆、林木和沙产业加工剩余物、能源植物等，且在不与粮食争地的原则下，有大量宜林宜农荒地和宜发展沙产业荒漠地区，适宜种植和生长能源作物，根据中国国家林业局和农业部的初步研究结论，内蒙古是开发生物能源潜力最大的省区之一。

综上所述，北亚地区在可再生能源方面具有极其丰富的资源潜力，因而在开发利用清洁能源和发展低碳经济方面，有着极其广阔的合作前景。这对于进入低碳经济时代后，面临减排压力越来越大和化石资源越来越少的中国来说，无疑又是一个极为重要、不可或缺的战略选择。构建北亚经济圈，无疑又为中国的这一战略目标发展搭建了一个重要的平台。

6. 构建北亚经济圈对中国的生态保护战略具有特殊重要的意义

众所周知，土地荒漠化是中国北方地区环境生态的最大问题之一。中国北方地区，特别是华北和西北地区，最为严重的环境生态问题是土地的荒漠化。有专家统计，20 世纪五六十年代，中国沙化土地每年扩展 150 平方公里，沙尘暴发生 5 至 8 次；进入 90 年代后，沙化土地每年扩展 2460 平方公里，沙尘暴发生 20 次之多。目前，中国流失的土壤每年超过 50 亿吨，相当于中国耕地削去了一厘米的肥土层，即中国每年因沙漠化损失的土地面积相当于一个中等县。中国每年因风沙造成的直接经济损失高达 540 亿元，大半个中国受到风沙危害。目前全中国农村贫困人口的 1/4 生活在沙化地区，全中国有 5 万多个村庄经常受到风沙危害，成千上万的农牧民流离失所，成为“生态难民”，这也加剧了中国西部的贫困，扩大了中国东西部的发展差距。

而且，现在由于中国北方荒漠化引起的沙尘暴，不仅日益严重威胁到中国的首都北京和整个华北地区，而且开始向华东地区蔓延，甚至影响到日本和韩国，已经日益成为整个北亚和东北亚生态环境的一个大威胁。

其中，内蒙古地区是全国荒漠化最为严重的省区之一。全国沙漠化土地为 2.62 亿公顷，内蒙古占了 1/3，目前内蒙古全区荒漠化土地已占 59%，并且仍以每年 80 万公顷的速度推进。内蒙古境内有五大沙漠和五大沙地，中部的浑善达克和科尔沁沙地，距北京直线距离仅 180 公里。另一方面，黄河中上游地区的 29 个旗县，水土流失严重，每年向黄河输入 1.8 亿吨泥沙，造成下游河床淤积，加剧了黄河的断流。若情况继续恶化下去，内蒙古这道历史上“风吹草低见牛羊”的生态屏障，将演变成威胁中国北方乃至东亚的最大荒漠。

尽管有不少专家指责，说是人类不合理的经济活动（例如林木过度砍伐、耕地过度开发、草场过度放牧等）破坏了中国北方地区的地表覆盖，助长或促进了沙尘暴的发生。但毕竟说到底，还是由于这个地区历史上就存在着严重的缺水问题，才是其土地荒漠化和沙尘暴发生的根本原因。换言之，由于这个地区历史上就长期严重缺水，所以土地荒漠化和沙尘暴其实古已有之。当然，近年来人类大量不合理的经济活动，又使这个地区的地表覆盖进一步遭到破坏；同时中国迅猛发展的工业化和城市化所需大量新增用水，使这个地区的自然水源日益枯竭，这才造成了这个地区原有恶劣的生态环境更加急剧恶化，致使荒漠化不断扩大和沙尘暴的不断严重。

现在国内很多文章都提到如何治理荒漠化问题，但是却很少有人注意到，引起中国北方地区荒漠化和沙尘暴日益严重还有另外一个重要的因素，那就是相邻的蒙古国南部同样由于缺水而日益荒漠化。

目前，蒙古国（主要是缺水的南部地区）草原退化及土地沙化现象十分严重。近40年来，蒙古国42.5%的国土已经不同程度地荒漠化，700多个湖泊干涸。尤其是最近5年来土地沙化速度显著加大，草原戈壁化的现象非常严重，一些在2000年牧草生长比较良好（沙石未裸露）的地区，到了2004年已经完全退化为戈壁，植被盖度达到5%以下。因此，蒙古国的干旱和荒漠化，从蒙古国高原刮过来的沙尘暴及其导致的荒漠化的蔓延，同样是导致中国西北、华北和整个东北亚生态环境严重恶化的重要因素。有专家指出，中国的沙尘暴只有44%是来自内蒙古，而56%是来自蒙古国。还有媒体发表文章，形象地指出“从空中俯瞰中国二连浩特以北、蒙古国乌兰巴托以南的一段戈壁荒漠，连绵不断的沙土自西北流动而来，越过左侧的铁路线直逼东南方向的山脊”。

以上事实说明，如果蒙古国南部的土地荒漠化和沙尘暴问题不能得到解决，那么即使中国这边做再大的努力，漫天的黄沙还是会随着从蒙古国高原刮过来的西北大风席卷而至。因此，治理土地荒漠化和开展环境生态保护的合作，无疑是这个中蒙两国开展次区域合作的最重要内容之一。

综上所述，“北亚经济圈”也将成为中蒙合作共同进行环境保护和环境治理，彻底消灭这个地区荒漠化严重威胁的重要平台。而且正如前面所提到这个地区水资源的开发、利用与合作一样，这个地区在环境生态保护方面的有效合作，所产生的意义和影响也必将远远超出中蒙两国，对整个北亚地区，其影响同样也是重大而深远的。

7. 构建北亚经济圈对中国发展新欧亚经济大通道具有重要战略意义

众所周知，古今中外，无论任何一个国家的发展，无不与它的交通运输是否通畅、交通运输网是否健全发达有着直接的关系。现代经济理论中所讲的“通道经济”，就是指只有把“通道”建立起来，经济才能发展起来。民间中流传的所谓“路通财通”，就是对这一深刻经济规律的最通俗和最直白的表达。

而自从世界进入工业经济时代后，海洋就成为世界贸易的主要运输通道。世界各国经济最发达的地区，往往都是以海港为中心形成的进出口贸易发展最快和最兴旺的地区。至于哪些内陆地区能够发展繁荣起来，往往也要看其与这些临海港口城市或地区之间，有无发达铁路和公路运输网络的紧密联系。

中国是一个只有东面和东南面临海的以内陆为主的国家，所以中国自改革开放进入现代化、工业化和城市化阶段后，其发展也是遵循了先从东部沿海地区发展，再向中西部内陆地区逐步推进的梯度式发展规律。而在改革开放前期发展比较落后的中国广大中西部内陆地区，之所以在 20 世纪 90 年代末期以及 21 世纪第一个十年得到快速的发展，很重要的一点就是中国实施西部大开发战略后，大大地改善了中西部地区的基础设施建设，在中西部地区与东部沿海地区之间建立起越来越发达、越来越稠密、越来越畅顺的铁路和公路交通网络。

然而随着中国经济和世界经济的不断推进，目前这种状况已经远远不适应中国进一步发展的需要了。一方面是中国广袤的中西部地区仅靠与东部沿海地区的联系已经远远不够了，必须为其找到向西、向北、向南的新的出海口，从而为中国的内陆地区打造出更多的出海口和四通八达的运输大通道。另一方面是因为中国的中西部地区，尤其是其西北与西南地区，现有的铁路、公路和航空运输网络，不仅与东部发达地区相比，甚至与中部地区相比都落后很多。

且不说甘肃、宁夏、青海、新疆、西藏，即使是目前在边疆少数民族地区发展最快最好，甚至人均 GDP 已经位于全国前 10 的内蒙古自治区，其交通基础设施（尤其是铁路、航空）与全国平均水平相比都处于相当落后的状态。这种状况已大大影响了这些地区的发展水平和发展速度，很不利于迅速改变这些地区长期贫困落后的面貌，也造成了这些地区的中心城市地带与周边边远地区发展十分不均衡的格局。

例如内蒙古自治区，由于交通基础设施的落后，使位于其中心位置的呼包鄂地区（即内蒙的“金三角”地区）与其他地区的发展水平和发展速度拉开了越来越大的差距。整个内蒙古自治区之所以经济增长速度连续 9 年保持全国“冠军”，人均 GDP 达到国内很先进的水平，主要都是由呼包鄂地区“拉动”起来的，而内蒙古其他相当广大的地区，经济发展则由于交通不便仍处于相当落后的水平。呼包鄂地区之所以能够得到那样快速的发展，很重要的原因之一，就是其与华北及京津沿海地区之间铁路、公路及航空运输都比较发达。这其实正是中国这个在总量排名上成为世界第二大经济体，但人均 GDP 在世界排名却仍处于 100 位之后，仍然是相对贫困的发展中国家的一个鲜明的写照。

换言之，中国要根本改变这种人均发展水平严重落后的局面，必须做两个方面的努力：一方面是要使广大农村发展起来，使广大农民富裕起来；另一方面就是要彻底改变中国各地区发展不均衡的状况，使广大中西部地区尤其是西部地区发展起来，使这里的人民富裕起来。而彻底改善中国中西部地区尤其是西部地区的交通运输设施的能力和水平，显然是这些地区能够尽快脱贫，尽快发展起来的最重要的措施之一。

由此可见，中国要实现 21 世纪的发展目标，就一定要把为中国广大内陆地区找到更多的出海通道，为广大内陆地区构建四通八达的交通运输大通道，并以此来带动全国的交通运输基础设施得到空前发展，作为自己 21 世纪最重要的战略选择之一。

当然，对于中国这个以内陆为主但又位于欧亚大陆相互连接关键位置的国家来说，其要打造除东部以外更多的出海口以及四通八达的经济通道的目标，是完全可以实现的。其中根本措施之一，就是建立更多的“欧亚大陆桥”。

所谓“大陆桥”，就是指能够把大陆两侧的海上运输线连接起来的铁路运输大通道。它的主要功能是便于开展海陆联运，缩短运输里程，为本国与其他国家的投资与贸易创造更加便利的条件。而“欧亚大陆桥”，则是指能够把欧亚大陆两侧的海上运输线连接起来的铁路运输大通道。

在20世纪90年代之前，世界上实际只有一条欧亚大陆桥，那就是从俄罗斯东部的海参崴（符拉迪沃斯托克）为起点，通向欧洲各国最后到荷兰鹿特丹港的西伯利亚铁路大动脉。

中国自从改革开放后，建立欧亚大陆桥就开始成为国人越来越关注和越来越重视的战略选择。正是在这种情况下，20世纪90年代后，在中国建成了世界上第二条欧亚大陆桥。那就是1992年12月开始正式起用的从中国黄海之滨的连云港，向西经陇海、兰新线和北疆铁路，从中国边境的阿拉山口进入哈萨克斯坦，进而与西伯利亚大铁路接轨，经俄罗斯通往欧洲各国，最后到达荷兰鹿特丹港的铁路大动脉。这条新欧亚大陆桥跨越欧亚两大洲，横贯两大洲中部地带，连接太平洋和大西洋，全长约10800公里。东端通过中国的海路及陆路直接与东亚及东南亚诸国相连，西端则通过中俄两国与中亚、西亚、东欧和西欧30多个国家相连。这条新欧亚大陆桥的贯通不仅对中国的经济而且对亚洲和世界经济的发展，都产生了重要的影响。

事实上，20世纪在中国讨论的欧亚大陆桥方案中，除上述已经开通的“连云港”方案外，还有另外三个方案。一是“大连方案”，又称“连满欧亚联运大通道”：即以大连为出发港，将运往俄罗斯和西北欧的货物，经哈（尔滨）大（连）铁路、滨（哈尔滨）洲（满洲里）铁路，由满洲里出境，沿西伯利亚大铁路，经俄罗斯的莫斯科到俄边境城市布列斯特分流，再经波兰的华沙、德国的柏林，到荷兰的鹿特丹港。二是“绥芬河方案”，又称“绥满欧亚联运大通道”：将货物首先海运到俄罗斯的纳霍德卡港或海参崴港，再经铁路至黑龙江的绥芬河，然后到俄国的札拜卡力斯克——塔尔斯克铁路与西伯利亚大铁路连接，到布列斯特分流，直至西抵鹿特丹港。三是“天津方案”，可称“津蒙欧亚联运大通道”：货运集装箱从天津新港上岸，经天津、北京、山西的大同、内蒙古的二连浩特入蒙古国，经乌兰巴托北入俄境与西伯利亚大铁路接轨，到布列斯特分流，西抵鹿特丹港。

上述这三个方案，目前已经或正在成为现实。例如2008年6月，随着天津港—满洲里过境集装箱班列在天津港箱货公司起运，标志着中国又一条欧亚大陆桥开通。天津港欧亚大陆桥的走向主要有三条，一是经二连浩特出境，二是经阿拉善山口出境，三是经满洲里出境，分别通向欧洲各港口，最远可直达鹿特丹港。根据规划，天津港欧亚大陆桥总体发展目标为到2020年将成为横跨欧亚两大洲，连接40多个国家的洲际国际贸易通道，成为连接陆桥沿线地区经济发展的纽带和推进陆桥沿线区域经济合作的桥梁。

现在中国国内有更多的欧亚大陆桥方案在酝酿和蓄势待发之中。例如，四川已经提出通过成渝铁路枢纽连接欧亚大陆桥和泛亚铁路，构建“泛欧亚大陆桥”的战略构想。在这个战略构想中，不仅要通过成都向北连接贯穿中国东西的第二条欧亚大陆桥，而且向南要使成都成为泛亚铁路的起点，从而一方面连接缅甸的印度洋港口，建成中国内陆及欧亚诸国通往外印度洋的目前唯一的铁路大动脉；另一方面连接北部湾各出海口，建成中国内陆及欧洲、北亚、中亚诸国与东南亚和东亚国家相连接的新的铁路大动脉。

最近，甚至连广东的湛江也提出，要利用坐落于雷州半岛的独特地理优势，使其成为中国大陆通往南亚、非洲、欧洲、大洋洲和中东航程最短的对外贸易口岸，成为欧亚大陆对接东盟各国的最佳港口，成为另外一条欧亚大陆桥的东方桥头堡。

但是我们在这里看到了一个巨大的“盲点”。那就是位于中国最北端与蒙古国及俄罗斯联邦陆路全面连接，拥有中国内陆地区与蒙古国和俄罗斯相连接的中枢战略位置的内蒙古自治区，竟然在这个方面“毫无动静”。

如果站在向北开放的角度来看，内蒙古中部最发达的呼包鄂地区，恰恰拥有与中国的华北发达地区及华中、西北等内陆地区相连接的最重要的战略核心位置，是构建中国中西部内陆地区通过蒙古国与俄罗斯连接欧洲各国的新欧亚大陆桥的最佳选择目标。处在这样好的战略位置上，如果不能提出构建新的欧亚大陆桥战略，则不但对内蒙古自治区来说是失去了一个重要的战略发展机会，而且对于中国内地尤其是中西部发展来说，也是一个重大的战略缺失。其原因在于：一是中国现有的欧亚大陆桥几乎都不经过内蒙古的中部核心地区及其西部地区，即使是从位于内蒙古东部的满洲里和二连浩特出境的欧亚大陆桥铁路干线，对于内蒙古中西部地区经济来说，都并不具有直接的经济带动意义，更遑论与内蒙古中西部地区相连的其他一些内陆省区了。二是如果与现在已经提出要构建新欧亚大陆桥的成都或湛江相比，内蒙古所处的位置不知要优越多少倍，内蒙古完全没有理由不利用自己绝佳的地缘优势来提出构建新的欧亚大陆桥的方案。

更重要的是，由中国内蒙古自治区、蒙古国和俄罗斯西伯利亚联邦管区所构成的北亚地区，是目前世界上仅见的各种资源最富集、开发潜力最巨大且又远未得到开发的地区之一；而且从地缘上来说，这个地区又完全是内陆地区。因此从某种意义上说，能否在这个地区构建发达顺畅的铁路运输网络，是这个地区的资源能否得到充分开发和经济能否得到发展的关键，也就是说铁路运输是这个地区生命线。其根本原因就在于，这个地区需要运输的货物主要是煤炭、石油、矿产资源、林木资源等大宗货物，除了需要以管道方式运输的石油和天然气外，其他资源只有依靠铁路运输方式才能最经济、最实惠和最有效率。而除铁路外的任何运输方式（公路、航空、内河航运等），可以说都只能起辅助和配合作用。这显然就成为以内蒙古自治区的中心地带——呼包鄂地区为起点，向南连接华北、京津等沿海省份，向北连接蒙古国中部地区和俄罗斯西伯利亚联邦管区，并与俄罗斯西伯利亚大铁路相连接，全面向北构建新的欧亚大陆桥的最充分的理由。

而且，只有构建这样一条新的欧亚大陆桥，并通过这样的铁路大动脉带动这个地区的铁路沿线和铁路周边地区建立起铁路支线和公路支线的网络，从而使这个地区的交通运输等基础设施得到根本的改善，才能为21世纪中国通过构建北亚经济圈要达到的能源资源的合作开发利用、水资源的合作开发利用、清洁能源的合作开发利用、生态环保和治沙的合作等战略目标，创造出真正得以实现的基本前提和有利条件。

还有一点也非常重要，那就是如果真能实现构建这样一条向北全面开放的新的欧亚大陆桥，那么由于内蒙古自治区所处的战略中心位置，将使其对目前经济发展和交通运输都比较落后的宁夏、甘肃、青海等西部省份，都会起到直接的经济带动作用，从而对中国的西部大开发，也会做出独特和重要的贡献。

综上所述，构建“北亚经济圈”也将为以内蒙古呼包鄂地区作为战略枢纽中心，构建新的欧亚大陆桥，搭建一个最重要的平台。

8. 构建北亚经济圈对中国应对“北冰洋通航”时代具有重要战略意义

对于中国来说，构建“北亚经济圈”还有一个目前人们还很少关注到的一个重要战略意义，那就是在北冰洋成为世界又一新的海洋大通道后，使中国能够占据一个有利的战略地位。

近年来出现的全球暖化令北冰洋的冰山以破纪录的速度融化。欧洲航天局自 1978 年开始用卫星监测北冰洋航道，发现冰封范围近年不断缩减。到了 2007 年 8 月底，过去约为 400 万平方公里冰封面积，只余 300 万平方公里。除沿西伯利亚的东北通道仍有部分航道被冰山阻路，西北通道基本上可全面通航。科学家原先估计，西北航道的冰山大约在 2040 至 2080 年完全融化，但冰山融化速度远较预计为快，这是人类历史有纪录以来首次出现的情况。综合数据显示，从现在起 25 至 30 年内，北冰洋的海冰将在夏天消失。更有西方媒体估计，由于北冰洋冰层融化速度超过预计，未来 10 年内北冰洋可能出现通航大道。

北冰洋航道的全面开通，将成为改变现有世界贸易格局的大事。因为一旦北冰洋航道全面贯通，将使北亚、欧洲和美洲之间的航线缩短 6000 至 8000 公里，欧、美和北亚地区运输的船只，今后将无须再绕道苏伊士运河或巴拿马运河，可以直接通过白令海峡以更短的时间抵达对方的重要港口。

正是这样一种重要的经济前景，引发了多国争夺北极主权的“大戏”。

目前丹麦已发起了一项针对北冰洋的远程科学考察活动。考察完成后，丹麦将正式向联合国提出对北极拥有主权的申请。而早在 20 世纪 50 年代后期，加拿大就首先宣布对北极地区拥有主权。俄罗斯也曾经声称，包括北极在内的半个北冰洋都是西伯利亚的地理延展，这里的资源应该属于他们。而早在 1946 年，美国便在极地进行考察，并在从阿拉斯加到冰岛的漫长北极线建起了弹道导弹预警系统。

尽管中国的地理位置远离北冰洋地区，但是如果北冰洋能够成为重要的国际航道，那么对于中国北方运往欧洲和北美的货物来说，无疑是增加了新的重要的快捷而便利的运输渠道。在这一点上，它所具有的意义绝不亚于前面所提到的欧亚大陆桥。

毫无疑问，一旦北冰洋能够成为重要的国际航道，那么俄罗斯一定会利用它在西伯利亚中部地区（即西伯利亚联邦管区）十分有利的地理位置开辟新的重要港口，以及在西伯利亚大铁路基础上建设通往北冰洋新港口的铁路运输干线网络。而中国如果能够通过构建北亚经济圈，使中国的中西部地区与俄罗斯西伯利亚联邦管区连接起来，并形成以新欧亚大陆桥为基础的直通北冰洋出海港口的新铁路大动脉，那么中国就在未来北冰洋大航道上占据了一个十分有利的战略地位。

这件事尽管现在看来好似还很遥远，甚至有些人会认为这是天方夜谭。但如果放眼未来的 10 年、20 年，甚至更长时间，人们肯定会发现，这是一件非常重要的战略构想。“人无远虑，必有近忧”，“凡事预则立，不预则废”。因此我们一定要未雨绸缪，从现在就要动起来。更何况，前面提到现在许多国家已经开始对此下手，尽力争取在这个即将出现的国际大航道中占据最有利的战略地位，我们这个 21 世纪最重要的新兴大国，怎么能够对此漠然视之，毫无行动呢！如果我们等到北冰洋航道开通了，各相关国家都已经占据了有利的战略地位，再来考虑这个问题，恐怕就会大大地贻误战机。

为此，笔者认为，构建“北亚经济圈”，也将在这个方面，为实现国家更长远的战略目标，搭建一个最重要的平台。

第二节　构建北亚经济圈是俄罗斯发展的战略需要

1. 战略东移是国际新格局下俄罗斯国家利益的必然选择

众所周知，前苏联解体后的俄罗斯曾一度全面“西倾”，面对欧美向西开放，企图通过与欧美国家的示好甚至结盟而达到发展国家的目的。事实上，就连启动前苏联社会经济体制改革的戈尔巴乔夫的“新思维”，其实质也是企图用全盘西化的民主价值观和自由市场经济来彻底取代苏联原有僵化的意识形态和积弊重重的计划经济体制，其结果是导致曾经盛极一时的“超级大国”前苏联分崩离析。

前苏联解体后的俄罗斯，在叶利钦时代“全面西化”达到了顶峰。然而，这种全面“西倾”企图“融入”欧洲的政策，不但没能给俄罗斯带来实惠，相反导致了西方国家对俄罗斯这个昔日“超级大国”的欺凌和蔑视。一方面不断扩大欧盟和北约的范围，蚕食前苏联原来在东欧“兄弟国家”中的势力范围，使其对俄罗斯的“战略包围圈”不断逼近俄罗斯的本土；另一方面通过“颜色革命”等各种手段，煽动加剧俄罗斯原有邻国及其现有联邦内部主体之间的矛盾和对立，以达到进一步瓦解俄罗斯实力的目的，使其不但从经济上沦为二等国家，而且从军事实力和政治实力上也沦为二等国家，从而彻底解除西方国家对俄罗斯仍然具有的世界一流军备和政治实力所怀有的恐惧和疑虑。

这一切都使俄罗斯的民族自尊心受到了极大的伤害，同时也使俄罗斯的领导人和国民认识到，这种企图依靠西方国家来实现自身发展的战略，绝对不是可供俄罗斯选择的“强国之路”。因而，到了普京时代，俄罗斯开始逐步修正其全面“西倾”的国策。尤其是近年来，随着其经济的不断恢复和国力的不断增强，俄罗斯对美国和欧洲的姿态越来越强硬，对峙越来越明显，矛盾也越来越公开化。越来越多的俄罗斯人逐渐认识到，必须消除对西方国家的依赖心理，重新寻找适合本国发展的新战略。这正是俄罗斯近年来发展战略东移的一个深刻的内在动因。而与中国这个俄罗斯最大的也是近年来发展最快的邻国进行紧密合作，显然就成为俄罗斯国家发展战略东移的首选目标。

俄罗斯发展战略东移的另外一个深层次的动因是，冷战结束之后，随着前苏联的解体，美国在世界的地位和影响一度急剧膨胀，不仅成为世界上唯一的超级大国，而且利用其政治、经济和军事霸权，全方位地插手国际事务，到处干涉别国内政，从而使世界格局陷入严重失衡和不稳定状态。在这种世界格局下，作为美国昔日老对手的俄罗斯必须找到制衡美国霸权、反对美国单方面主导和控制世界的新的战略平衡点。这个新的战略平衡点主要就是选择同样反对美国霸权、同样反对美国单方面主导和控制世界、而且不断强大并已在经济实力上开始可与美国相制衡的中国，来作为自己最重要的战略合作伙伴。

毫无疑问，俄罗斯与中国在新的基础上重新建立战略伙伴关系，不仅是它与美国以及西方国家相抗衡并保障其“后方”稳定的手段之一，而且中国的快速发展和日益强大，无论是在优化俄罗斯的地缘政治环境方面，还是在重构全球政治军事格局方面，都对俄罗斯有着无可替代的重要战略意义。

此外，导致俄罗斯战略东移以保障其国家利益的还有一个深刻的动因。那就是冷战结束后，由于美国采取了控制国际石油战略资源的霸权行径，大大激化了西方国家与伊斯兰世界的矛盾。特别是“9·11”恐怖袭击以及美国发动伊拉克战争后，国际恐怖主义活动达到了前所未有的猖獗。与此相应的是，国际有组织的犯罪和毒品及武器走私泛滥，民族分裂主义和宗教极端主义势力抬头以及国际公海上的海盗横行，构成了以非传统性安全威胁为特点的国际新格局。这类非传统性安全威胁与传统性军事威胁有着明显不同，它的最大特点是其发动军事袭击和恐怖活动的方式、场所和时间都非常不确定，而且往往是以平民为攻击的主要目标，因而严重威胁着国际和平与安全，对全球及地区的稳定产生了极大的恶劣影响，成为今天乃至今后很长一段时期内新的全球公害。

今天，中俄两国同样都面临着这种非传统性的安全威胁。不仅中国西部边疆地区面临着来自“东突”、“疆独”和“藏独”分裂主义势力、宗教极端势力和国际暴力恐怖势力的威胁，而且俄罗斯东部靠近中亚包括车臣在内的不少边疆地区，也同样面临着这样“三股势力”的威胁。这些都对两国边疆地区的民族团结、社会稳定和地区发展造成了极大危害。多年来国际反恐斗争的经验已经充分证明，对于这类跨地区、跨国界和境内外相勾结的威胁，必须依靠相关国家间的有效合作，才能维护周边地区的安全与稳定。因此，中俄两国在打击民族分裂势力和国际恐怖活动方面也形成了重要的战略合作伙伴，这也是导致俄罗斯把关注自己国家利益的重心不断从欧洲向亚洲部分转移，不断地从原来曾经幻想依赖过的西方国家向中国转移的重要原因之一。

由此可见，俄罗斯与中国全面合作，将是其在世界新格局下，保障自己国家利益的最佳的选择。

2. 俄罗斯需要与中国全面合作以便尽快实现经济转型

前苏联解体后，由于其采取“休克疗法”式激进的私有化措施以及“全面西化”的经济政策，从而导致其原有的经济体系受到沉重打击，大批工厂倒闭，工人失业、物价飞涨、经济萎缩、各种产品严重匮乏，经济陷入长期低迷之中，某些领域的生产水平和生产能力甚至倒退到十月革命前的沙俄时期。

普京上台后，采取了重建国家经济体系的强有力的措施以及以能源产品出口为导向的发展模式，从而使俄罗斯的经济得到了很大的恢复。尤其是新世纪后国际能源价格不断飚升，使能源产品出口成为保障俄罗斯经济增长的主要动力，能源产品出口对俄罗斯经济的贡献率在50%以上。在普京任总统的八年里，俄罗斯能源出口创汇达近1万亿美元。除出口收入外，2000—2007年，俄罗斯还从石油天然气公司和相关企业征收各种税费达7000亿—7300亿美元。正是由于取得了这样瞩目的经济增长，近年来人们已将俄罗斯与中国、印度和巴西一道，列为新世纪最具发展潜力的“金砖四国”。

但是这种依靠能源产品出口来达到经济增长的发展模式显然是脆弱和不可持续的。在原料出口型的经济结构下，俄罗斯经济长期与国际能源市场密切挂钩，国际原油价格更是成为俄罗斯经济的命脉。尽管近年来俄罗斯政府和领导人也已经意识到这个问题，并且一直在努力改变经济发展模式，但至今俄经济原材料化趋势并没有发生明显变化。在2007年出口总额中，85%是能源等原材料的出口，机械设备出口所占比重仅为5.6%。目前，俄罗斯不但经济效率很低，劳动生产率远远落后于其他国家，比欧洲和美国落后约30倍，而且经济增长质量不高，严重缺乏国际竞争力。

俄罗斯经济结构的这种脆弱性在此次爆发的全球金融危机中暴露无遗。由于随着金融危机不断扩散，国际市场石油需求锐减，国际能源、原材料价格暴跌，俄罗斯最大的经济优势一夜之间成为其最大的劣势。2009年俄罗斯GDP严重萎缩达7.9%，上半年进出口额更是大幅下滑40%以上，其外债总额已经超过外汇储备，整个经济陷入到严重的衰退之中，而俄罗斯主要的能源和矿产资源产区西伯利亚在这次金融危机中更成为重灾区。俄国内专家们无不担心，严重依赖能源出口的俄罗斯经济经受不住油价的继续下跌。据专家测算，每桶石油价格下跌1美元，俄罗斯财政收入就缩水20亿美元。

全球金融危机对俄罗斯经济的重创，加快了其调整产业结构的决心。俄罗斯总统梅德韦杰夫强调指出，全球金融危机将俄罗斯经济的薄弱性暴露无遗，因此需要重新考虑俄罗斯经济的发展出路。未来的主要任务就是改变这种经济结构，否则，俄罗斯就不会有未来。俄罗斯总理普京也多次强调，要加快优化产业结构，推进经济多元化，要向创新型经济模式转变，创造出更多的新的经济增长点，使经济真正步入健康发展的轨道。而对于能源和矿产资源富集的西伯利亚地区，不能只作为原料开采业中心来发展，还应当成为原料深加工和生产高附加值产品的重要基地。

尽管俄罗斯期望尽快实现经济转型，但在这个方面，俄罗斯是无法指望西方国家与其进行合作的。在前苏联解体后全面“西倾”的一段时期里，这点已经得到了充分的证明。这不仅是由于俄罗斯以能源产品和矿产资源产品出口为导向的模式，对于急需能源和矿产资源产品的西方国家更为有利（近年来西方国家对俄罗斯工业领域的投资，几乎都集中在能源和矿产资源的开采和加工方面。据俄罗斯官方统计，外国对俄能源领域的投资占全部外资的75%，而其余25%的外资主要是投在汽车产业的销售、服务、修理以及服务业的金融和电信方面①）；更重要的是，西方国家对这个昔日的“共产帝国”仍然存有极大的戒心，对其仍然具有的世界一流的政治军事实力顾虑重重。因此对西方国家来说，俄罗斯不再强大，不再能够成为他们的对手，才是他们最大的愿望。有媒体一针见血地指出，从冷战结束直到今天，俄罗斯一直未被西方所接受，反而被西方推行的颜色革命、北约东扩、导弹防御系统等战略举措重重包围和挤压。加上金融危机

① 参阅李武红：《俄罗斯引进外资动态分析》，《西伯利亚研究》，2008年第2期。

和经济危机的影响，俄必然要向东方倾斜。而向东方倾斜的首要目标就是中国。中国将成为俄罗斯经济发展最重要的战略伙伴。

中俄实现全面经济合作的基础是十分牢固的。第一，前苏联与新中国及其执政的中国共产党历史关系攸长，前苏联对新中国初期国民经济体系的建立给予了很大支持。第二，在20世纪很长一段时间里，中国与前苏联同为“社会主义阵营”的“兄弟国家”，因此两国之间并不存在根本意识形态的“敌对”情绪和无法消除的仇恨与疑虑。第三，20世纪80至90年代，两国又分别进行了从计划经济体制向市场经济体制的改革。尽管两国选择的改革方式和道路不同，但是作为世界上两个最大的“转轨”国家，两国有着共同的发展目标和共同的利益追求，那就是转变体制、发展经济、增强综合国力、提高人民生活水平。第四，近年来中俄两国关系进入了历史最好时期，特别是2008年7月22日中俄两国边界议定书的签订，使中俄4300公里的边界得到全线勘定，彻底解决了两国长期遗留的历史问题，进一步消除了推进中俄关系深入发展的历史障碍。第五，中国改革开放的巨大成功以及综合国力的迅速增强，对于俄罗斯经济转型提供了最为重要的有利条件。俄罗斯不仅可以通过与中国的全面合作，充分利用中国充裕的资金、先进的技术、优秀的人才和数额巨大的高素质劳动力来解决自己经济转型中的瓶颈和困境，而且作为同样正在实现“转轨”的大国，还可以直接借鉴中国改革开放的成功经验，为已所用。

尤其是中国在此次世界金融危机中独树一帜，不但成功地战胜了全球金融危机给本国带来的困难和问题，而且脱颖而出，成为世界经济的领头羊，对于世界各国避免陷入深度的危机和萧条，做出了举世公认的重要贡献。俄罗斯与这个已成为世界第一大出口国和即将成为世界第二大经济体且具有长期友好关系的邻国全面合作，无疑对其经济转型和经济发展具有难以估量的巨大意义与作用。有分析人士称，此次全球金融危机为俄政府下决心同中方开展全方位合作起到了助推作用。因为金融危机令俄罗斯靠能源刚刚过上没几天好日子，又开始重温20世纪90年代经济衰退的噩梦。在此背景下，低迷的俄罗斯经济“求钱若渴”，而“不差钱”的中国成为俄罗斯的首选合作对象也就毫不奇怪了。俄罗斯总统梅德韦杰夫就坦言，要改变苏联遗留下来的经济模式，没有大量资金的投入是不可能的。

由此可见，俄罗斯与中国全面合作，将是其尽快实现经济转型，尽快摆脱单纯依靠资源产品出口模式的最佳和必然的选择。

3. 俄罗斯需要尽快改变东部广大地区发展落后的状况

俄罗斯是一个横跨欧亚大陆的国家，其75%的广袤领土都在乌拉尔山以东的西伯利亚地区。如上所述，这个地区的特点是资源极其丰富，但地广人稀，而且经济发展十分不平衡，除少数老工业基地和中心城市经济相对比较发达外，绝大多数地区经济都十分落后，基础设施建设欠账很多，劳动生产率十分低下，民众生活水平也大大低于全俄的平均水平。

俄罗斯联邦委员会主席米洛诺夫在2008年的一次讲话中指出：前苏联解体后所引致的经济衰退“在西伯利亚和远东表现得特别突出。由此产生了一系列尖锐的问题。首先是地区定居问题。西伯利亚和远东广袤的空间占俄罗斯领土的近75%，但这里只居住着俄罗斯总人口的21%，人口密度比俄罗斯欧洲部分少11倍。在财政、领导人才、知识分子资源分布方面的比例也严重失调。西伯利亚联邦管区的贫困水平超过整个俄罗斯的贫困水平。2007年，西伯利亚联邦管区的13个联邦主体的财政收入，按人口计算，低于俄罗斯全国的中等水平。在这一地区实际上没有中产阶级。而且西伯利亚和远东地区的人口流失还在继续”。他还指出：“西伯利亚和远东地区内部联系疲软的发展趋势令人担忧，无论是这两个地区相互之间的联系方面，还是在这两个地区同俄罗斯的欧洲部分的联系方面都存在这个问题。总的来看，促成这一现状的原因是交通系统的不发达和运输费用过高。在价格水平、工资收入和生产的利润水平方面都有着很大的差异”。①

与俄罗斯位于亚洲这部分地区长期经济发展缓慢甚至停滞形成巨大反差的是，包括中、日、韩和东盟国家在内的东亚其他国家和地区，从20世纪50年代起，就陆续走上了经济高速增长的快车道，使得整个东亚在长达半个多世纪的时期里，始终是世界经济增长最快、经济发展最活跃、人民生活水平提高最明显的地区。进入21世纪后，随着中国的快速崛起，这个

① 《俄罗斯联邦委员会主席米洛诺夫在第五届贝加尔经济代表大会全体会议上的讲话》，2008年9月，俄罗斯联邦驻华大使馆网站。

地区的经济发展速度更快更活跃，甚至在某种程度上已经逐渐发挥出开始引领世界经济增长的“火车头”作用。

正是在这样一种形势下，加速了俄罗斯实行发展重心东移的国家新战略，把振兴其东部地区经济上升到国家最重要战略目标的高度，同时把振兴东部地区的希望寄托在将这个地区的经济融入如火如荼繁荣发展的东亚经济中。正如俄罗斯联邦委员会主席米洛诺夫所说：“我们国家最实际的力量源泉，就是我们国家的领土，首先是有着极其丰富的自然资源的西伯利亚和远东。开发这片土地，发展这片土地上人们舒适生活的公益事业，应当成为 10—15 年间我们的主要任务”。

俄罗斯实现振兴东部地区的主要举措，就是要借助地跨欧亚大陆的地缘优势，积极融入东亚地区经济一体化进程，以便能够搭乘东亚经济快车，利用东亚国家的资金、技术、劳动力来解决其东部地区的发展瓶颈。而要做到这一点，毫无疑问首先就要与这个地区发展最快、实力最强、彼此地理位置最佳的邻国——中国开展全面的合作。

2009 年，俄罗斯总理普京访华期间签署了《中国东北地区同俄罗斯远东及东西伯利亚地区合作规划纲要（2009—2018）》，其中包括中俄两国边境地区 205 个主要合作方案。更重要的是，几乎所有方案都与开采俄罗斯远东和东西伯利亚地区的原料有关。这一“以技术换原料”的全面合作方式在俄罗斯引起了不少的争论。有俄罗斯专家提出质疑说：“难道我们真的不能自己发展远东和西伯利亚地区的经济吗”？对此，俄罗斯《机关报》评论说，为了开发俄罗斯远东和西伯利亚地区，需要庞大的投资，光靠俄罗斯自己，是根本无法办到的。《金角报》也认为，发展远东和东西伯利亚地区，只有开发能源和矿产资源这一途径。但问题是，俄罗斯无法自力更生开发远东和西伯利亚资源，因为俄罗斯既无劳动力，也没有钱。在俄罗斯转型经济研究院执行院长普里霍奇科等一些知名专家看来，为了发展西伯利亚和远东地区经济，俄罗斯只有与中国全面合作，否则“别无选择”。①

由此可见，俄罗斯与中国全面合作，将是其尽快解决东部地区发展瓶

① 《中俄原料换技术合作牵动俄罗斯人神经》，河北广电网，2009 年 11 月 2 日。

颈，改变东部地区落后面貌的最佳和必然的选择。

4. 构建“北亚经济圈”将打造中俄区域经济合作新平台

与蒙古国不同，俄罗斯早已从20世纪90年代末期开始加强了与中国的经济合作，特别是区域经济合作。其远东联邦管区与中国东三省以及日、韩等国所进行的构建东北亚经济圈，开展东北亚区域经济合作的努力，已经取得了比较明显的成效。有资料显示，尽管位于亚洲的俄罗斯东部地区从整体上落后于位于欧洲的西部地区，但是在整个俄罗斯东部地区中，位于西伯利亚中部的西伯利亚联邦管区与位于西伯利亚东部的远东联邦管区出现了较大的发展差距。例如2007年，西伯利亚联邦管区工业产值增长仅为4.2%，加工业产值低于全俄3.6个百分点；而远东联邦管区则经济趋势明显向好，地区生产总值增长13%，工业产值增幅达21.3%，其中矿产开采增长36.5%，加工业产值增长6.8%，农业产值增长2.7%，建筑业产值增幅为4.4%。[①]俄远东地区与周边国家的合作也得到了俄罗斯领导人的肯定。俄罗斯联邦委员会主席米洛诺夫指出，远东地区经济的资金周转有18%基本上是在与邻近的亚太国家进行对外贸易的过程中实现的，只有4%是通过和其他俄罗斯地区的易货贸易来实现资金周转。也就是说，俄罗斯远东地区和亚太地区国家的经济联系比同俄罗斯西部地区的经济联系强4.5倍。[②]

由此说明了两个问题。第一，俄罗斯与中国等东亚国家开展区域经济合作，对于改变俄罗斯东部地区的落后面貌具有十分重要的意义，远东联邦管区的经济出现明显增长就是突出的范例。第二，由于俄罗斯东部地区十分广袤，因此仅仅靠东北亚区域经济合作不可能全面覆盖整个俄罗斯东部地区，位于西伯利亚中部的西伯利亚联邦管区的经济增长明显落后于远东联邦管区，就是另外一个突出的范例。不仅如此，正如前面所引用的俄罗斯领导人米洛诺夫讲话中所指出的那样，西伯利亚联邦管区的贫困水平

① 参阅牛燕平：《俄罗斯经济形势分析与预测》，《西伯利亚研究》，2008年第2期。

② “俄罗斯联邦委员会主席米洛诺夫在第五届贝加尔经济代表大会全体会议上的讲话”，2008年9月，俄罗斯联邦驻华大使馆网站。

超过整个俄罗斯的贫困水平。2007 年，西伯利亚联邦管区 13 个主体地区的财政收入，按人口计算，低于俄罗斯全国的中等水平。在这一地区实际上没有中产阶级。

由此说明，位于西伯利亚中部的西伯利亚联邦管区也应该像远东联邦管区一样，与其周边的邻国及相关地区大力开展区域经济合作，从而为解决自己的发展瓶颈以及快速提升经济增长找到一条新的道路。

而本书所提出构建北亚经济圈的战略目标，就是要打造一个主要由俄罗斯西伯利亚联邦管区与中国的内蒙古自治区以及蒙古国之间开展区域经济合作的战略平台，使西伯利亚联邦管区也像远东联邦管区一样将本地区的经济融入如火如荼繁荣发展的东亚地区经济一体化进程，能够搭乘中国这个位居世界前列的经济快车，利用中国以及其他东亚国家的资金、技术、劳动力来解决其本身的发展瓶颈，发展和繁荣本地区的经济。

由此可见，构建“北亚经济圈”将会为中俄进一步全面合作打造一个重要的平台，更为俄罗斯西伯利亚联邦管区的振兴和繁荣搭建一个必不可少的平台。

不仅如此，构建“北亚经济圈”还将推动中、蒙、俄三方之间的合作，从而推动整个北亚地区的繁荣与发展，使北亚地区成为全球经济的一个新亮点。

第三节　构建北亚经济圈是蒙古国发展的战略需要

1. 蒙古国经济严重落后的局面必须尽快改变

前文已经讲到，蒙古国是一个经济十分落后的内陆国家，尽管 2005 年以来随着国际金、铜等价格飚升，给以资源产品出口为导向的蒙古国经济带来了大幅增长，但是联合国一份报告显示，蒙古国至今还有超过 1/3 的人口生活在贫困线以下，因此，毫无疑问，蒙古国仍然是世界上最穷的发展中国家之一。

从历史上看，蒙古国曾长期实行计划经济，长期接受苏联的援助，这种援助最多时曾经占到蒙古国内生产总值的1/3。但随着1991年苏联的解体，其援助也在一夜之间消失，使得几乎从未建立自主经济体系的蒙古国顿时陷入严重的经济衰退。此后，虽然蒙古国政府也采取了向市场经济过渡的改革，但是由于与苏联一样采取了激进的“休克疗法”，极为快速地把国有资产和土地私有化，从而使得这种改革不但没有给国家整体经济带来实惠，反而陷入到新的混乱和严重的两极分化之中。

正如有文章所讲到的：“蒙古国曾长期效仿原苏联实行计划经济体制，1991年开始向市场经济过渡，实行国有资产私有化改革，由于操作过激，通货膨胀率居高不下，失业率曾高达70%。苏联时代的工厂一个个关门，大批失业者涌向城市。1999年到2002年间恶劣的气候变化使损失了牲畜的大批牧民离开草原去乌兰巴托谋生，这种浪潮如今有增无减，使城市贫民的数量不断增加。世界银行2006年的一项研究认为，蒙古国的牧民是最贫困的阶层”。“蒙古国在1990年放弃了一党专政后，实行了自由市场经济政策，原先的95%以上的国有经济实体与企业被普遍私有化，这一政策调整与苏联解体后俄罗斯施行的‘休克疗法’颇为相似，但是由于蒙古国在前共产党统治时期过分依赖于苏联，更由于国民经济的工业化与信息化体系完全不具备，技术人才的匮乏、严酷的自然地理条件和气候状况，使独立后的蒙古国80多年后仍然是一无所有，2007年GDP仅有不到30亿美元，全国有75%以上的人仍然生活在人均生活费不到1美元的贫困线以下，经济落后与表面上的现代化相伴相克。”“蒙古国目前失业率达30%—35%，36%以上的居民生活在贫困线以下。贫困和失业已经成为长期困扰蒙古国经济发展和社会稳定的重大问题”。“36%的蒙古国人每人每天只有不到两美元的生活费。根据联合国人文发展指标，蒙古国在177个国家中名列第114位”。“很多人注意到，在联合国与世界银行的有关蒙古国的各项统计报告中，没有一项提到蒙古国有过成熟和发展完善的产业部门，偌大的一个国家粮食甚至也无法自给，一个最贫穷的国家却有最令人意外之处：超前消费，从不存钱，贪腐现象严重，更有甚者还期待通过开发矿业资源短期内达成发达国家之目标”。“在这个国家，经历了80多年的‘独立自主’，至今没有一家可以自行生产制造拖拉机和卡车的工厂，经历了严重俄化过程的蒙古国人吃的面包也无法自给（制作面包所需的面粉一半以上自俄罗斯进口）。”①

此外，蒙古国经济的支柱产业至今仍为传统畜牧业，近年虽然资源开发产业不断发展，资源产品出口为经济增长带来了新的活力，但是总体来看，蒙古国无论是畜牧业还是资源产品出口产业，都并未从根本上改变其经济结构单一而脆弱的局限性，因而稍有风吹草动就会给蒙古国的经济带来严重的冲击。1996年由于一系列的自然灾害和国际市场上铜和羊绒价格的下降，蒙古国经济发展近乎停滞。1999年8月和9月间，由于俄罗斯短期的禁止石油和石油产品出口，蒙古国经济又被重创。2008年爆发的全球性金融海啸再次对近年来有所好转的蒙古国经济予以沉重打击，进出口萎缩将近一半，失业人数剧增，大量企业破产，通胀高达40%以上，世界银行的报告中就曾经提醒国际社会，蒙古国是最易受金融风暴影响而经济面临崩溃的不多国家之一。

同时，蒙古国的生态与环境保护问题极为突出。不仅冬季漫长、非常寒冷和干旱，不适合除畜牧业以外的大多数农业生产，而且其国家抵御自然灾害的能力也十分孱弱。由于缺乏农业发展中心和海港，蒙古国几乎没有永久的定居点和城市，只是在最近这些年，首都乌兰巴托才成为一个规模较大的城市，整个国家的人口几乎有一半都居住在首都或附近。20世纪90年代中期以来恶劣的气候变化和一系列的自然灾害，给蒙古国的畜牧业造成了沉重的打击，尤其是2010年1月以来所发生的30年罕见的大雪严寒天气，又使蒙古国22个省级行政区域中，有19个省份遭受灾害，部分地区最低温度降至零下40摄氏度以下。据蒙古国紧急情况总局统计，极端恶劣天气已造成全国近200万头牲畜死亡，牧民可能因此会总共损失300万到400万头牲畜，雪灾同时也危及了受灾地区居民的食品供应，加剧了地区贫困。

除上述因素外，蒙古国极端落后的基础设施也是其经济十分贫穷落后

① 参阅美国《华盛顿时报》文章《蒙古经济迅速发展》，新华网，2007年8月30日；《蒙古的未来在何方》，经验口袋网，2009年3月2日。

的主要原因之一。正如前文介绍蒙古国基础设施情况时所讲到的那样，一个独立已经80多年的“社会主义”国家，目前的交通竟然主要还是靠公路；而在公路中，竟然又有将近90%仅为土路。在2010年遭遇的雪灾面前，蒙古国基础设施严重落后的问题暴露无遗。虽然包括饲料在内的各种救灾物资都需紧急运往灾区，但由于公路交通几乎都是土路，被雪覆盖后，运送物资的车队平均每小时只能行进20多公里。

因此，蒙古国社会经济落后的真正的症结，是生产力水平十分低下和自然环境生态问题十分恶劣。这两个长期性的问题若不解决，对蒙古国本身的灾难性影响是不容忽视的。

2. 蒙古国对外开放和引进外资收效甚微

如何从根本上解决蒙古国的经济贫困状况呢？从世界经济发展的经验来看，从各个发展中国家所经历的发展之路来看，从20世纪中后期以来亚洲“四小龙”和中国、印度、巴西等国家成功发展的实践来看，蒙古国只有一条必由之路，那就是全面对外开往，大量引进国外的资金以及先进的技术和先进的管理，从而一方面使蒙古国所具有的潜在资源优势能够得到充分的发挥，为这个尚未开发的“世界最后一块宝地”真正带来国家的巨大财富和人民的巨大福祉；另一方面通过对外开放和内部改革，构建整个国家真正独立自主的经济体系，培养自主的创新能力和先进生产力、建设真正现代化的工业和城市以及不断推动和谐法治的社会进步。

当然，这里所说的对外开放、引进外资，并不是指那种单纯救济性的接受国际援助。在前苏联解体前的很长时期里蒙古国一直靠前苏联及经互会其他成员国的援助，前苏联解体后，蒙古国开始依靠西方国家和国际组织提供的贷款和无偿援助，近年来中国也加大了对蒙古国的贷款与援助。因此，到今天为止，蒙古国仍然要依靠外来援助，贷款和援助占到蒙古国国内生产总值的20%至30%，使蒙古国成为世界上接受援助最多的国家之一。

蒙古国政府和领导人也已经认识到利用外资的重要性，1990年随着蒙古国开始进行政治和经济改革，与此同时也开始推行引进外资的各项政策。1991 年，蒙古国国家大呼拉尔审议通过了《蒙古国外国投资法》，该法分别于 1993 年，1998 年和 2002 年进行了修改补充，希望以此能够为蒙古国引进外资奠定重要的法律基础。

另一方面，近年来蒙古国领导人通过希望加入 APEC 和上海合作组织，希望与东北亚国家、东南亚国家、中亚国家开展更紧密的合作，希望通过实施“千年公路计划”建立连接欧亚大陆的铁路、公路和通信网络，希望参与图们江开发计划等一系列努力，表达了该国渴望融入经济全球化、渴望加入区域经济一体化的强烈意愿。

然而我们所看到的是，这些努力所达到的效果是十分微弱的。

首先，蒙古国引进外资的数量十分有限。尽管 1991 年起蒙古国就实施了《蒙古国外国投资法》，但直到 1995 年，蒙古国的外来直接投资只有 1000 万美元，到 2000 年仅为 5000 万美元，2002 年才增长到 8000 万美元。而到 2006 年，在蒙古国引进的 7.36 亿美元的直接投资中，其中大头主要还是来自中国，为 2.36 亿美元，占到总投资额的 32.1%；其余韩国仅为 5800 万美元（占 7.9%），日本仅为 5000 万美元（占 6.8%），俄罗斯仅为 3100 万美元（占 4.2%）。至于其他国家（包括欧美国家），对蒙古国的直接投资几乎都是微不足道的。

本书后面在讲到“中蒙经济合作关系已经进入历史最好时期”中也将会提到，中国自 1998 年起就超过了俄罗斯成为蒙古国第一大投资国，并且已连续 10 多年成为蒙古国最大的投资国和贸易国。但是如果仔细分析一下，中国对蒙古国的投资是多少呢？就会发现，结果是十分可怜的。到 2007 年年底，中国企业对蒙古国的累计投资只有区区 11.8 亿美元，还未达到中国沿海地区一些比较发达的县镇的投资规模。尽管如此，中方投资还占该国外国投资总规模的 51.2%。包括俄罗斯、日、韩以及欧美发达国家在内的其他国家，虽然许多都要在政治上、军事上争当蒙古国的“第三邻国”，但在对蒙投资上，累计投资大都只有几千万美元而已。此外，到 2007 年年底，中国在蒙注册公司累计已达 3700 多个，也是各国在蒙注册公司数量的第一位，占总数的 48.4%。

蒙古国独立后发展已经 70 多年了，即使是转向市场经济也将近 20 年了，但是为何在吸引国外投资方面还显得这么无力呢？

笔者在互联网上看到2007年11月的一篇文章，题目是“蒙古国公路建设进展缓慢”。文章讲到：“蒙古国政府计划建设中的‘千年之路’的重要组成部分乌兰巴托至扎门乌德之间的700多公里公路，建设进展极为缓慢。目前只有乌兰巴托纳拉赫至乔伊尔间200多公里建成通车。韩国公司中标的乔伊尔至赛音山达间的176公里，计划于2007年5月开工，2008年年底建成交付使用。但由于蒙古国有关部门原因，韩国中标公司的筑路机械设备在蒙古国口岸上滞留长达2个多月，造成施工方无法按时开工。另一方面蒙古国地方政府对施工方收取沙、取石、取土费用，加大了修路成本，对承包公司造成经济损失。因施工方与地方政府达不成一致，蒙方拖延了发放取沙土许可证，至8月底才确定取沙土地点和范围。中标公司开工日期也被拖延了3个多月，8月底才正式开工。这段公路，冬季又无法施工，承包商无法按合同期限2008年竣工，竣工时间只能推迟到2009年。还有赛音山达至扎门乌德间240多公里路，何时开工，何时建成贯通还是未知数了。”①

这个事例说明，蒙古国引进投资成效甚微，不仅与蒙古国自然条件恶劣、地广人稀、市场狭小，基础设施条件差，投资者很难较快获得理想的投资回报有关，而且也与蒙古国现在的投资环境有关。

总之，造成蒙古国引进外资水平低下和在国际合作中几乎完全没有地位的根本原因，在于蒙古国的经济极其落后和它的软硬投资环境很差：这个内陆国家本身地处偏远，没有出海口，基础设施水平非常落后；劳动力十分稀少，经济基础非常脆弱，产业结构单一；绝大多数民众由于贫困而缺乏消费购买能力，导致市场容量狭小；政府政策多变，法制不完备，办事效率低下，社会腐败盛行。因此，对于许多国家尤其是西方国家的投资者来说，这个国家除了矿产资源具有一定的吸引力外，其余所有的投资几乎都面临很大风险、运输和生产成本高昂以及预期盈利极低的困扰。

因此，尽管蒙古国希望通过“等距离外交”和“第三邻国”战略吸引更多的投资者，并与更多的国家开展合作，但如果抛开幻想，从现实可行的角度来看，目前蒙古国经济发展所面临的实际状况是，除了一些西方发

① “蒙古国公路建设进展缓慢”，天津高速官方网，2007年11月3日。

达国家希望控制其战略资源以及通过其来牵制中国而对该国发生一定兴趣外，实际上除中国外的任何国家都没有对这个贫穷落后的国家发生真正的兴趣和开展真正的富有成效的合作。

3. 蒙古国发展的根本途径还在于与中国的合作

由上述分析所导致的一个必然的结论是什么呢？那就是蒙古国的发展离不开中国，蒙古国只有通过与中国建立更加紧密的经济联系，只有与中国开展全面合作，才能真正走出困境，才能从根本上改变长期落后的局面。

这一点，已经得到了世人越来越多的认同。

美国《华盛顿时报》2007 年 8 月 27 日发表的一篇文章指出，蒙古国是亚洲最穷的国家之一，经济上落后于其他多数亚洲竞争者。尽管 2005 年后它的经济出现了较快发展的局面，但问题是它的发展能否持续下去。显然，由于地处偏远、运输费用高和缺乏人力，蒙古国不大可能成为一个重要的制造业中心。虽然存在种种不利因素，但蒙古国还是有一些有利条件，主要是蒙古国拥有丰富的矿产资源，而更重要的是，中国为蒙古国矿产品提供了一个几乎是无限的市场。①

2008 年 7 月 30 日中国新闻网上发表的一篇文章也指出，蒙古国无法依靠俄罗斯。而美国和日本，特别是日本，虽然对蒙古国有很大的兴趣，既希望参与在蒙古国的矿业开发，也试图牵制中国。但是，只有中国能够为蒙古国提供资金、技术与商品，最重要的是，中国的内蒙古是中蒙经贸与文化交流的重要平台，其他大国没有这个优势。中国的经济实力与和平发展的国策，对周边的国家和地区生成的效应就是，只要搭上中国的顺风车，就能分享中国的繁荣，没有例外。②

还有一篇网上评论文章也尖锐而鲜明地谈到，对于蒙古国来说，对中国的戒备心再强，也仍要考虑国际环境这一大势。在中国日益强大这一背景下，蒙古国要实现长远的发展，必然要在经济上进一步依靠中国。俄罗

① 参阅美国《华盛顿时报》文章“蒙古国经济迅速发展”，新华网，2007 年 8 月 30 日。
② 参阅“蒙古国政局与中蒙关系”，中国新闻网，2008 年 7 月 3 日。

斯在短期内不可能在经济方面给予蒙古国更大的帮助，美欧日韩等国虽然可以提供一定的援助，但是毕竟远水解不了近渴，蒙古国只能发展与中国的友好关系，随着经济交往的进一步密切，双方的政治关系也会相应得到发展。①

以下几点，提供了蒙古国只有通过与中国合作，才是其根本出路的充分理由：

（1）从地理位置看只有中国才能为蒙古国提供最便捷的出海口

蒙古国是一个没有出海口的内陆国家，缺乏出海通道一直是其发展对外经济联系的重要障碍因素。在前苏联解体之前，蒙古国基本上是利用前苏联的港口出海，特别是远东的纳霍德卡港。前苏联解体后，随着蒙古国对外开放的多元化，以及由于蒙古国难以支付俄方的过境费和俄方运输安全难以保障等方面的原因，蒙古国的对外运输通道问题再次突现。1991 年 8 月，中蒙两国签署了《关于蒙古国通过中国领土出入海洋和过境运输的协定》，根据该协定，中国将为蒙古国过境货物经由天津新港和通过中国领土过境运输方面提供便利。事实上，蒙古国自 1989 年就开始与中国天津有货物运输往来。同利用俄罗斯远东港口相比较，蒙古国利用天津港要便利和经济得多，有人做过推算，从乌兰巴托经二连浩特至日本同经由西伯利亚大铁路东行相比，不论是时间还是运费均可节省 20%—30%。②

（2）只有与中国合作才能为蒙古国解决发展对外联系和引进外资的瓶颈

蒙古国是一个位于亚洲北部的完全内陆国家，它要想向东亚、南亚或中亚乃至欧洲等地方发展，必须借助中国或俄国的领土。而中俄两国相比较，从地理位置和交通条件来看，显然蒙古国凭借中国向东北亚、东南亚、南亚以及中亚发展具有更为有利的条件和更大的发展空间。

不仅如此，如果从引进外资的有利条件来看，中国更加毫无疑问是蒙古国合作的首选。这不仅是因为中国现在已成为全世界吸引外资最多的国家，世界所有发达国家和新兴市场国家的大财团、跨国公司和龙头企业，

① 参阅“中蒙关系，心态复杂的国际关系”，《内蒙古时事评论》，2009 年 8 月 7 日。
② 于学军：《中蒙区域经济合作战略分析》，《内蒙古财经学院学报》，2007 年第 4 期。

几乎都在中国设有制造工厂、研发中心和采购中心；而且中国本身就已经拥有世界最雄厚的外汇储备、越来越先进的生产能力、在世界上不断领先的技术和管理水平以及在许多重要生产领域产品产量位居世界第一的生产规模。

因此蒙古国与中国这个领土完全接壤、历史渊源一脉相承、文化传统密不可分的邻国开展全面经济合作，毫无疑问具有特别重要的意义。无论是对其引进外资、积极参加国际分工体系，还是加快建设自主经济体系；无论是对其更好更快地开发和利用本身所具有的丰富资源，还是对其尽快摆脱发展困境使本国人民富裕起来，都可以说是具有最便利最容易和唯一优选的条件。

（3）只有与中国合作才能解决蒙古国严重落后的基础设施建设瓶颈

蒙古国经济发展的一个最大瓶颈之一就是其基础设施建设的严重落后。而要彻底解决这个问题，除与中国合作外，蒙古国不可能指望任何其他国家。

且不说由于其远离出海口、地形地貌复杂和气候恶劣，导致任何西方国家都不会对其基础设施建设有兴趣进行大规模投资，即使是它原来最重要的“靠山”俄罗斯，也不可能指望来帮助它解决这个问题。因为广袤的俄罗斯西伯利亚本身就是一个地广人稀和基础设施建设相当落后的地区，俄罗斯要解决自已国家这个地区的基础设施建设问题都需要耗费极其巨大的资金、付出极其沉重的代价和经历十分漫长艰巨的过程，因此根本无暇顾及它这个无足轻重的“小兄弟”。蒙古国独立 80 多年后一直依靠前苏联，却在基础设施建设方面几乎是“一张白纸”，这本身就是一个最雄辩的证明。

而中国不同，中国与蒙古国山水相连，血缘相通，利益与共。中国需要通过与蒙古国的合作来进行矿产资源的开发和利用，中国需要通过与蒙古国的合作来缓和水资源的紧缺，中国需要通过与蒙古国的合作来进行治沙以及改善北方地区环境的改善，中国需要通过与蒙古国的合作来发展新能源和低碳经济，中国需要通过与蒙古国的合作来构建通往俄罗斯和欧洲的欧亚大陆桥，中国也需要与蒙古国合作来打造一个北方繁荣的经济共同体。

而且中国有充裕的资金、有丰富的基础设施建设经验，有开展基础设施建设的先进技术和先进设备，有这方面大量的专业人才和建设队伍。因此，只有中国才会真正关注蒙古国发展公路、铁路、航空等交通运输建设、变电及输电的站网建设、石油及天然气输送的管网建设、水利工程的枢纽建设以及城市化和工业化的各种配套基础设施建设，也只有中国能够在蒙古国这些基础设施的建设方面投入真正的力量，发挥巨大的作用。因此，蒙古国只有与中国合作，才能真正突破其基础设施严重落后的发展瓶颈。

（4）蒙古国只有与中国合作才能解决生态环境方面存在的根本问题

蒙古国生态环境的根本问题主要是两个：一是南方的严重缺水，二是由此导致的蒙古国南方的严重荒漠化。这两个问题致使蒙古国的生态环境不断恶化，也成为严重地影响蒙古国经济发展和人民生活水平提高的根本瓶颈。

在 20 世纪蒙古国独立后依靠苏联的漫长的几十年间，这些生态环境的根本问题非但没有得到丝毫的解决，反而日益恶化。

由于蒙古国与中国地理相连，蒙古国所存在的这些生态环境问题，同样是中国存在的严重生态问题，因此在这方面两国同样是相互依存、利益攸关。因此毫无疑问，蒙古国要解决生态环境的这些问题不可能指望任何其他国家，而只有与中国共同合作才是其唯一的选择。

今天的中国，已经是一个财力丰厚、设备先进、技术领先、经验丰富、人才济济和劳动力充裕的经济强国，因此在改善生态环境方面已经具备了相当雄厚的实力。只要两国在这个领域真正开展全面合作，经过扎实的努力一定会取得明显的成效。现在蒙古国已经提出与中国合作“北水南调”以及共同治沙的战略构想，这充分说明，只有与中国合作，蒙古国才能从根本上解决其环境生态改善方面的根本问题。

（5）蒙古国只有与中国合作才能真正实现其开发和利用丰富矿产资源的发展目标

自从蒙古国 20 世纪 90 年代开始转向市场经济后，其发展目标已经十分清晰，那就是通过开发和利用自己的矿产资源优势，来吸引大量的外资，从而得以摆脱长期以来主要依靠畜牧业的落后经济结构，为自己的国家获得更多的发展资金，建立自己的自主生产体系，改善自己长期落后的投资环境，并使本国人民逐渐富裕起来。

由于长期以来蒙古国社会中有一部分人对与中国合作心存疑虑，因此总是希望通过与欧美日等西方发达国家合作来达到这个目标。但事实上我们看到，他们所寄予的这种期望已经落空了。到目前为止，除了加拿大、日本、美国乃至俄罗斯对其铀矿等战略资源感兴趣并进行争夺外，其他矿产资源的主要出口国实际上还是中国。这不仅是由于蒙古国屈指可数的矿山在地理位置上都靠近中国，同时也是因为中国是目前世界上最大的矿产品消费国。有西方媒体指出，中国是蒙古国丰富的铜资源和其他矿产资源的最大消费国，只要中国经济不出问题，蒙古国的矿产资源就总有稳定的需求保障。

不仅如此，蒙古国矿产资源的开发也得主要依靠中国。一方面，连蒙古国总统恩赫巴亚尔最近也不得不承认，蒙古国无论从哪些方面讲，都不具备独自开发其巨大矿产资源的条件和能力；另一方面，事实上除中国外的其他国家在蒙古国的矿产资源开发方面也显得无能为力，例如位于靠近中国边境的蒙古国南部省份的奥尤陶勒盖铜金矿和塔旺陶勒盖煤矿，尽管由于其矿产储量在亚洲甚至世界上都位居前列，因而吸引了包括欧、美、日、韩和俄罗斯在内的不少国家的目光，但是由于其交通运输、供水、供电等基础设施很不完善，使得这些矿产资源至今未能有效开采。一个不容辩驳的事实是，近年来对蒙古国矿产资源开发投资最多和成效最大的国家还是中国。

（6）蒙古国只有与中国合作经济才能繁荣和兴旺

在20世纪90年代之前的几十年里，蒙古国的经济支柱主要是前苏联，但是现在从根本上改变了，蒙古国的主要经济支柱是中国。不仅蒙古国的煤、铜、铁、铝、锌等主要矿产品以及80%以上的农牧业原材料与动物产品出口的主要对象国是中国，而且蒙古国现在主要消费品的进口来源地也是中国。

蒙古国在中国经济快速发展的过程中收益很多，向中国出口货物成为带动蒙古国经济发展的最大推动力。蒙古国对中国出口的商品多为煤炭、石油、矿产品及畜产品等初级产品。如2004年上半年，蒙古国对中国的铜出口增长了23.8%，出口额增长116.3%，占蒙古国出口总额的44.95%。2004年全年向中国出口商品总额占该国出口总额的47.95%，仅铜精粉一项商品就向中国出口2.8亿美元，几乎全部出口到中国。

而蒙古国则主要从中国进口机电产品、农产品、建筑材料、纺织品等。到2009年，蒙古国居民的吃、穿、住、用基本都是“中国商品”，其中约90%的进口大米、蔬菜、服装来自中国，蒙牛和伊利的牛奶制品都已进入蒙古国市场。此外，高科技产品也开始进入普通人的家庭。海尔电器、联想电脑、李宁服装、销售情况良好。

同时，在蒙古国矿山开发、农牧业、建筑业、机械制造业、轻纺产品业、原材料加工业、电子通讯业以及外贸和物流等领域中，中国企业和机构的投资与其他投资国相比，也占据绝对优势地位。

越来越多的迹象表明，蒙古国与中国在共享经济发展的成就与繁荣；越来越多的事实证明，蒙古国的发展离不开中国，只有与中国全面合作蒙古国的经济才能繁荣。

4. 构建“北亚经济圈”将打造中蒙全面开展合作的最佳平台

迄今为止，蒙古国与中国的经济合作主要还是停留在民间层面上（虽然两国政府都表态支持），主要是由企业和机构来推动的，还没有上升到国家与国家之间、政府与政府之间的全面合作。由于这种合作是零散的，不系统的和不全面的，是没有制度和机制保障的，因而其结果是这种合作形式是缓慢的、局部的、也是成效甚微的。

而作者所提出的构建北亚经济圈的战略目标，就是要把这种合作上升到国家和政府的层面，就是要上升到次区域国际经济合作的层面，从而使中蒙经济合作从民间推动上升到政府推动，从零散的局部的和不系统的合作上升到全面和系统的合作，从个别项目和个别企业的合作上升到国家战略的合作，从无序的和随意的合作上升到有法规制度和合作机制保障的长远而具有全面规划的合作。由此可见，构建“北亚经济圈”将为中蒙全面合作打造一个最佳的平台。

第四节 构建北亚经济圈是内蒙古自治区发展的战略需要

1. 内蒙古自治区要力争作为向北开放的桥头堡纳入到国家战略

改革开放以来，在中国的地区经济发展中有一个很大的特点，那就是每个地区在发展中，都希望得到国家特殊的重视，能够获得特殊的政策和特殊的支持。

这根本上是由于20世纪80年代初，中国在最早实施开放的过程中，实行了建立经济特区和十四个沿海开放城市以及建立众多开发区或其他具有特殊功能的产业园区、并对这些特殊区域给予特殊政策的战略方针。其结果是这些地区在发展中都得到了某种特殊有利的条件，而且就其大多数地区来说也都取得了很大的成效，得到了很大的实惠。从而其发展明显快于和好于没有实施特殊政策的地区。

20世纪90年代后，虽然淡化了经济特区和沿海开放城市的特殊政策，但实际上给予一些地区特殊政策以鼓励和支持其发展的战略方针始终并没有改变。从某种意义上说，这也成为改革开放后“有中国特色”的经济建设方针的重要组成部分，甚至可以说它像建立“经济特区”一样，是改革开放的中国为世界经济发展作出的一个特殊的贡献。

因为尽管在此之前，也有少数国家对自己的个别地区（一般都很小，几平方公里或几十平方公里）给予特殊政策（如建立出口加工区、保税区等），但是只有中国是最早开始把它作为整个国家的区域经济发展方针来大规模实施的，而且到现在为止仍然在实施这一方针，并对推动中国的区域经济发展起到了巨大的作用和取得了巨大的成功。因此，中国的这个做法现在已经被世界许多国家所采用，其中既有发展中国家，也有发达国家（其中就包括俄罗斯）。

20世纪90年代末特别是进入新世纪以来，中国长期实行的以特殊政策支持沿海开放地区发展的战略方针，更多地开始向三个方向演变：一是通过西部大开发战略、振兴东北战略和中部崛起战略等举措，以特殊经济发展政策来支持中西部地区的发展；二是将某些城市（如津、沪、深）或某些城市群（如长株潭城市群、成渝地区、武汉城市群）等列为综合配套改革试验区，在改革开放上给予先行先试的某些特殊政策；三是在实施睦邻合作的周边国家战略以及支持港澳稳定繁荣和两岸和平统一共同发展的战略中，对那些与周边国家以及港澳台直接接壤（或隔海相望）具有特殊区位优势的省区，给予特殊的政策，支持其更快更好的发展。

在最后这个方向上，近年来的发展尤其明显。例如给予东盟国家开展泛北部湾区域经济合作的广西自治区以特殊政策，批准《北部湾经济区发展规划》；给予港澳地区开展全面经济合作的广东省以特殊政策，批准《珠三角地区改革发展规划纲要》；给深圳以特殊政策，支持其与香港的全面合作；给予澳门开展经济合作的珠海以特殊政策，批准《横琴总体发展规划》；给予台湾省开展经济合作的福建以特殊政策，批准建立“海峡西岸经济区”；给予俄罗斯、朝鲜半岛开展图们江区域合作开发的吉林省以特殊政策，批准《中国图们江区域合作开发规划纲要》；给予俄罗斯开展东北亚区域经济合作的东北地区特殊政策，批准《中国东北地区同俄罗斯远东及东西伯利亚地区合作规划纲要》等。

值得一提的是，上述所有这些经国家批准的给予地方发展的特殊政策，几乎全部是由每个相关省区市，做了大量扎实的准备工作，经过长时间的努力申报，最后才得到国务院正式批准的。很能说明这一点的是，现在还有很多城市正在积极申报成为国家综合配套改革试验区。此外，中国最早与东盟国家开展大湄公河次区域经济合作的云南省，由于没有在这方面进行努力或努力不到位，就落后了一大步，没有像上述省区那样获得国家鲜明的、总体的、系统的、全面的政策支持。但“亡羊补牢，时犹未晚”，云南省从2008年也开始积极开展工作，准备向国务院申报批准建立“中、越、老、缅跨境经济合作区”。

内蒙古自治区在这方面，显然是大大地落后了。

2005年，内蒙古政协委员郝诚之曾发表文章抱怨说，2002年国家计委、国务院西开办印发的《“十五”西部开发总体规划》，把西部重点区由2000年的“两带一区”增为“两带两区”，即在原来确定的“西陇海兰新线经济带”、“长江上游经济带”、“南（宁）贵（阳）昆（明）经济区”外，增补了一个“西藏、新疆等少数民族地区”。但对拥有两条欧亚大陆桥和纵横铁路大动脉、在西部跨世纪四大工程中占有半壁江山、拥有4200公里对俄蒙边防线及黄河中游900公里河套商品粮基地的内蒙古、宁夏两个少数民族自治区却未明确为重点经济区，令人深感意外和遗憾。[①]由此可见，在国家西部大开发的《整体规划》中并未把内蒙古自治区列入主要发展的区域范围之内。

另一方面，从国家另外一个重要的地区发展规划《东北地区振兴规划》来看，内蒙古自治区的中部，也是内蒙古的中心地区，同样也未划入国家这样一个重要的地区发展规划之中。在国家颁布实施《东北地区振兴规划》中，明确只把与东三省紧紧相依、被人们称为“ 蒙东地区”的内蒙古自治区东部呼伦贝尔市、兴安盟、通辽市、赤峰市和锡林格勒盟等五个盟市，纳入到整体规划范围之中。而且在制定振兴东北规划之初，内蒙古东部五个盟市也并未被列入规划之内。据了解，后来将内蒙古东部纳入东北振兴规划也主要基于以下这几点考虑，首先是在历史上内蒙古东部曾经一度划归为东北地区，从市场的概念来说，它是一个比较完整的板块，经济联系密切；其次是蒙东地区是东北重要的生态防线。由于地理位置，蒙东地区与东北三省共同构成了东北地区向北开放的前沿。由此可见，在国家另外一个重大的地区发展战略规划《东北地区振兴规划》中，也并没有内蒙古自治区主要中心地区的位置。

至于以中部六省为基础的《中部崛起规划》，就更没有内蒙古自治区的位置了。

上述事例说明，内蒙古自治区虽然也处于某些正在实施的国家重大区域发展战略中，如西部大开发战略、东北振兴战略、支持少数民族地区发

① 参阅郝诚之：《欧亚大陆桥和向北开放带》，《北方经济》，2003年第1期。

展战略等都包含内蒙古在内，但对于内蒙古来说，这些战略对于内蒙地区本身都不能形成鲜明、系统、完整、全面的政策支持。之所以出现这种情况，从某种意义上说，也是由于内蒙古自治区的特殊地理条件形成的。因为它作为一个狭长的条状地带，地跨东北、华北和西北三大地域，从而形成了“不东、不西、不中”的奇特地理格局。尤其是它的中部地区——呼包鄂中心区，在上述三大地区发展战略中都没有明确的定位。

而中国现在的区域发展现实就是这样，如不能纳入某个国家的战略规划，这个地区的很多具体发展规划往往就得不到批准，很多具体重大项目往往就得不到国家资金支持而不能落实，很多具体的重要举措就得不到国家政策的“眷顾”，同样也就少了很多其他能够获得特殊政策的省区所得到的政策上的倾斜和优惠。

机遇总是给那些善于发现和利用自己特殊优势的人。一个国家一个地区也是如此。尽管内蒙古自治区由于其特殊的地理格局而在现有的国家三大地区发展战略中都没有得到相应的地位，但是如上所述，内蒙古自治区有一个独特的任何其他省区都不可替代的区位优势，那就是与蒙古国全面接壤。上文所提到的广西、云南、吉林、东北三省都利用与周边国家直接接壤的区位优势将自己纳入到国家战略中，从而获得了有力的国家政策支持；与港澳台接壤（或隔海相连）的广东省、福建省乃至深圳和珠海也都利用自己的区位优势将自己纳入国家战略，并获得了有力的国家政策支持。

内蒙古自治区当然也可以这样做，那就是利用自己独特的区位优势，把自己作为中国向北开放、与蒙古国和俄罗斯有关地区开展全面经济合作的“桥头堡”，在21世纪中国构建全新的中蒙关系大战略中，发挥至关重要的核心作用。

这正是本书提出的构建“北亚经济圈”对内蒙古自治区发展所具有的重大战略意义。

不仅如此，如上所述，通过构建“北亚经济圈”，开展与蒙古国及俄罗斯相关地区的合作，内蒙古自治区还将会在整个国家21世纪的能源资源战略、水资源战略、生态环保战略和低碳经济发展战略中，发挥至关重要的作用。

机遇就摆在面前，关键看自己是否能够看到这个机遇，能否抓到这个机遇，能否充分利用这个机遇。天下没有掉下来的馅饼，地上没有免费的午餐。要实现任何重大的发展机遇，都要靠自己的努力去实现。前面所提到的那些省区，无论是广西还是福建，无论是吉林还是云南，也包括东北三省，所有这些省区与周边国家或地区构建区域经济合作关系的战略，都是它们自己首先提出来的，然后努力地去行动，并且提出详细的规划，再向国务院申报，最后得到批准。前面提到的与港澳台接壤的这些省市，也无不如此。因此对内蒙古自治区来说，抱怨是没有用的，等待也是没有用的。关键要迅速行动起来，紧紧抓住自己与蒙古国接壤的独特区位优势，全力投入到打造“北亚经济圈”的战略中去，要把自己定位为中国“向北开放的桥头堡”，从而把自己纳入到国家战略中。如果不久的将来，国务院能够批准《中国内蒙古地区与蒙古国及俄罗斯西伯利亚联邦区经济合作规划纲要》的话，那将是这个地区得到国家战略和政策支持的重大标志，它将为内蒙古自治区的发展插上更强劲有力的翅膀，使内蒙古自治区能够得到更快更好的“腾飞”。

2. 内蒙古自治区需要通过向北开放获得更大的发展

如果仔细探究一下内蒙古自治区对外开放的落后的原因，我们就会发现，在很大程度上是这里的人们思想观念比较保守和落后，不仅相对于其他沿海地区来说是如此，即使是与云南、广西、吉林、黑龙江等沿边省区相比，也是如此。在上述这些沿边省区，对外开放如火如荼，而且都把与周边国家地区发展合作关系提高到本地区最主要发展战略之一。

内蒙古却不是这样，无论是政府工作报告、政策分析研究报告还是专家学者的文章和媒体的宣传，在提到内蒙古如何建立“开放型经济”问题时都缺乏力度。讲到对外开放时，也主要是强调如何配合具有出海口条件的东三省以及华北京津地区来加大内蒙古的开放力度。真正研究和宣传内蒙古中部地区（中心地区）及西部地区与蒙古国和俄罗斯相关地区开展大规模国际合作，实施“对北开放”战略的文章，寥寥可数。笔者在写本书时查阅了大量的有关中俄、中蒙合作的文献，其中绝大多数作者都是东北三省的专家学者。即使有内蒙古的作者，也基本上是蒙东地区盟市以及二连浩特、满洲里这些口岸地区的专家、学者和官员。

《俄罗斯中亚东欧市场》2008 年第 10 期上发表了一篇题为“中国内蒙古自治区进一步扩大向俄蒙开放的对策研究”的署名文章，文章指出：“20 年来，内蒙古向北开放虽然取得长足的发展，但也存在不可忽视的问题，综合起来看，主要有：由于缺乏向俄蒙内陆延伸与衔接的战略目标定位和强有力的政策支持，目前内蒙古绝大部分地区（边境口岸城市除外）都未能从向北开放战略中获得实质性的经济利益；受俄蒙两国投资环境的影响，近年来内蒙古向北开放的突破口和开放的步骤越来越不清晰；没有充分挖掘和利用内蒙古陆路口岸的开放潜力，造成区域开放无重点，严重制约了面向俄蒙市场的开放型经济的生成；对俄蒙经贸合作项目缺乏长远规划与实际推进力度；政府的调控能力明显不足、不够，前沿与腹地的梯级递进关系和耦合联动体系远未形成；对俄蒙经贸合作中信息服务严重滞后，大大降低了双方企业合作的成功率；对俄蒙出口产品长期以劳动密集型产品为主，造成出口增长无后劲；对俄蒙出口产品中，中国其他省区产品占相当大的比重，缺乏本地的拳头产品；从俄蒙大量进口的原材料产品大多直销中国其他省区，就地加工的极少；企业“走出去”的步伐不够大，潜力有待进一步挖掘；引进俄蒙资本投资尚未“破题”；实施向北开放战略对产业升级、区域经济竞争力的推动作用还不十分明显；口岸查验条件苛刻，导致进口货物选择其他途径入境。上述问题的存在，已在相当大程度上制约着内蒙古进一步扩大向北开放的步伐。①

正因如此，上文的作者才会尖锐地指出：内蒙古自治区“缺乏向俄蒙内陆延伸与衔接的战略目标定位和强有力的政策支持”，“对俄蒙经贸合作项目缺乏长远规划与实际推进力度；政府的调控能力明显不足、不够，前沿与腹地的梯级递进关系和耦合联动体系远未形成。”

内蒙古的中心地区为何对向蒙俄开放不感兴趣呢？笔者认为至少可能有两个认识上的误区。

一是到目前为止，内蒙古地区中的许多人都还认为对外开放就是“对

① 王之光、王一诺：“中国内蒙古自治区进一步扩大向俄蒙开放的对策研究”，《俄罗斯中亚东欧市场》，2008 年第 10 期。

海开放”，只有具有海港码头的沿海开放城市才有大规模对外开放的条件，因此“对外开放”主要是沿海城市的功能和任务。像内蒙古这样完全没有出海口的内陆地区，除了可以搞搞边贸和一些小规模的对外投资和经贸合作外，根本不存在大规模对外开放的条件，也无法建成真正的“开放型经济”。当然，这种认识误区，并不止于内蒙古，也广泛存在于内地中西部不少省区中。这与时下很多媒体宣传中把“开放经济”等同于“海洋经济”，而把“内陆型经济”等同于“封闭型经济”有着直接的关系。

第二个认识误区，就是有不少人认为即使要开放也要有一个“大邻居”（如俄罗斯）或者是一个“富邻居”（如日、韩），这样开放才有意义，才能给本地区带来资金、技术或其他实实在在的好处和利益。而蒙古国是一个“穷亲戚”、“穷邻居”，地广人稀，经济落后，不要说与中国沿海发达地区比，就是与内蒙古地区相比，这 30 年来也落后得太多了。对蒙古国开放不但可能没有任何直接的利益和好处，甚至可能还给自己带来负担，因此不值得考虑。其实这是一种十分狭隘和短视的观点。每个国家都有自己的长处和优势，正如我们前面所讲到的蒙古国的矿产资源、水资源和可再生能源都有很大的优势，同时逐渐富裕起来的蒙古国国民众将成为内蒙古各种产品的重要市场，如果能够在这些方面开展有效和成功的投资和经贸合作，肯定会给本地区发展带来重大和长远的利益；同时如果能够十分积极主动地向蒙古国以及通过蒙古国向俄罗斯西伯利亚中部地区开放，这实际上是具有了站在国家利益高度上的视角，其完全符合中国与周边国家大力发展睦邻友好合作关系的大战略，从而会为将本地区纳入到国家战略层面创造极为有利的条件。很多事实证明，一旦一个地区的发展纳入到国家战略的层面，那么这个地区大的发展规划、大的项目建设都会得到国家优先的批准，而且包括国家投资在内的各种资金以及海外和民间的各种投资项目，都会在这个地区“前景利好”的情况下纷纷涌入，从而给这个地区带来不断发展的更多更好的条件和资源。

正确的行动取决于正确的认识。所谓“对外开放”，就是指对中国境外国家和地区的开放。沿海开放省区和城市固然可以通过海洋通道来实施“对外开放”，没有海洋条件的内陆省区，也同样可以通过陆路通道来实施“对外开放”。另一方面，内蒙古完全具有“对外开放”的优势和条件，其与蒙古国全面陆路连接，并通过蒙古国直接联系到俄罗斯西伯利亚中部的广袤地区的区位优势，是国内任何一个地区都不具备的，是一种不可替代的地缘优势。因此全面对蒙、俄开放，建立一个全新的“内陆型开放经济”，就成为内蒙古自治区重要的战略选择，它不仅将使内蒙古自治区在整个中国的发展中处于一种特殊的战略地位，而且对自己的发展也会带来巨大的利益和好处。

在这方面，广西自治区又成为一个好的榜样。2007 年广西自治区的外贸总额为 92. 8 亿元，仅比内蒙古自治区的 77. 5 亿元多 15. 3 亿元。但是到了 2008 年，由于广西实施了泛北部湾区域经济合作战略，并且得到了国家的大力支持，批准建立了北部湾经济区，不仅国家把一些重大项目安排进北部湾经济区，而且吸引了大批海内外投资进入这个地区，加上与东盟国家贸易往来的扩大，使得广西在雨雪冰冻、洪涝、特大地震等自然灾害和全球金融危机不利因素的影响下，外贸进出口贸易总值仍突破百亿美元，创出广西对外贸易 50 年来新纪录，达到 132. 8 亿美元。而这个数字，比 2008 年内蒙古自治区的外贸进出口总额 89. 3 亿美元高出 43. 5 亿美元。几乎是 2007 年两者相差数额的三倍。

因此，内蒙古自治区一定要坚定不移地把“对外开放”亦即“对北开放”作为自己下一步发展的头等战略目标之一，力争把自治区的首府呼和浩特市建设成为“对北开放”的中心城市，力争使内蒙古自治区的核心地区——呼包鄂金三角像广西的“北部湾经济区”一样，获得国家批准成为国家级“对北开放”的前沿阵地。

本书提出的打造“北亚经济圈”的构想，就是为内蒙古实行“内陆型对外开放”提供了一个明确的战略目标和战略定位。就是实现内蒙古“对北开放”战略目标的具体体现。

第七章

构建北亚经济圈的可行性

笔者在上一章集中论述了构建北亚经济圈的必要性，然而对于读者来说，还有一个很重要的问题要解决，那就是构建北亚经济圈是可行的吗？是否是作者在这里的凭空臆想呢？或者是否虽然是一个很好的构想，但根本没有实现的条件和基础，只是一厢情愿、遥不可及的呢？本章要告诉读者的就是，构建北亚经济圈是完全可行的，目前已经具备了相当的基础和条件，只要能够把这个战略目标提出来，得到相关各国各地区的认同，并且都向这个方向和目标去努力，那么这个地区的次区域经济合作是完全可以开展起来的，而且可以在不久的将来就看到明显的成效。

第一节　中、俄、蒙三国都迫切需要发展相互之间的友好合作关系

1. 中国开放新举措为中、俄、蒙合作新格局创造有利条件

前文已经讲到，中国近年来无论是学界、商界

还是政府，在推进区域经济合作（无论是国内还是国际）发展方面，都格外活跃。这一方面是因为中国作为一个大国，许多地域资源禀赋不同、区位特点各异，具有开展区域经济合作的有利条件；另一方面是因为中国各个省区都得到了对外开放以及与外部地区合作给自己发展带来的重大利益和好处。特别是今天，中国已把长期坚持的睦邻友好外交政策引入到经济领域，把与周边国家发展合作、实现共赢纳入了新时期的国家战略。在这样一种大背景下，中国很多省区与周边国家地区开展次区域经济合作都会得到国家的完全肯定和大力支持，其中就包括了给吉林省以特殊政策，支持其与俄罗斯远东地区、朝鲜半岛等共同开展图们江区域开发合作；给东北地区以特殊政策，支持其与俄罗斯远东地区、日、韩等开展东北亚区域经济合作。

如果与蒙古国和俄罗斯全面陆路接壤的内蒙古自治区，能够通过建立北亚经济圈，发挥自己独特的地缘优势，推动和促进中国与蒙古国以及俄罗斯开展更加积极和重要的区域经济合作，填补中国与蒙古国以及俄罗斯西伯利亚中部地区区域合作发展的空白，把中国开展的合作共赢的睦邻友好国家战略扩大和提高到一个新的层次，不但为中国在新时期的发展创造更加有利的外部环境，而且促进和推动整个北亚地区的经济发展和繁荣，为整个亚洲和世界经济的发展作出新的贡献。这种战略举措完全符合中国的国家利益和新世纪中国发展的战略目标，因此肯定同样能够得到国家的完全认可和大力支持。

事实上，进入21世纪以来，且不说中国对北方最大邻国俄罗斯的重视与合作达到了前所未有的高度，即使是被人们往往忽略的中蒙关系，也已经开始纳入了中国领导人的视野。

胡锦涛主席2003年6月在访问蒙古国时，就在演讲中提出了中蒙合作的三原则。一是在政治上相互信任，尊重对方的独立、主权和领土完整，尊重对方选择的发展道路和内外政策，并本着协商、合作和友好的精神处理两国间的问题；二是要在经济上互利合作，同时积极扩大科教、文化合作和人员交流，实现共同发展繁荣；三是要在安全上加强合作，把中蒙边界继续建设成一条和平、友好、合作的纽带，同时在国际和地区事务中不断加强协调和合作，共同维护地区的和平与稳定。胡锦涛在演讲中还指出，中国理解并尊重蒙古国从本国国情和国家根本利益出发制定的对外方针政策，高度赞赏蒙古国坚持对华友好，支持蒙古国不在本国领土部署外国军队、核武器、大规模杀伤性武器的政策，也支持蒙古国平等地同世界各国发展友好合作。胡锦涛在演讲中说，推进经贸合作，是中国对蒙政策的重要组成部分。中国已成为蒙古国最大的贸易伙伴和直接投资国。双方利用中国政府提供的2亿元人民币贷款合作开发的图木尔廷锌矿项目进展顺利。双方在畜牧、农业、采矿、服装加工等领域开展着良好的合作。中国愿同蒙方共同努力，发挥各自优势，不断提高经贸合作水平，并将继续向蒙古国提供力所能及的援助。同时将鼓励扩大对蒙贸易，在同等条件下优先进口蒙古国的产品，鼓励有实力的中国企业到蒙古国投资，把矿产资源开发和基础设施建设作为今后两国合作的重点领域。胡锦涛主席在这次演讲中还特别提到，中国支持内蒙古自治区在两国经贸合作中发挥桥梁作用。

2006年11月，在蒙古国总理米耶贡布·恩赫包勒德访华期间，两国总理就推进中蒙双边关系达成五项共识。一是要保持高层互访和各层次交往的良好势头，增进彼此了解和信任，不断巩固和发展中蒙睦邻互信伙伴关系。二是要继续将基础设施建设和能源开发作为两国经贸合作的重点领域，尽快制定两国经贸关系发展的中期规划，推进两国重点经贸科技项目合作。三是要拓展中蒙在自然保护、防灾救灾、传染病防治等方面的合作。四是要扩大双边人文交流，逐步增加互派留学生名额，适时举办“国家日”活动。五是要密切两国在上海合作组织框架内的沟通协调，加强中、蒙、俄三国协商机制，共同维护地区稳定和促进区域合作，加强就防恐、打击非法毒品交易等问题的磋商，争取早日达成有关协议。

2008年6月，国家副主席习近平在访问蒙古国时，再次强调指出要抓住机遇提升中蒙经贸合作水平。习近平说，中蒙双方应结合各自发展战略，努力寻找共同利益的契合点，互通有无、相互促进，谋求共同发展。他说：“中国政府支持双方开展大型项目合作。双方在矿产资源开发和基础设施建设两大重点领域的合作已经取得了初步进展。今后这个方面的合作前景十分广阔，中国政府鼓励有实力的中国企业加强同蒙方合作，也愿为此提供资金、技术、市场支持，我们也欢迎更多的蒙古国企业到中国投资兴业。”“中国将继续坚持改革开放，始终不渝走和平发展道路，始终不渝奉行互利共赢的开放战略。相信在中蒙双方共同努力下，中蒙经贸合作必将取得更加丰硕的成果。”

除上述领导人讲话表明中国要加强中蒙合作外，近年来中国政府也积极制订和采取了一系列向北开放，加强中蒙合作的有关政策，建立了相关的领导机制。2006 年起，按照国务院有关领导指示精神，在国务院成立了对蒙合作沟通协调机制。由国家发展改革委牵头，会同商务部、外交部、财政部、铁道部、交通运输部、海关总署、外汇管理局等部门，共同研究协调中蒙合作的重大问题及重大项目；统筹运用外交、经济、援助、运输通道、基础设施建设等手段，加大对蒙工作力度，推进中蒙合作。

综上所述，从中国来看，无论是现阶段国家发展的战略需要还是领导人所提出的战略目标，抑或是中央政府所制订和采取的政策，都对中国全面向北开放，构建中、蒙、俄新的合作格局提出了新的要求，创造了新的发展空间，从而为构建北亚经济圈奠定了重要的基础和条件。

2. 俄罗斯战略东移为构建中、俄、蒙合作新格局创造重要条件

俄罗斯也同样如此。进入新世纪后的俄罗斯，其所采取的战略东移方针，为构建中、俄、蒙战略合作新格局创造了重要的前提和条件。2000 年 11 月 8 日，普京发表了《俄罗斯：东方的前景》的署名文章。他在文章中指出：“俄罗斯人从来没有忘记自己的主要领土位于亚洲，现在是俄罗斯同亚太地区国家在一起的时候了，要加强相互的政治、经济和其他联系。”普京还强调，近年来，俄罗斯在对外政策上坚定地向亚太地区倾斜，这一路线今后将继续下去。

俄罗斯战略东移的核心思想是：利用俄罗斯东部即西伯利亚与远东地区的地缘、资源、科技和交通运输等优势，在东亚经济一体化的进程中，积极参与和扩大与中国、日本、韩国、东盟等亚洲国家发展的合作。一是利用东部自然资源的优势，与以中国为主的东亚国家合作开发和利用石油和天然气为主的自然资源；二是利用东部地区的技术资源优势，与以中国为主的东亚国家开展科技合作；三是利用发挥地缘交通运输优势，与以中

国为主的东亚国家发展多种形式的国际运输业务，使俄罗斯成为连接欧洲和亚洲的天然桥梁；四是为解决其东部地广人稀的瓶颈，与以中国为主的东亚国家合作，吸引劳动力到俄罗斯东部，开发这些人口稀少但资源丰富的地区；五是作为一个唯一横跨欧亚大陆的国家，俄罗斯还要成为欧洲和亚洲经济与文化交流的纽带。

为了落实上述战略，俄罗斯在主要政策和体制建设方面计划采取如下措施：第一，在西伯利亚和远东地区制定特殊的海关条例和吸引外资的政策。第二，在西伯利亚和远东地区设立具有特殊地位的中央银行分行，并实行把俄罗斯卢布与日元相挂钩的金融政策，为西伯利亚与远东地区加入未来的亚洲国家经济和金融联盟奠定基础。第三，制定和实行长期的、阶段性的、有计划的移民政策，吸引俄罗斯其他地区的居民这一地区转移和邻近的东北亚国家移民。第四，通过法律条文确立俄罗斯东西伯利亚和远东经济特区的特殊经济地位。第五，任命一位副总理，专门负责西伯利亚、远东和北方地区的发展事务；任命一位外交部第一副部长，负责协调俄罗斯东部地区的对外联系与全俄政策。第六，在俄罗斯远东与外贝加尔跨地区协会已经建立了远东与中国、美国和日本的经济合作委员会。参加建立东北亚地区行政机构联合会和其他组织。

在能源和国际运输领域，俄罗斯计划采取如下措施：

第一，发展俄罗斯西伯利亚与远东地区的石油和天然气资源开采业，在东北亚地区建立石油和天然气供应网络，架设通向该地区的输电线。俄罗斯目前与这一地区除执行现有协议外，还准备与日本、中国、韩国、朝鲜和蒙古国签订新的长期协议，铺设油气输送管道，以便将西西伯利亚、东西伯利亚和远东地区萨哈林的石油输送到中国、日本和朝鲜半岛，还计划联合开采雅库特优质煤。另外，还准备架设高压输电线将安加拉河梯级水电站的电力输送到远东毗邻的国家。

第二，利用俄罗斯连接欧洲和亚洲的地理运输优势。改造现有的铁路交通干线，建设现代化的高速铁路和公路，把俄罗斯远东与加里宁格勒州以及荷兰、德国和波罗的海港口连接起来。俄建立国际运输基础设施的计划包括：建设日本北海道到俄罗斯萨哈林的海底隧道，萨哈林到大陆的隧道，改造西伯利亚大铁路和贝阿干线。在国际运输系统中，将韩国、朝鲜和中国东北的铁路与俄国西伯利亚大铁路、贝阿干线连接起来，并与中国西北（路线是由新疆经哈萨克斯坦与西伯利亚大铁路）相连，形成真正的东北亚运输圈。根据俄罗斯制定的《俄罗斯联邦发展国际运输走廊专项纲要》，计划建设的两大欧亚运输走廊，一是“西部—东部”走廊，另一是“北部—南部”走廊，还要开通“北方海路”国际运输走廊，此外，还要建设一些其他重要运输线路。

第三，在基础设施建设方面，俄罗斯还计划采取如下措施：发展纳霍德卡自由经济区；完成贝阿干线北穆伊斯克隧道后期工程；提高纳霍德卡、符拉迪沃斯托克和苏维埃港的吞吐能力；扩大西伯利亚大铁路以及格罗杰科沃、克拉斯诺和外贝加尔斯克铁路支线的通行能力。

第四，在发展同俄中经贸关系方面，计划采取如下措施：在与中国毗邻地区——远东地区和外贝加尔地区创造良好的投资环境来吸引外国投资者；在布拉戈维申斯克、外贝加尔斯克、克拉斯诺和格罗杰科沃等城镇建立互市贸易区；在西伯利亚和远东地区建设经济技术开发区；与中国开展电力合作。此外，2003 年 3 月 19 日，俄联邦政府批准执行重新修订的《俄联邦远东与外贝加尔地区 1996 年至 2005 年和到 2010 年的经济社会发展专项纲要》，其主要特点是更加重视发展国际合作特别是与中国毗邻地区的合作，不仅明确规定了优化投资环境、完善交通运输基础设施、建立和发展出口基地、拓展边境经贸合作等宏观任务，而且还提出了实际措施和具体的建设项目。①

第五，实施东部地区大开发战略。目前，俄罗斯把西伯利亚和远东提升到保障全俄经济发展的重要地位。为加快西伯利亚与远东地区的发展，俄罗斯采取了一系列重大举措：在西伯利亚联邦管区实施《西伯利亚发展新战略（2008—2020 年）》，并以一系列大项目推动该地区的经济增长，以保证西伯利亚联邦区在 2020 年前总产值增长速度能够达到每年 7.5%—8%；同时俄罗斯联邦预算还将大量拨款实施《远东和外贝加尔 2013 年前社会和经济发展专项纲要》，最近 4—5 年将拨款 5000 亿卢布，以实现梅德韦杰夫总统提出的俄远东地区必须从质量上和数量上实现飞跃的目标。

① 参阅宋魁：《俄罗斯亚太战略及对中俄合作的意义》，《当代亚太》，2007 年第 1 期 。

第六，改善投资软环境。随着俄罗斯经济的迅速恢复以及加入 WTO 的步伐加快，俄罗斯的经济环境和市场状况已经发生了很大变化。政府和立法机构不断完善法律，以加快国内法律与国际接轨，使俄罗斯的经济秩序和投资环境迅速改善。与此同时，俄罗斯的投资信誉也在逐步提高。

由此可见，俄罗斯国家发展战略重心东移、实施东部大开发战略以及投资环境改善，同样为创造中、蒙、俄新的合作格局提供了广阔的发展空间，从而为构建北亚经济圈奠定了重要的基础和条件。

3. 中蒙关系升温及蒙古国经济复兴为中、俄、蒙合作新格局创造重要条件

对于构建北亚经济圈另外一个更为重要的条件和前提，就是中蒙关系近些年来的快速升温。

1984 年 9 月中国时任外长吴学谦在纽约参加联合国大会期间会见了蒙古国外长，这是中蒙两国外长 20 多年来的首次会晤。1989 年蒙古国外长访华，标志两国关系实现了正常化。

进入 20 世纪 90 年代，蒙古国开始奉行全方位的外交战略，其中把发展蒙中关系作为蒙古国外交政策的首要目标之一，这使得两国关系日益密切。1994 年 4 月时任国务院总理的李鹏同志访问蒙古国，两国签署了《中蒙友好合作关系条约》，为两国关系的发展奠定了基础。1998 年 12 月蒙古国总统巴嘎班迪对中国进行国事访问，1999 年 7 月江泽民主席正式访问蒙古国，将两国关系推上了新的发展阶段。

进入 21 世纪后，两国更进一步推进面向 21 世纪的长期稳定、健康和互信的睦邻友好合作关系。2003 年胡锦涛主席对蒙古国进行了国事访问，2005 年，蒙古国总统那·恩赫巴亚尔对中国进行了国事访问，两国一致同意继续共同努力，推动以资源开发和基础设施为重点的互利合作，共同探讨深化两国经贸合作的新途径和新方式。2006 年蒙古国总理米·恩赫包勒德访华，与温家宝总理举行会谈，就继续将基础设施建设和能源开发作为两国经贸合作的重点领域，尽快制定两国经贸关系发展的中期规划，统筹双边经贸安排和拓展两国在自然保护、防灾救灾等方面的合作达成共识。

2008年习近平副主席对蒙古国进行国事访问，2009年4月蒙古国总理桑·巴雅尔对中国进行访问。访问期间所签署的备忘录显示，双方将充分发挥地缘优势和互补优势，共同拓展国际贸易、国际中转、国际采购和出口加工业务。

有评论家指出，以如此密集的频率与另一国家实现高层互访、发表联合声明，无论对中国还是对蒙古国来说都是不多见的，充分表明了近年来两国政治关系上的良好态势。

而这种良好态势，又推动了两国经济的相互合作，因为伴随着每一个联合声明的发布，都有一系列的经济合作协定和投资合同被签署。仅从1985年到2004年10年间，中蒙两国就先后签订了《中蒙友好合作关系条约》、《中蒙联合声明》、《中蒙政府边境贸易议定书》、《中蒙政府关于成立中蒙经济、贸易和科技合作委员会协定》、《中蒙政府贸易协定》、《中蒙政府关于对所得避免双重征税和防止漏税的协定》、《中蒙政府关于鼓励和相互保护投资协定》、《中蒙政府关于动植物检疫协定》、《中蒙政府关于海关互助与合作协定》、《中、俄、蒙政府关于确定三国国界交界点的协定》、《中蒙政府关于保证进出口商品质量和相互认证的合作协定》、《中蒙政府经济技术合作协定》、《中国政府向蒙古国政府提供无偿援助的经济技术合作协定》、《关于增开乌兰巴托——北京国际列车的协议》、《中蒙边境口岸及其管理制度协定》、《中国政府向蒙古国政府无偿提供粮食援助的换文》、《中国人民银行和蒙古国银行支付与结算协定》等20多个条约、协定及联合声明。条约和协定的内容从确定国界交界点、无偿提供粮食援助、边境贸易、一般贸易、保护投资到双边经济技术合作，从海关互助、边境口岸管理、商品质量认证、动植物检疫、避免双重征税、银行支付结算到增开国际列车，几乎涵盖了双边经济领域的各个方面。

综上所述，无论从政治还是经济来看，中蒙关系都处在历史上最好的时期。

另一方面，虽然蒙古国总体上经济十分落后，是一个世界闻名的穷国。但是不可否认，在进入21世纪后直至本次世界金融危机爆发前，蒙古国宏观经济出现了较大程度的恢复性增长，对提高本国国力、改善人民生活和进一步扩大中蒙经贸合作产生了积极的影响。自2000年下半年蒙古国人民革命党重新执政后，在稳定政局、调整外交、发展经济等方面做了大量工作，克服了寒灾、雪灾、瘟疫等不利影响，使蒙古国宏观经济开始出现了较好的增长势头。资料数据显示，蒙古国宏观经济在1996年至2002年期间虽然均为正增长，但增长率很低，分别为2.4%、4%、3.5%、3.2%、1.1%、1.1%和3.7%，也就是说在这7年间经济最高增长率也没有超过4%。但2002年后，由于蒙古国政局趋于稳定以及执政当局不断采取有利于经济发展的政策，尤其是2003年后，随着黄金、铜和羊绒等主要出口产品国际市场价格的急剧上升，使蒙古国的经济增长也明显加速。据统计，2003年蒙古国国内生产总值突破10亿美元，比上年增长了5.5%，人均达500美元。2004年蒙古国各项社会经济指标继续大幅增长，其中国内生产总值增长10.6%，创该国1990年以来经济增长率新高，远远超出2003年年底该国政府确定的6%的增长目标。此后2005年至2007年增长率又分别达到了6.2%、8.4%和10%。

因此，尽管蒙古国现在的经济还很落后，经济基础还很薄弱，而且2008年世界金融危机以及2010年冬季的严重雪灾，再次给刚刚得到恢复的蒙古国经济带来重创，但是前些年工业生产、对外贸易以及吸引外资所取得的成效，毕竟为蒙古国今后的发展奠定了一定的基础。加上世界经济的快速回升，使国际市场上的贵金属、铜等重要资源产品价格仍然具有极大的升值空间，这些都为加强蒙古国与中、俄之间的合作，构建北亚经济圈创造了可行的条件和前提。

第二节　中、俄、蒙三国地区之间具有很强的全面互补性

国际区域经济合作的实践和经验证明，国家与地区之间能否形成良好的国际区域经济合作关系，从根本来说，并不取决于双方的政府主观上是否有这样的意愿。具有决定意义的是相关国家和地区之间，在经济上是否有很强的互补性。所谓经济的互补性就是经济的差异性，有差异就会有相

互的需求，而相互的需求则决定了相互之间的经济依存度，也决定了相互之间经济合作的潜力和空间。相互的差异性越大，则相互之间的经济依存度也越大，则相互之间经济合作的潜力和空间也越大。

中国与俄罗斯以及蒙古国的差异性和互补性几乎涵盖了地理区位、人口状况、资源禀赋、经济技术发展水平、产业结构、市场需求、文化差异等各个方面。因此，毫无疑问，这三个国家在北亚地区具有很大的合作发展潜力和广阔的合作发展空间。

1. 地理区位互补

从地理区位看，中国是位于东亚纵贯南北的大国，拥有世界第一多的人口；而俄罗斯则是东西横跨欧亚大陆的大国，拥有世界第一大的国土面积。这两个世界最大的国家，在地理区位上互补性极强。俄罗斯只有与亚洲最大的邻国中国紧密合作，才能实现其振兴东部、与东亚国家促进经济联系的战略目标。同样，中国也只有依靠俄罗斯横跨欧亚大陆的地缘优势，才能构建若干条从东部沿海直达欧洲的铁路大动脉——欧亚大陆桥。

而对于夹在中俄两大国之间的蒙古国来说，由于其完全处于内陆地区，没有任何出海口。因此从地理区位看，它更要依靠中俄两个大国。它要发展经济，要开展对外贸易，在欧洲方向，就必须依靠俄罗斯获得出海口；在亚洲方向，就必须依靠中国获得出海口。同时，由于蒙古国处于中国与俄罗斯亚洲部分的中心位置，因此，中俄两国欲构建欧亚大陆桥的便捷通道，通过蒙古国也是最佳的选择。

由此可见，中、俄、蒙三国在北亚地区不但地理位置相连，而且由于各自都有自己独特的地缘优势，因而在发展经济方面的互补性和相互依存度很高。

2. 人口资源互补

从人口状况看，三个国家的差异性和互补性更是众所周知的。中国是世界第一人口大国，劳动力资源十分充足，不但成本低廉，而且吃苦耐劳、勤勉尽责、纪律性强，文化素质在发展中国家相对较高，因而在劳动密集型的行业中劳动生产率较高，可以说是一支优质的劳动力大军，这也是中国能够成为全球制造业大国的根本要素之一。

而无论是蒙古国还是俄罗斯西伯利亚地区，都是地广人稀，不仅如此，由于自然条件的艰苦和人口生育率下降，还在导致人口出生的减少和年轻劳动力的流失。而劳动力的极度缺乏无疑是蒙古国和俄罗斯西伯利亚地区经济落后，资源不能得到开发的根本原因之一。

尽管中国初级劳动力十分丰富，但高级专业人才却很缺乏。而俄罗斯由于前苏联将近 70 年的高度工业化发展，因此从基础科学到尖端科学，都不乏高科技的专业人才。例如 2005 年，俄罗斯每万名劳动者中从事研发活动的有 129 人，而在中国每万名劳动力中仅有 18 人。

由此可见，中、俄、蒙三国在劳动力资源的禀赋方面，也有着极大的差异，有着巨大的互补空间。如果三国能够相互信赖，合作共赢，将中国大量的初级劳动力引入地广人稀的蒙古国和俄罗斯西伯利亚地区（并不需要移民，只要允许合法用工），那对于这些地区的开发，将具有极其重要的意义。同时，俄罗斯的高级专业人才，也可以通过各种渠道来开展与中国的科技合作，并在各自具有优势的领域相互交流，相互学习，共同提高。

3. 自然资源禀赋互补

俄罗斯、蒙古国和中国虽然都属世界上资源丰富的国家，但是三者在很多矿产资源和能源资源的蕴藏和保有方面，仍然存在着很大的差异性和互补性。

从中国来看，尽管在国民经济中占有较重要地位的 45 种矿产储量居世界第三位，仅次于俄罗斯和美国，但由于中国人口众多，使得中国人均的自然资源占有量仅为世界平均水平的 58%。尤其是部分战略资源供需失衡、在国民经济中有重要地位的 16 种矿产探明储量严重不足，其中供应短缺或严重不足的矿产品有：石油、金、铜、白银、石棉、金刚石、铂族金属、钾盐、铬铁矿等。

然而俄罗斯和蒙古国所拥有的丰富的天然资源，很多恰恰都是中国战略资源短缺的种类。

俄罗斯当然不用说，其天然资源之丰富堪称世界之首。尤其是其拥有的石油资源、天然气资源、森林资源、水资源极其丰富，在全球都是名列前茅，而且都是中国经济发展中极为重要又相当紧缺的战略资源。

蒙古国的矿物资源不仅十分丰富，在世界上仅次于俄罗斯、美国和中国，而且由于地广人稀导致其矿产资源的人均占有量达到了很高的水平。同时，蒙古国与中国的自然资源互补性也很强，有专家专门撰文对此做了十分有意义的说明。

首先，从石油来看，尽管中国是世界上的第五大石油生产国，但国内石油消费仅次于美国、日本，居世界第三位。石油资源在中国已难以满足国内需求。自1993年中国成为石油净进口国以来，石油的进口量逐年增加。国际能源机构称，到2020年，中国石油消费量最少也要达到4.5亿吨，届时石油的对外依存度有可能接近60%，与目前美国的水平相当。而蒙古国的石油主要分布在南部和东部省份。据初步估算，储量可达60亿—80亿桶,仅与中国接壤的东、南、西部地区就有13个较大的石油盆地，储量约30亿桶以上。目前，蒙古国年石油产品消费量40万—50万吨，主要从俄罗斯进口。近几年从中国少量进口石油产品。蒙古国为扭转在能源需求方面长期依赖俄罗斯一国的不利局面，渴望用石油换取中国的成品油。从这个方面来看，两国石油资源合作的需求和互补性都很强。

其次，从铜矿来看，作为现代工业最重要的基础原材料之一，铜历来被各国视为重要的战略物资。中国铜矿资源供应严重不足。据中国有色金属工业总公司预测，到2010年中国对铜的需求将达170万吨。国内铜矿石的生产仅能满足需求的41%—47%。目前，中国主要从智利、澳大利亚、印度尼西亚和蒙古国进口，从蒙古国进口的铜约占总量的20%—25%。蒙古国铜矿储量丰富、品质高，目前探明储量2.4亿吨。主要分布在北部、中部和与中国接壤的南戈壁省、东戈壁省。20世纪70年代末投产的蒙苏合资额尔登特铜钼矿是世界十大铜矿之一，位居亚洲第一，可开采65年。该矿是蒙古国第一大创汇户，其出口额占蒙古国出口总额的30%。1990年后其产品由全部出口苏联改为出口中国。可见中国对蒙古国的铜矿需求多么强烈。

再次，从黄金来看，中国黄金的探明储量虽然居世界第五位，但是仍属于国内供应短缺的矿产品，中长期保障程度依靠进口和取决于科学技术的进步。而蒙古国金矿分布广、蕴藏丰富。现发现130多个金矿，地质储量3000吨，分布除在北部、中部外，主要与中国接壤的西部、南部和东部各省。蒙古国政府自1992年开始实施“黄金计划”以来，已开采黄金70多吨。

再从磷矿来看，中国磷矿探明储量在世界上占有重要地位，磷矿石产量也较高，但绝大部分集中在云贵地区和鄂湘川地带，加之磷矿中贫矿较多、共生与伴生矿多等不利因素，使北方严重缺磷的土壤难以有效供给磷肥。据蒙古国地质专家考察，该国磷矿探明储量居亚洲第一，世界第五。蒙古国北部库苏古尔省和扎布汗省共发现50多个磷矿床，储量达57亿吨。磷矿产品将成为蒙古国继铜、金、萤石之后新增加的一种大宗出口矿物。

此外，在蒙古国富足的矿产资源中，钾盐、铬、金刚石和钼族金属，在中国均属供需缺口较大和前景极不乐观的紧缺矿产；而铁、锰、铝、铅、锌等矿产，目前在中国虽然基本能够有保障，但仍不能充分满足社会经济发展需求，中长期没有保障。①

由此可见，中蒙之间矿产资源的互补性也极强，合作空间也十分广阔。

在自然资源禀赋中，还有本书前面提到的森林资源和水资源。俄罗斯西伯利亚的森林资源和水资源（也包括蒙古国北部的水资源），在世界上都是首屈一指，且由于其极度地广人稀，因而白白流失和浪费。而在中国，尤其是水资源已经成为经济进一步发展、环境进一步改善甚至人民生活进一步提高的瓶颈。因此这个方面的互补性就更为强烈，合作的可能性也就更为凸显和重要。

4. 经济技术发展水平互补

尽管俄罗斯西伯利亚地区、蒙古国以及与它们毗邻的中国内蒙古自治

① 参阅娜琳：《中蒙经贸关系的现状及两国在矿产领域的合作》，《走进蒙古国》（上册），豆丁网，2007年8月21日。

区，在主要产业领域中看上去似乎有雷同之处，例如其经济类型中矿产业、资源产业如采掘、电力、冶金、石油加工、化学工业、森林采伐、木材加工、制浆造纸工业等都是占很大的比重，但是实际上在这些产业发展的实质内容和水平上仍然有着很明显的差异。

中国的矿产业、资源产业无论在设备、技术、工艺、资金供给还是产业服务上，不但远远高于蒙古国的水平，而且就技术和设备的现代化而言，也高于曾是传统工业强国但近期已经不断落伍的俄罗斯西伯利亚地区。因此即使是看上去几乎相同的矿产业和资源产业，其实都存在很大的差异和很强的互补空间。这也就是为什么现在中国与蒙古国及俄罗斯率先开展的合作项目大都集中在矿产业和资源加工产业的原因。

尤其是蒙古国，不但缺少资金和技术，而且市场相对较小。而中国不仅市场巨大，资金和技术力量雄厚。中国企业在蒙古国还具有运距短、技术适应性强、劳动力成本低的优势。

有专家指出，中蒙两国都有加快区域经济合作的需求和愿望。蒙古国官方和民间都希望中方参加其矿产开发、基础设施建设、自由贸易区建设和技术开发。地域距离近的优势为中蒙双方推进区域经济合作提供了最佳的条件。蒙古国丰富的煤炭、石油和有色金属等矿产资源与中国相对完善配套的冶炼加工系统及对能源的大量需求、蒙古国相对丰富的畜牧资源与中国相对发达的纺织业及服装加工业和巨大市场都形成了极强的互补性，这种情况在中国与其他周边国家的区域合作中并不多见。蒙古国近几届政府将矿产开发作为振兴蒙古国经济的重点，而其基础设施条件差、勘探能力不足正是制约其矿产资源开发的瓶颈，特别是占其出口产品70%的矿产品开发出来以后，从经济成本核算的角度分析，其去向不言自明，只能供给中国，成本最小、利益最大。①

5. 产业结构互补

中、俄、蒙之间产业结构差异性和经济互补性，则更是众所周知的。

---

① 参阅于学军：《中蒙区域经济合作战略分析》，《内蒙古财经学院学报》，2007年第4期。

尽管到目前为止，俄罗斯仍然还是世界科技大国，在宇航技术、激光技术、微生物工业、人造晶体、新材料等方面居世界前列，但是几十年来形成了重工业发达、轻工业落后的畸形产业结构，至今并没有发生很大的改变。

即使近年来俄罗斯经济发展很快，但它也主要是凭借国际市场石油价格的高企，依靠石油及天然气开采、加工等来带动本国经济的快速发展。换言之，即使到了21世纪，俄罗斯畸形的产业结构仍然没有太大的变化。在它的经济结构中，依然是矿产业、资源性产业、重化工业，包括尖端科技和军工产业对俄罗斯经济起着火车头的带动作用，而它的现代电子工业、家电工业、轻纺工业等仍然处于相当落后的水平。

至于蒙古国则更不用说。它的经济结构主要以初级产品为主，制造业和服务业相当落后，远没有形成适合本国国情的产业结构和产品结构。此外，蒙古国产业门类不全，地区分布失衡，绝大部分工业部门、劳动力集中在以乌兰巴托、达尔汗、额尔登特为中心的中央经济区。单一的产业结构，使蒙古国长期以来形成了以进口工业制成品，出口矿产、农业原材料等初级产品为主的贸易结构。

而中国经过几十年的改革开放，已经成为世界制造业中心，在制造业和种植、食品加工、纺织业等行业，与蒙古国的经济结构形成极强的互补性。不但中国生产的食品、轻工产品、纺织制品、化工产品、电子产品、家用电器乃至水泥、平板玻璃、小型机械设备、小型汽车等产品成为蒙古国需要大量进口的产品。即使从占蒙古国经济活动近一半的农牧业发展看，其农牧业发展水平同样很低，生产技术落后，而且仍以粗放型农牧业为主，粮食等基本产品不能自足，因而对粮食、蔬菜、水果、禽肉、禽蛋也同样需求旺盛。这表明中国与蒙古国在农业水利化、牧业现代化以及高科技、高产量种养殖业的方面，同样有着很强的互补性，蕴藏着大量的商机。

综上所述，可以看到，中、俄、蒙之间无论在自然资源、人口资源、地理区位、经济发展水平、产业结构、经济技术合作等各个方面都具有很大的差异性，都具有很大的互补性，因而也就存在着很大的合作空间。这些都为构建“北亚经济圈”创造了根本的基础和广阔的空间。

第三节 中、俄、蒙三国地区之间近年来已经奠定了合作的一定基础

1. 中俄两国经济合作关系进入历史最好时期

如上所述，进入21世纪后，中俄两国关系翻开了新的篇章。事实上，20世纪90年代初前苏联解体后，中俄两国就开始了新的关系，两国最高领导人频繁相邀互访。在2003年前，俄罗斯时任总统叶利钦4次访华，中国国家主席江泽民4次访俄。普京担任总统后，也分别于2000年7月和2002年12月两次正式访华。2003年5月，胡锦涛就任国家主席后首次出访的国家就是俄罗斯。不仅如此，两国政府总理定期互访也形成机制，2003年温家宝总理访俄并与俄政府总理弗拉德科夫共同举行两国总理第九次定期会晤。这个时期领导人之间互访成果是多方面的，其中最重要的就是2001年7月两国元首签订的《中俄睦邻友好合作条约》。该文件把两国世代友好、永不为敌的和平思想和永做好邻居、好朋友、好伙伴的坚定意愿以法律形式巩固下来。

随着俄罗斯国家战略重心的不断东移，中俄关系迅速上升到一个新的发展阶段。2004年10月俄罗斯时任总统普京访华，就是一次带有里程碑性质的重要访问。

在这次普京访华期间，双方领导人都对两国未来关系前景充满信心。胡锦涛主席提出了坚持相互尊重、平等相待、相互支持，不断增强政治互信；坚持优势互补、互利互惠、立足长远，谋求共同发展；坚持协调配合、相互信赖、深化协作，共同营造良好的国际环境；坚持取长补短、相互借鉴、扩大交流，不断深化两国友好关系等中俄战略协作伙伴关系四原则。双方领导人签署了《联合声明》，批准了《〈中俄睦邻友好合作条约〉实施纲要（2005年至2008年）》，同时签署了12个双边文件。此外，普京

总统还与中国国务院时任副总理吴仪共同主持了在西安召开的中国西北五省区与俄罗斯地方负责人扩大地方合作座谈会。普京总统在座谈会上指出，俄罗斯政府特别支持俄罗斯地方政府、国有和私有企业参与中国西部大开发，开展石油、天然气、电力、铁路、机械制造等大项目合作。这种地方合作必将充实俄中全面友好互利合作关系，为欧亚大陆的稳定与繁荣作出贡献。

由于普京总统此次访华取得了多方面的重大成果，因此俄罗斯许多媒体发表评论说，这是“深层次的中俄战略协作元年开始的标志”。俄罗斯驻华大使罗高寿说，普京此行对于巩固俄中长期战略伙伴关系，具有“里程碑”的意义。

此后，2006 年 3 月 21 日，胡锦涛主席与普京总统共同签署了《中华人民共和国和俄罗斯联邦联合声明》，其中提到，要在 2010 年努力使双边贸易额达到 600 亿—800 亿美元。

2006 年 11 月，中俄正式签署了《中俄两国关于鼓励和保护相互投资的协定》。双方政府部门间成立了投资合作工作组，共促成 29 个合作项目，中方投资总额将达 31.5 亿美元，投资方向包括房地产、木材深加工、农业开发、化工等领域。

2007 年 11 月上旬，中国国务院总理温家宝访俄期间，中国商务部与俄罗斯经济发展和贸易部在莫斯科共同举办了“第二届中俄经济工商界高峰论坛”。此外，中国商务部还举办了经贸合作协议签约仪式，重点涉及电力设备、矿山机械、民用飞机及发动机、电子产品等贸易合同，以及汽车生产组装、资源开发、木材深加工、工程承包等投资和经济技术合作项目。

客观地说，尽管 2000 年后，中俄双边经济合作不断升温，但真正取得突破性的重大进展，还是从 2008 年世界金融危机后才开始实现的。

在 2008 年金融危机发生之前，中俄经济合作主要还是集中在双边贸易、双边投资和工程承包、劳务输出和设计咨询等方面。例如，在中俄贸易方面，中国出口到俄罗斯的产品以纺织、轻工产品、日用消费品等劳动密集型产品为主。随着双边贸易的发展及贸易结构的改善，中国对俄机电产品、高新技术产品出口逐渐增加。2004 年和 2005 年，中国对俄高新技术产品出口额同比增长 27.4% 和 60.5%。2006 年中国对俄汽车出口量呈现高速增长。在中国汽车出口的国别排名中，俄罗斯已取代阿尔及利亚、叙利亚、伊朗等国，从2005年的第六位跃居2006年的第一位。2006年中国对俄汽车出口额达3.5亿美元，出口3.8万辆，同比增长超过300%。2007年1—6月中国汽车出口统计数据显示，俄罗斯已成为进口中国汽车最多的国家，中国向俄罗斯出口的汽车数量和金额已经超过2006年全年。在无线电话、电热水器、传声器、音频扩大器、部分机器的零部件方面，中国也已成为俄罗斯的第一大进口来源国。而中国自俄进口则以原材料商品为主，其中能源产品、钢材、化肥、原木及有色金属等大宗商品占自俄进口总额的近70%，而石油产品则占近50%。

俄罗斯对中国的直接投资主要集中在制造业、建筑业、交通运输等领域，截至2006年年底，俄罗斯对华实际投资额超过6亿美元。中国对俄罗斯的投资领域涉及能源、矿产资源开发、林业、贸易、轻纺、家电、通信、服务等。截至2006年年底，中国对俄投资项目达730余个，累计投资额为9.35亿美元。

在经济技术合作方面，中国对俄承包工程、劳务输出、设计咨询这三类合作。所完成营业总额由1998年的2.1375亿美元增加到2005年的4.536亿美元。由于俄罗斯劳动力缺乏，在建筑、商贸、工业、农业和林业等领域对外籍劳动力需求较大，俄也有意吸收中国劳动力参与其建设。中国在俄罗斯的承包工程、劳务合作业务基本上集中在俄远东和西伯利亚地区，主要涉及基础设施、建筑装修、森林采伐、农业种植等，但大项目较少，整体规模较小。[①]正是在这样一种态势下，2008年中俄双边贸易达到568亿美元的高水平，六年间翻了六倍。使得中国已成为俄罗斯第二大贸易伙伴，而俄罗斯则成为中国的第九大贸易伙伴。

2008年爆发的席卷全球的金融危机对俄罗斯经济造成了巨大的冲击，也使中俄双边贸易额大幅下滑。然而，它却成为俄罗斯下更大决心与中国开展全面深入经济合作的动力，从而推动中俄经济合作关系从先前以双边贸易为主转向了以能源、资源和高技术合作为主；从先前以民间小规模投资为主转向了以政府大规模投资合作为主的新阶段，取得了前所未有的历

① 参阅：《中俄经济合作发展扫描》，《中俄经贸时报》，2008年3月6日。

史性突破。

2009年年初，中俄签署了250亿美元的“石油换贷款”协议。据此，中国将向俄方提供贷款，俄方则承诺在长达20年的时间里（2011年至2030年）向中国提供3亿吨的原油并建设“东西伯利亚—太平洋石油管道”的“中国支线”。中俄原油管道工程中国境内段和俄国境内段已于2009年5月和4月分别开工，预计2010年6月前完工。中俄原油管道的建设运营合同、原油购销合同和贷款协议等一揽子合作文件正式生效，标志着中俄能源合作进入了实质性的合作阶段。

中俄“石油换贷款”协议中的另一个重要组成部分是天津炼油厂项目，中俄双方成立合资公司——中俄东方石化（天津）有限公司，其中中国石油天然气集团公司（“中石油”）占股51%，俄罗斯石油公司占股49%。双方计划投资额30亿—40亿美元在天津建设年产量为1500万吨的炼油厂，在炼油厂建成投产以后，该合资企业还将在中国境内建设300座加油站。

2009年10月，在普京总理访华期间，中俄能源投资股份有限公司宣布成立并出资收购俄罗斯松塔儿石天然气公司51%的股权，从而取得俄罗斯东西伯利亚地区两块储量达600亿立方米天然气田的勘探开采权。由于此前没有任何跨国合资公司能对俄罗斯天然气田实行控股投资，因此，本次收购被认为开创了中俄能源合作领域的先河，成为中俄能源合作的新模式。在未来两年半的时间内，该公司将斥资3亿美元全面开发这两块天然气田，而产出的天然气则主要供应中国、日本、韩国。该公司还将与国际石油巨头携手共同开发俄罗斯东西伯利亚地区和远东大陆架的油气资源。

此外，在此次中俄总理会晤期间，两国还签署了《落实2009年6月24日签署的〈关于天然气领域合作的谅解备忘录〉路线图》和《关于俄罗斯向中国出口天然气的框架协议》，确认“俄气”将铺设两条对华供气管道，并在双方确定天然气供应价格后于2014—2015年开始实现对华天然气供应。主要天然气来源为位于东西伯利亚地区的俄罗斯恰扬金石油天然气凝析气田与科维克塔凝析气田。

同时，在10月份的中俄总理会晤期间，两国还签署了《中俄合作建设中国示范快堆预先设计研究合同》和《中国核工业集团公司与俄罗斯原子能公司关于田湾核电站有关问题的谅解备忘录》。这表明，中俄在核能领域的合作也取得了新的进展。可以看到，中俄两国的能源合作已经从油气领域向核能、电力、煤炭等领域扩展，中俄能源合作的内涵更加丰富，合作水平也得到了进一步的提升。王岐山副总理因此表示，中俄两国“在能源领域进入长期战略合作的新阶段”。

中俄两国合作关系全面深化，不仅体现在能源领域，而且也体现在其他领域。例如为了加强海关合作，规范通关秩序、提高海关监管效率、打击走私违法活动，为规范双边贸易秩序创造条件，2009 年 6 月 17 日，中俄总理定期会晤委员会海关合作分委会宣告成立，标志着两国海关合作步入机制化发展轨道。分委会第一次会议于 2009 年 9 月在北京举行，中国海关向俄海关提出包括交换报关企业名录、向收货人签发“报关单证明联”、简化守法外贸企业通关手续等三项建议，部分建议已经被俄方吸收。在 2009 年 10 月份的中俄总理会晤期间，两国海关签署了《关于规范通关监管秩序的合作备忘录》。根据备忘录，中俄海关将开展双边贸易中进出关境货物信息的预先交换，互换报关企业目录并通报变动情况，定期对等交换价格信息以共同打击海关估价领域内违反海关法规的行为，加强中俄海关执法合作，开展知识产权海关保护合作，加大中俄海关贸易统计合作力度，开展加强报关企业管理方面的合作，遏制俄不法清关公司的行为。

在中俄两国高技术合作方面，也跨上了新的台阶。2009 年 10 月份的中俄总理会晤期间，两国相关部门和公司签署了《关于在俄罗斯联邦境内组织和发展快速及高速铁路运输的谅解备忘录》，据此，中国的高速铁路技术和设备将在俄罗斯市场找到自己的位置。中国的高铁技术对俄罗斯来说至少有三个优势：一是从工务工程、通信信号、牵引供电到客车制造等方面，中国可以一揽子出口，而这是别的国家难以做到的；二是中国高铁技术层次丰富，既可以进行 250 公里时速的既有线改造，也可以新建 350 公里时速的新线路；三是中国高铁的建造成本较低，比其他国家低 20% 左右。中国高铁技术对俄出口不仅能大大提高“中国制造”在俄罗斯人心目中的地位，也将改变多年来中俄在高技术领域合作是“俄予我取”的状态。①

---

① 参阅：《2009 中俄关系盘点：走上“共同发展”之路》，人民网，2009 年 12 月 25 日。

2. 中俄开展地区性经济合作出现重大转机

在中俄国家层面已经开始开展合作的很长一段时间里，处于俄罗斯东部与中国相邻的地区，态度却并不积极，而且不断还有“中国威胁论”杂音相伴其中。

但是近年来，这一态势发生了重大的转变。中俄两国相邻地区的区域性合作也开始进入了实质性的操作阶段。

2006年3月22日，俄罗斯时任总统普京就在“中俄经济工商界高峰论坛”的演讲中指出：“为实现我们确定的合作优先发展目标，我们需要更加重视地区之间的交往。特别是在两国毗邻地区，地方之间的交往对促进彼此的经济增长作用很大。我在2004年会见了中国西部地区负责人，胡锦涛主席在2005年会见了俄西伯利亚地区负责人，这都表明两国的地方间合作意义重大，发展前景良好。”“目前俄罗斯联邦有60多个地区参与对华合作，还有更多的地区希望加入这一进程。俄罗斯中部和南部地区的积极性也很高，希望包括俄罗斯外高加索地区在内的更多俄罗斯地区也加强对华合作。为促进地区交往持续增长，我们要非常重视协调国家级的地区发展规划，特别是要考虑到全面开发俄罗斯远东和西伯利亚地区，以及支持中国振兴东北老工业基地和西部大开发的规划。为推动地方间的合作，我们还要进一步完善基础设施，包括建立边贸中心、通关口岸和跨境桥梁等。我们欢迎俄中两国企业家积极参与这些项目。”[①]

2009年5月21日，梅德韦杰夫总统在哈巴罗夫斯克举行的“沿边合作会议”上发表《同中、蒙发展沿边合作与俄东部地区发展》的重要讲话，称中国是俄“最重要和最有经济合作前途的伙伴”。

中国和俄罗斯有着4300多公里的共同边界。如今，在俄远东港口城市符拉迪沃斯托克（海参崴），大街小巷到处都有中国商品，居民每天餐桌上的蔬菜几乎全部出自中国人之手。据俄总统驻远东联邦区全权代表普利科夫斯基介绍，2006年仅俄远东地区同中国的贸易额就占中俄贸易总额的

---

① 参阅2006年3月22日普京在“中俄经济工商界高峰论坛”开幕式上的演讲。

30%以上。仅哈巴罗夫斯克边疆区对华贸易额就超过10亿美元，占其外贸总额的51.7%；滨海边疆区则达7亿美元，占其对外贸易额的41.7%；中国已经连续多年是俄远东对外经济合作的头号伙伴。

在俄罗斯俄远东地区，地方长官们已经充分认识到，远东对中国经济已形成较高的依存度，远东经济的发展离不开中国。地方领导人对华合作积极性明显提高。哈巴罗夫斯克边疆区行政长官伊沙耶夫曾多次访问中国，比较熟悉中国情况。他公开表示，“中国是一个无法阻止的强大火车头，我们应当坐上这个火车头并一同驾驭局势。”他在太平洋盆地经济理事会第37届国际大会上再次表示，俄中将加强在萨哈林岛的能源合作，中国巨大的市场对俄罗斯具有非常大的吸引力。萨哈共和国副总统亚历山大·阿基莫夫在2007年3月访华时也表示，欢迎中国参与东西伯利亚石油开发。滨海边疆区副主席戈尔恰科夫对中俄合作更是充满信心，他说：“我们的人力和财力根本无法维持我们的滨海边疆区。只有向亚洲开放，我们才能够生存下去。”俄还计划在远东建立3个自由贸易区，给予税收和其他优惠政策。俄总统驻远东联邦区全权代表普利科夫斯基表示，如果中国伙伴在合作中遇到什么问题，就“直接找他或是所在州州长”。俄经济发展和贸易部长格列夫承诺要为两国远东合作创造有利条件。

在西伯利亚联邦管区，近年来不少联邦主体也与中国建立了越来越密切的经济合作关系。

在克麦罗沃州，2005年中国就已成为其最大的贸易伙伴。中国是库兹巴斯冶金产品的最大买家之一，冶金产品出口额占其对华出口额的72%，主要出口产品有钢材、半成品和生铁。与此同时，克麦罗沃州2005年从中国的进口额比2004年增长2.6倍，70%的进口产品分为三类：矿物燃料、用于金属冶炼的耐火砖和机械制造业产品。克麦罗沃州还和中国一些城市建立了友好城市关系和长期合作关系，其中包括重庆、沈阳和朝阳等。

在外贝加尔边疆区，中国也是其对外贸易的最大伙伴。据2005年统计，外贝加尔边疆区与中国的贸易占其对外贸易总额的96.1%。外贝加尔边疆区主要出口商品有木材、金属及其制品、机械设备和交通工具、化工产品和橡胶等，其中木材全部出口至中国。主要进口商品为：食品及农产品、机械设备及运输工具、化工产品、纺织品及鞋类等。

同时，中国也是鄂木斯克州的第三大贸易伙伴，而布里亚特共和国的对外经济活动几乎有一半是与中国内蒙古自治区合作开展的。

在新西伯利亚州，不仅与中国的经济合作在不断扩大，而且与中国的天津市、黑龙江省、辽宁省、吉林省、浙江省、内蒙古自治区和新疆维吾尔自治区等省区都建立合作关系。2005 年 7 月中国国家主席胡锦涛访俄期间，在新西伯利亚会见了西伯利亚地区政府的领导人。双方讨论了扩大两国地区间合作和协调地区发展计划的问题。新西伯利亚州提出在下列方面进行协作：生物技术、建材、医疗和生态设备、化学工艺、仪表制造、激光技术、电信系统、生产自动化、农业和绿色无污染食品、人文合作（培养汉语和俄语人才）以及向俄罗斯供应中药制剂等。同时，新西伯利亚“科学城”也与中国开展了广泛的交流与合作。2003 年夏天，中国科学院与俄罗斯科学院新西伯利亚分院达成协议，双方将合作在中国和俄罗斯各建三个高新科技园区，其中在中国的三个高新科技园区分别设在沈阳、长春和大连。此外，“科学城”与中国的上海、广州、宁波、哈尔滨等城市也有着密切的合作关系。每年到科学城进行访问和交流的中国科学家有 500 多人，科学城每年也有 300 多名科研人员到中国进行访问和学术交流。

总之，过去中俄关系中最显著的“政热经冷”和“上热下冷”的局面正在发生“静悄悄的改变”。有媒体指出，现在，俄远东地方官员只讲合作而几乎很少再提所谓的“中国威胁论”。这种俄地方和中央齐声呼唤中俄合作的局面，还不多见。

3. 中蒙经济合作掀开了新的篇章

（1）中蒙双边贸易发展进入新阶段

近年来，中蒙的经济关系日趋紧密。根据中国商务部统计，2007 年，中蒙双边贸易额约 20.3 亿美元，比 2006 年增长 28.4%。而据蒙古国统计局的数字，2008 年蒙中双边贸易总额为 28.139 亿美元，占蒙对外贸易总额的 45.72%。中国已经连续 10 年成为蒙最大贸易伙伴国。

2008 年 8 月，首届蒙古国和中国企业家经贸论坛在蒙举行，30 多家中国企业与会，双方企业就多个项目进行了洽谈。

截至2009年年底，中蒙两国已进行了十多次政府经贸联委会会议，就两国经贸关系中存在的问题进行了定期交流协商。在2008年举行的第10次政府经贸联委会会议上，两国就双边经贸关系中存在的问题进行沟通协商，双方同意支持两国企业在各个领域开展合作。

随着两国经贸合作关系的不断发展，不仅贸易量、贸易额持续增加，而且向着经贸合作的广度和深度不断发展。

首先是贸易形式向多样化发展，地方贸易、边民互市贸易、旅游购物等多种形式的贸易都在不断发展。

其次是贸易结算方式也在向多样化发展，由易货贸易为主向现汇结算为主转变，逐步形成以现汇贸易为主、多种结算方式并存的格局。

最后是开始实现由商品贸易向经济技术合作转变。在中蒙贸易发展过程中，经济技术合作也在蓬勃发展，合资企业从商业性企业向生产性企业转变；合作项目也从小型为主逐渐向资源开发和大型加工工业项目转变。表明中蒙经济技术合作在不断深化。①

（2）中国对蒙投资进入新阶段

中国自1998年超过俄罗斯成为蒙古国第一大投资国，到2007年，中国已连续10年成为蒙古国最大的投资国和贸易国。2007年，世界95个国家的7700多个公司在蒙古国投资23亿美元，其中，中国公司投资11.8亿美元，占外国投资总额的51.2%。中国在蒙注册公司3769个，占外国公司总数的48.4%。

中国投资的主要项目是石油加工、矿山开采、食品加工、畜产品加工、建筑建材、小电器设备制造、木制家具制造、日用品制造、卫生保健与化妆品制造、餐饮服务等。中资企业为当地居民提供数万就业岗位，并为蒙许多相关产业提供了发展和扩大的空间。可以说，中国的投资极大地促进了蒙古国经济和社会的发展，并为其经济近年来保持高速增长作出了重要贡献。

① 参阅李慧：《中蒙经贸合作的现状与对策》，《商场现代化》，2008年1月（下旬刊）。

对蒙古国矿产资源开发是中资企业投资额最大的行业。2003 年胡锦涛主席访蒙时双方达成“把资源开发和基础设施建设作为今后发展的重点领域”的共识。第二年，即 2004 年中国对蒙投资的 65.6%（将近 7400 万美元）集中到矿产勘探开发领域，取代餐饮贸易行业而居第一位。2005 年中国对蒙矿产勘探开发领域的投资额猛增到 1.73 亿美元，同比增长了 134%，占当年中国在蒙投资总额 2.36 亿美元的 74%。2005 年一年就比 1990—2003 年 14 年的投资额之和还多得多。

近年来，中蒙经济合作的另外一个重大转变，就是投资合作项目已经开始出现由民间小规模的投资，转向以政府为主导、由大企业进行大规模投资的良好势头。

例如中蒙合作开发建设的图木尔廷敖包锌矿。该矿资源储量为 103 万吨，开采年限为 27 年。该项目中方股东占项目股份的 51%，蒙方股东占 49%，矿山建设使用中国政府优惠贷款，建设投资 3800 万美元。该矿于 2003 年 10 月开始兴建，已于 2005 年 9 月建成投产。2006 年上半年图木尔廷敖包锌矿共生产锌精矿 4.2 万吨，实现收入 3.31 亿元，并且为当地提供了 500 多个就业岗位。

另外一个大项目是 2005 年 5 月奠基的乌兰巴托炼油厂。该项目是中国某企业集团全额投资，设计能力为年加工 100 万吨原油，生产 5 类 14 种产品。建厂需 2 亿美元资金，是蒙古国历史上的第一大炼油厂。该厂建成后完全满足蒙古国每年所需 45 万—55 万吨成品油外剩余全部出口中国，项目的启动还为蒙古国创造了 1 000 多个工作岗位。该炼油厂的建成大大缓解了蒙古国成品油历来全靠俄罗斯一家的局面。

2006 年上半年，中国两家公司在蒙古国买下一个新发现的油田。该油田拥有 30 万平方米面积，是蒙古国迄今为止面积最大的一个油田。由于勘探技术的不断提高，蒙古国近年来持续发现了具备商业开发的中小型油田。而在蒙古国石油开采领域中，中国企业已成为最大的投资者。

此外，2008 年 10 月中蒙两国已开始合作建设蒙古国第一家制糖厂。目前蒙古国还没有制糖厂，所需食糖全部依靠进口。为了使食糖国产化，蒙古国决定根据中蒙两国国家间合作协议，利用中国政府提供的长期贷款建立一座糖厂。从 2006 年起，内蒙古自治区甜菜制糖工业研究所向蒙古国提供甜菜品种和优质高产栽培技术，在蒙古国农业区进行试种。结果显示中国提供的甜菜品种适合在蒙古国大面积推广种植。该制糖厂建成后，年加工原糖 3 万吨，并带动蒙古国甜菜种植业发展，而中方将定期提供制糖技术指导和甜菜种植推广技术。

不仅如此，为了蒙古国南部地区的经济发展，蒙古国政府决定在扎门乌德建立自由经济区，并与 2005 年举行了奠基仪式。该自由经济区占地面积为 900 公顷，位于扎门乌德西南靠边境线一带，分旅游服务区、加工区和商贸区 3 个部分。与此配套的扎门乌德公路口岸扩建工程正在加快实施。

（3）中国对蒙贷款援助也在迅速增加

自 1949 年中蒙建交至 2007 年年底，中国共为蒙提供和允诺提供 40 多亿元人民币的各种援助和贷款。其中 1991 年至 2002 年，中国援蒙资金共达 5. 81 亿元人民币，其中 1. 3 亿元为无息贷款，2 亿元为优惠贷款，其余为无偿援助。

2002 年 6 月外经贸部部长石广生访蒙，双方签署《中国援助蒙古国经济技术合作协定》，同时还签署了《蒙古国推迟偿还中国贷款换文》，同意蒙古国偿还中国 20 世纪 50—60 年代贷款的期限延长至 2007 年以后。

2003 年 6 月胡锦涛主席访蒙时，中方决定向蒙提供 5000 万元人民币的无偿援助和 3 亿美元的用于矿产资源开发与基础设施建设的优惠贷款。当年底又提供了 3000 万元人民币的无偿援助。

2004 年 7 月蒙古国总统巴嘎班迪访华时，中国提供了 5000 万元人民币的无偿援助。

2005 年 5 月 24 日至 26 日，吴仪副总理访蒙期间，中方决定再为蒙古国提供 5000 万人民币的无偿援助，另准备提供 3 亿美元优惠贷款。

这样，中国仅在 2003 年至 2005 年的 3 年间就向蒙提供近 30 亿元人民币的援助和贷款（包括允诺提供），远远超过了前 50 多年之合。中国对蒙古国援贷款的增加，对扩大两国经贸合作，落实两国在资源领域的合作提供了有利的条件。[①]

---

① 参阅于学军：《中蒙区域经济合作战略分析》，《内蒙古财经学院学报》，2007 年第 4 期。

（4）中蒙基础设施建设合作进入新的阶段

近年来，为进一步扩大中蒙之间的经贸合作，中蒙两国相继采取了一系列措施改善以道路为主的基础设施建设。

从铁路建设来看，近年来中国已把建设中、蒙、俄之间的铁路通道建设列为了重要的任务，近年来联结内蒙与蒙古国及俄罗斯相关地区的铁路项目纷纷上马。如临策铁路、神华甘泉铁路、甘其毛道—万水泉铁路、白云鄂博—满都拉铁路、西乌旗—珠恩嘎达布其铁路、阿尔山—乔巴山（内蒙古段）铁路、黑山头—海拉尔铁路、室韦—莫尔道嘎铁路、策克口岸至蒙古国那林苏海图煤田铁路等等，都已或者即将竣工、或者开工建设、或者已获批准备启动、或者开始前期工作。从中国方面来看，正在迅速改变长期以来铁路建设严重落后的局面，逐步形成以铁路为重点贯通中、蒙、俄之间与中国内地比较完善的铁路交通网络。

另一方面，蒙古国近年来也在致力于提升其铁路运力，倾力打造连接蒙、中、俄之间的铁路交通网络。蒙古国计划修建 3 条通往中国的铁路。一条是从扎门乌德至苏赫巴托尔的中蒙铁路复线，决定在复线上用电力机车取代柴油机车，实现全线电气化；另外一条是从矿产资源丰富的东方省省会乔巴山修到内蒙古阿尔山的铁路；还有一条是从蒙古国乔巴山至内蒙古珠恩嘎达布其的铁路，以解决蒙古国东部省份的矿产资源运输问题。

此外，中蒙还在倾力打造“两山”铁路，即从蒙古国乔巴山至内蒙古阿尔山的全长 443 公里单线一级国铁标准铁路。该线路从蒙古国乔巴山市向东经过中国的阿尔山市、乌兰浩特市、白城市、长春市、图们江至俄罗斯、朝鲜的海港，并从乔巴山市向西延伸与扎门乌德至乌兰巴托的铁路相通，成为打通“东方大通道”，构建连接东北亚和欧洲新大陆桥的重要关节点。

中国各级政府高度重视“两山”铁路项目，不但中央政府已将该项目纳入了东北地区振兴规划，同时内蒙古自治区也将“两山”铁路项目纳入了“十一五”规划，并提到重要日程；与此紧密相关的另外一个重要省份吉林省，也正在按照东北地区振兴规划的要求抓紧对这个项目的实施工作。

另一方面，蒙古国也对“两山”铁路项目高度重视。不仅国会已将“东方大通道”项目确定为重要国策，而且决定将“东方大通道”蒙古国境内修建的443公里铁路采用与中国窄轨相同的铁轨，以便与中国铁路接轨。蒙古国政府还同意发放项目许可证，首先推进乔巴山至阿尔山间的铁路建设。这些成为中蒙“东方大通道”项目得以实施的契机。①

由此可见，发展这个地区的跨境铁路运输线已经得到了中蒙两国的高度重视，目前正在建设和即将上马的上述铁路工程项目，都将为进一步形成中蒙之间的通畅的铁路网络奠定较好的基础。

从公路建设方面来看，中国与蒙古国已协商，在2006—2010年期间，双方将开通6条国际公路通道。这些国际公路通道包括4条国际货运线路和2条国际客运线路。分别是：中国珠恩嘎达布其口岸至蒙古国苏和巴特省西乌尔特市、中国甘其毛道口岸至蒙古国塔本陶勒盖煤矿、甘其毛道口岸至蒙古国奥云陶勒盖铜金矿、中国策克口岸至蒙古国那林苏海特煤矿的货物运输线路，以及中国珠恩嘎达布其口岸至蒙古国塔木察格油田和中国甘其毛道口岸至蒙古国嘎顺苏海图客运线路。

此外，蒙古国正在修建的“千年之路”交通网将穿过蒙古国5大经济规划区，蒙古国的额尔敦特铜矿、巴嘎淖尔煤矿、宝日温都尔矿山、塔木茨格布拉格油田、马尔岱铀矿等工业区也都分布在“千年路”交通网附近，“千年之路”交通网穿过的地区还有着丰富的稀有金属如金、锡、锌、褐煤和建材等资源。由于该路的建成将使这些资源富集地区与中国连接起来，因而有利于中蒙两国对这些资源的共同合作开发和利用。

总之，中蒙之间在建立公路运输通道方面，已经有了一个好的开端，形成了良好的发展态势，为将来形成公路的“南北大通道”奠定了基础。

从口岸建设方面来看，由于在中蒙经贸关系中，边境口岸发挥着非常重要的作用，因此近年来随着中蒙经贸关系的逐渐热络，加强中蒙之间的边境口岸建设也在不断加强。为进一步加强经贸往来，中蒙两国还多次修改边境口岸及管理制度协定，最大限度地保障贸易渠道畅通。

1992年，中蒙两国边境上8个边境口岸全部开通，并增设了两个季节

① 参阅杨臣华、黄占兵：《关于推进“乔巴山—阿尔山—图们江通道”建设的调研报告》，《北方经济》，2008年第19期。

性边境口岸。2004 年双方在北京签署了《中蒙边境口岸及其管理制度协定》。根据该协定，从 2004 年 10 月 1 日起，在中蒙之间 12 个边境口岸中，除了二连浩特—扎门乌德口岸为常年口岸外，另外将新疆的塔克什肯—蒙古国的布尔干等四个季节性口岸改为常年开放口岸。①

目前，中蒙两国已开设了 13 对常年和季节性开放口岸，其中包括蒙古国东部、南部 6 个省与中国内蒙古自治区开设的 9 对口岸，蒙古国西部 3 个省与中国新疆维吾尔自治区开设的 4 对口岸。根据货物和人员的流量，其中有 5 对口岸常年开放。

在中蒙 13 对边境口岸中，尤以二连浩特—扎门乌德口岸最为重要，已成为中蒙之间规模最大、最具有代表性的公路口岸和唯一的铁路口岸。尤其对扎门乌德来说，它南接二连浩特、北京、天津港，是蒙中铁路货运和客运的必经之路。同时由于它北连乌兰巴托、莫斯科等城市，是欧亚铁路的交通枢纽之一，因而更凸显了这个口岸在蒙古国的重要地位。这几年，二连浩特——扎门乌德口岸的货运量和人员来往急剧上升，见证了中蒙两国经济贸易的急剧升温，也为中蒙两国更进一步发展经贸关系创造了重要的便利条件。

在电力及通讯方面，中国为蒙古国解决其电力供应给予了有效合作。内蒙古电力集团从 1994 年起 10 多年来累计向蒙古国扎门乌德跨国供电 5 114.88 万千瓦时。另外，为了从根本上解决蒙古国电力短缺问题，中蒙双方目前正合作兴建 2 个水电站，一是泰希尔水电站建设项目，另一个是多尔根水电站工程。②

综上所述，我们看到，进入新世纪以来，特别是近年来中蒙经济合作关系不断升温，也取得了不少明显的进展。

但是，正如本书前面所指出的，尽管中蒙经济合作已经取得了一些长足的进展，然而事实上，这些进展都还处于十分初级的阶段，无论在经贸领域、投资领域抑或是经济技术合作领域，都还没有摆脱规模过小、投资分散、合作无序的“小打小闹”局面。

---

① 参阅李慧：《中蒙经贸合作的现状与对策》，《商场现代化》，2008 年 1 月（下旬刊）。

② 参阅娜琳：《中蒙经贸关系现状及前景》，《东北亚论坛》，2007 年第 16 卷第 2 期。

第四节　内蒙古所拥有的优势是构建“北亚经济圈”的重要基础

现代世界经济发展的实践经验证明，凡是国家与地区之间能够成功地开展国际区域经济合作，其中都必有一个经济和产业相对发达的地区，成为带动整个区域经济合作的“火车头”。由于中国改革开放30年所取得的巨大成就，其中包括内蒙古自治区也发生了天翻地覆的变化，使得内蒙古自治区无论在经济发展水平、社会发展水平、科技发展水平、人民生活水平、基础设施水平和文化教育水平等各个领域，都已远远超过蒙古国，甚至也超过了过去的“老大哥”俄罗斯西伯利亚地区。因此在构建“北亚经济圈”的过程中，内蒙古地区无疑就成为这样一个“推动器”和“火车头。”

1. 内蒙古自治区在北亚地区具有明显的地缘与人口优势

相对于蒙古国和俄罗斯西伯利亚联邦管区来说，内蒙古的这个中心地区具有地缘与人口优势：

从地理位置优势来说，它与中国内地的东北、华北、华东、华南、华中等经济发达或比较发达的地区以及东盟、港台等东亚其他发达或比较发达的国家和地区，具有更近的距离和更紧密的经济联系，有利于直接借助和利用中国各地以及其他东亚较为发达的国家和地区的经济、技术和资金优势，来发展相对比较落后的北亚地区。同时，由于中国今天又是全世界引进外资最多以及全球跨国公司投资、生产、采购最集中的地区，因此如果把内蒙古的中心地区作为一个大平台，可以利用其地理优势为北亚地区的经济发展和资源开发引进更多的国外资源。

从人口优势来说，尽管内蒙古自治区相对于中国其他省市来讲属于比较地广人稀的地区，但是与蒙古国和西伯利亚联邦管区相比，人烟要稠密得多。而且呼和浩特市及呼包鄂地区，更是整个内蒙古人口最集中的地区。从人口经济学的角度来说，一定密集的人口是形成市场规模和劳动力资源要素的必要条件，也是实现社会生产力提高和经济增长的一定必要条件。因此，内蒙古中心地区人口比较密集的优势，就成为整个地广人稀的北亚经济圈地区实现生产力提高和经济增长的一个重要基础和平台。

2. 内蒙古自治区在北亚地区具有明显的经济领先优势

毫无疑问，中国的内蒙古地区相比于蒙古国和俄罗斯西伯利亚中部地区，无论在经济实力、产业基础、科技水平、市场程度等都具有大大领先的优势。

首先，内蒙古地区在煤炭、冶金、电力、有色金属和化工产业等领域，无论在产业规模、技术水平、投资能力、市场开拓、产品研发等方面，与蒙、俄相比都具有重要的产业领先优势。

其次，内蒙古家畜产业发展与蒙、俄地区相比，同样具有重要的产业领先优势，而且目前内蒙古许多农产品、畜产品，如谷物、玉米、大豆、甜菜、油料、奶类产品、山羊绒、绵羊毛、绵羊皮、羊肉等均质量优异，享有盛誉。尤其是其牛奶加工量、羊绒加工量和羊肉加工量居中国第一位，创造了“蒙牛”、“伊利”、“鄂尔多斯”、“鹿王”等在全世界都有重大影响的名牌产品。

第三，内蒙古的设备制造、家用电器、电子产品、小五金、有机化工产品、塑料产品、建筑材料产品等均发展迅速，已经形成了相当坚实的产业基础，与蒙、俄地区落后的轻工业和日用品产业相比，更是具有很大的领先优势。

第四，更为重要的是，内蒙古地区在对蒙、俄地区的全面合作中，还可以成为更大范围国际合作的桥梁和纽带，并成为整个中国向北开放的大通道。内蒙古地区应充分发挥“大通道”和国内外联合的作用和优势，在“北亚经济圈”区域经济合作中，吸引国内外优势企业入区。一方面提高进口煤炭、木材、矿石等资源性产品落地加工能力，同时提高优势出口产品质量档次，构建对俄蒙合作的信誉、质量品牌。

3. 内蒙古自治区已成为构建新型中、蒙、俄关系重要平台

（1）内蒙与蒙俄国家及地区政府间已建立了友好往来关系及联络机制

进入21世纪以来，随着中、俄、蒙三国政治经济合作关系以及毗邻地区之间政治经济合作关系，进入了历史上前所未有的“快车道”，内蒙古自治区与蒙古国以及俄西伯利亚联邦管区中的部分联邦主体政府间也实现了“热络”的友好往来和建立了紧密的联络机制。

2004年9月、10月，内蒙古自治区政府代表团先后访问了俄罗斯、蒙古国，并与俄西伯利亚联邦管区的赤塔州、布里亚特共和国、伊尔库茨州、克拉斯诺亚尔斯克边疆区以及蒙古国有关方面建立了定期会晤、高层互访等联络机制。

此后，双方政府团组、商务团组互访频繁，中俄、中蒙还联合举办了“国家年”、“跨国旅游节”、“区域合作论坛”、“国际展洽会”、“国际投资贸易洽谈会”以及“艺术团访问演出”、“学术交流”等活动，密切了双边关系，推动了经贸合作的发展。

其中，2004年10月，中国内蒙古自治区政府主席杨晶率团访问蒙古国时双方决定，今后不仅继续扩大双方贸易额、增加商品种类，内蒙古还要加大对蒙投资力度，在开发蒙古国境内矿产资源及改善其基础设施、发展建设扎门乌德经济自由区和出口基地等方面采取积极措施。为此，中蒙双方共达成意向性合作投资项目20余项，签署投资合作协议总额达4亿余美元。

为进一步落实双方的协议，2005年6月由内蒙古自治区政府副主席乌兰率领的内蒙古合作交流代表团出访蒙古国。期间，双方共签订16项合作协议，协议投资金额达3亿多美元。这次签订的合作协议内容主要涉及经贸、文化、教育、出版等广泛领域。

2009年4月，蒙古国总理桑·巴雅尔访华期间访问了中国内蒙古自治区。在与自治区领导人举行会谈时。桑·巴雅尔表示，希望和内蒙古自治区加强合作，通过矿产资源合作开发和口岸建设进一步深化双方经贸合作关系。

(2) 内蒙已成为中、俄、蒙之间贸易的主要平台

事实上，由于内蒙古自治区特殊的地理区位优势，近年来它已发展成为中、俄、蒙之间经贸合作的主要平台。2000 年以来，内蒙古对俄蒙贸易额累计达到 205.91 亿美元，其中对俄贸易额累计达到 169.5 亿美元，对蒙贸易额累计达到 36.41 亿美元。内蒙古从俄、蒙进口商品主要有木材、化肥、煤炭、纸浆、液体化工及石油化工产品；向俄、蒙出口的产品主要有建材、汽车、家电、菜果等。俄罗斯和蒙古国已成为内蒙古第一、二大对外贸易伙伴和对外工程承包和劳务输出的主要国别。①

不仅如此，内蒙古还成为中国与蒙古国之间贸易合作的最主要平台。中国和蒙古国之间进出口贸易的 70% 左右都是通过内蒙古自治区展开的，而蒙古国来自中国的进口贸易额中内蒙古已占到 70%。2006 年蒙古国与中国内蒙古自治区的贸易总额为 5.8 亿美元，2007 年为 6.77 亿美元，2008 年为 9.94 亿美元。随着双方合作规模、层次的提高，蒙古国与中国内蒙古自治区间的经济贸易合作前景更加广阔。

(3) 内蒙古所拥有的口岸在中俄、中蒙贸易中发挥着极为重要的作用

内蒙古现有与俄罗斯和蒙古国接壤的 18 个口岸中，国务院批准开放的一类口岸有 11 个，自治区人民政府批准的二类口岸 7 个，年过货量达到 3000 多万吨。其中满洲里口岸，作为中国最大的陆路口岸和中国对俄罗斯最大的口岸，承担着中俄贸易 60% 以上的陆路运输任务。2007 年，满洲里口岸进出口货运量达到 2402 万吨，上缴关税、代征税 79.1 亿元。另外一个对蒙最大的公路、铁路口岸——二连浩特口岸，外贸进出口总额达 24.6 亿美元，比 2000 年增长 6 倍多。②

(4) 内蒙古在俄蒙投资领域不断拓宽规模不断扩大

2005 年以来，内蒙古在俄蒙投资项目规模逐渐扩大，领域不断拓宽。

---

① 参阅内蒙古自治区发改委：《构建向北开放的大通道—内蒙古向北开放的基本情况及对策探讨》，《北方经济》，2008 年第 7 期。

② 同上。

在俄蒙投资企业已达100多家，协议投资总额2.87亿美元，投资领域由木材采伐加工等较单一产业扩展到矿产资源开发、房地产开发、电器装配、有线电视、勘探等。

按照国家关于境外投资要以开发利用境外油气和重要矿产资源为重点，为中国工业化发展提供更可靠的资源供应保障的精神，内蒙古加大了对俄蒙资源开发的步伐。内蒙古庆华集团开发蒙古国那林苏海图煤矿，呼伦贝尔新右旗新鑫矿业有限公司开发蒙古国乌兰铅锌矿，包钢集团在蒙古国开发额仁铁矿，内蒙古鲁能矿业公司和辽宁海城西洋有限公司合作开发俄赤塔州别列佐夫铁矿，内蒙古森工集团在俄罗斯远东地区森林采伐和木材加工合作项目等都取得了令人满意的成果。巴彦淖尔市与神华集团合作开发塔本陶勒盖煤田等重大项目也在推进。

此外，自2005年以来，内蒙古积极推动在毗邻的俄后贝加尔区、阿会斯克地区和赤塔州建设中俄经济技术合作区。目前，三个园区路、电、水和铁路专用线等基础设施已开工建设。

（5）内蒙古与俄蒙之间科技、教育、文化交流与合作达到新水平

近年来，科技和社会发展方面的广泛交流与合作，已成为内蒙古与俄民、蒙之间相互沟通的重要桥梁。

内蒙古与俄乌兰乌德合资建设的贝加尔电视信息网络有限公司，与蒙古国合资建设的桑斯尔有限电视公司已经成为当地主流媒体之一；

蒙古国来内蒙古留学、就医人数逐年增加。2004年，二连浩特市教育局与蒙古国乌兰巴托市汗乌拉区社会发展部签订了《教育友好合作协议》。全市各中小学校、幼儿园积极主动开展与蒙古国有关地区中小学校、幼儿园互派教师学习、访问、培训、考察以及共同观摩，组织文艺汇演、缔结友好校园等活动。2005年，二连浩特市蒙古国族学校免费接收蒙古国10名孤儿留校学习汉语；2008年初，这10名孤儿开始享受自治区政府颁发的奖学金，并全部被自治区有关高等院校录取。二连浩特市政府从2007年开始实施蒙古国学生减免一半学杂费的优惠政策，吸引了大量的蒙古国中小学生前来二连浩特市学习。目前，在二连浩特市学习的蒙古国中小学生已从最初的10多名增加到393名。2008年11月，通辽职业学院与蒙古国职业技术联盟签订了技能人才培训协议。从2009年3月1日开始，蒙古国将利用3到5年时间，陆续向通辽职业学院输送高中以上文化程度学生及大专以上理工科毕业生进行委托培训。首期开设的培训专业为工程管理、建筑电工、家电维修、焊接技术。

（6）内蒙古与蒙俄之间旅游合作掀开新的一页

2008年12月3日上午，内蒙古自治区旅游局与蒙古国环保与旅游部旅游局在呼和浩特市内蒙古饭店召开2008年中蒙边境旅游协调会议，共谋边境旅游发展大计。

双方建立协调会议制度4年以来，中蒙边境旅游不断取得新进展，有力地促进了双方边境地区社会经济的发展。本年度会议就开通中蒙口岸边境旅游业务，提高通关效率、开辟中、蒙、俄边境旅游环线，共同参加旅游促销、加强景点建设、稳定旅游价格、完善服务质量、建立信息通报制度等方面达成共识，并签署会议纪要。

（7）内蒙古与蒙俄之间的经济技术合作不断深入

截至2004年末，内蒙古共在俄蒙签订承包工程、劳务合作及设计咨询项目387个，合同金额6.63亿多美元；外派劳务8156人次，承包劳务项下带动国内设备、材料出口近2 000多万美元（2003年为止）。

双边经贸合作也逐渐从单一的日用消费品和原材料的易货贸易，扩大到资源开发利用、加工装配、农业种植、农畜产品加工及工程承包等多种形式的经济技术合作。

此外，内蒙古与蒙古国在草原畜牧业、可再生能源、蒙文信息处理技术、蒙医药、动物疫苗等方面的科技合作项目进展顺利。

（8）内蒙古与蒙古国之间的生态环保合作揭开序幕

针对中蒙边境地区生态环境亟待改善的实际，2003年，内蒙古二连浩特市与蒙古国东戈壁省政府就加强防沙治沙已达成协议，决定把中国二连浩特市境内4 015平方公里、蒙古国东戈壁省境内4 000平方公里的4个县划定为防沙区域，双方正在与有关国家和国际组织合作，实施这一跨界工程。①

① 参阅娜琳：《中蒙经贸关系现状及前景》，《东北亚论坛》，2007年第16卷第2期。

(9) 内蒙古在中、俄、蒙合作新格局中的重要平台作用已经开始凸显

彰显内蒙古在中、俄、蒙合作新格局中将会发挥重要平台作用的重要标志，就是2009年12月16日在内蒙古二连浩特举行的首届中、蒙、俄陆桥经济论坛。这次会议取得了十分丰硕的成果。中、蒙、俄三方达成共识，将在资源开发、国际物流合作、旅游、人文以及环保领域展开紧密合作。

资源开发方面，中国、蒙古国和俄罗斯三国决定采取政府引导、企业主导的方式，推动实施一批资源合作项目，主要是木材、铁矿石、煤炭和石油的开发，促进二连浩特，蒙古国扎门乌德、乌兰巴托，俄罗斯恰克图，乌兰乌德、伊尔库斯科等欧亚大通道沿线城市上下游产业的对接。

在国际贸易和物流方面，要推动沿线口岸自由贸易区的建设，特别是加强口岸的基础设施建设，在铁路、公路、港口建设的合作，简化通关手续，提高通关效率，推动国际贸易的便利化。

文化教育方面，要加强彼此间留学生和医疗卫生领域的合作；还要在“恐龙文化”、“茶叶文化”“马文化”加强研究和交流，开展文艺团体互访。

旅游方面，争取尽快开通二连浩特通往蒙古国和俄罗斯乌兰乌德、伊尔库斯科一线的大草原、大湖泊、大森林跨境旅游，开展“边境一日游”、“跨境多日游”、“茶叶之路游”。争取明年开通二连浩特—乌兰巴托—乌兰乌德—伊尔库斯科间的“旅游包机”。

另外还要成立中、蒙、俄地方区域性经贸合作促进委员会，建立地方政府间定期会晤，解决三方在贸易、投资合作中遇到的问题和困难；决定将“论坛”固定，每年举办。①

4. 呼包鄂地区在构建“北亚经济圈”中的中枢与核心作用

近年来呼包鄂金三角地区的发展速度在中国名列前茅，其经济实力、

① 参阅：《中蒙俄达成共识，将在资源开发、物流等领域展开合作》，中国广播网，2009年12月17日。

产业发展水平、城市化水平、城乡居民收入等都已接近中国发达地区水平，同时在构建海陆空立体交通运输网络上也得到长足的进步。此外，呼包鄂是沟通中国华北、东北和西北经济联系的枢纽，是未来的北亚经济圈联系和聚集海外和中国各地区资源的主要平台，因此呼包鄂在未来构建的北亚经济圈中完全可能会发挥核心枢纽的作用。

（1）呼包鄂地区可以成为“北亚经济圈”的能源与资源产业基地

北亚经济圈是世界上能源资源最富集的地区之一，因此，开展资源与能源的开发利用，将成为这个经济圈的主要目标和方向。

呼包鄂地区是中国能源、矿产资源的富集地区，同时现在也已发展成为中国最重要的能源、原材料工业基地。其中尤以鄂尔多斯发展最快，已经成为整个中国以煤炭产业开发利用发展最迅速的成功典型。此外，包头在稀土产业开发、呼市在电力工业方面也形成了明显的产业优势。因此，呼包鄂地区完全可以成为整个北亚经济圈的能源、原材料工业基地。推动这个地区的能源、原材料产业以市场为导向，采取资源转换战略，延长产业链，大力发展具有竞争优势的“高、精、深、特”产品。同时通过投资、合作等各种方式和渠道，把先进的技术、管理、服务和市场开拓能力推广到北亚经济圈其他国家和地区；共同开展能源、资源采掘、开发利用、加工制造等大项目合作；还可以建立相关方面的产业园区，同时大力引进中国其他发达地区和国际的大资本和现代高新技术，淘汰落后技术，提高工艺设备水平等，从而使这个地区的能源、资源产业尽快达到国际先进水平，所生产的产品尽快走向国际市场。

（2）呼包鄂地区可以成为“北亚经济圈”的重化工业产业基地

根据北亚经济圈所具有的资源禀赋特点，将来重化工业也应该成为这个经济圈中具有很大发展潜力和发展空间的主要产业。

呼包鄂地区中的包头是新中国建国后就开始建设的国家三大重工业基地之一。其钢铁、装备制造等产业发展能力和水平在中国一直处于重要的地位。近年来包头尤其注重资源综合利用，壮大产业集群。使其冶金工业、稀土高新技术产业和机械装备制造业成为整个工业经济的主导力量，并用高新技术改造提升钢铁、铝业、装备制造等传统产业，已经使这些产业中的骨干企业的技术达到国内或国际一流水平，并且正在形成强劲的竞争力。此外，呼包鄂地区中的呼市近年来在电力工业、设备制造业、制药化工业等方面也发展十分迅速，已经形成了明显的产业优势。因此呼包鄂地区完全有条件成为这个地区主要的重化工业产业基地，通过开展国际区域经济合作，把整个“北亚经济圈”的冶金工业、电力工业、有色金属制造业、机械设备制造业等相关产业带动起来，利用国际最先进的技术、设备、管理、服务和市场开拓，生产出更多的具有世界影响的名牌产品，并尽快迈入国际先进行列。

（3）呼包鄂地区可以成为“北亚经济圈”环保产业发展基地

北亚经济圈的蒙古国与内蒙古地区是生态环境受到破坏最严重的地区之一，这个地区的生态环境能否得到根本的改善，不仅关系到这个地区本身，而且关系到整个东亚环境生态能否得到很大的改善。

北亚经济圈从发展环保产业的角度来说，除了前面治理土地荒漠化、防治沙尘暴之外，还包括了发展节能、节水的科技研发和技术进步以及开发风能、太阳能等清洁能源的科技开发和技术进步，因为北亚经济圈是风能、太阳能资源十分丰富的地区。而呼包鄂地区由于在北亚经济圈中所具有的产业发展优势和科技领先优势，因此完全可以在这种以防治环境污染、改善生态环境、保护自然资源为目的而进行的技术产品开发、商业流通、资源利用、信息服务、工程承包等活动方面，成为整个北亚经济圈的环保产业基地。

（4）呼包鄂地区可以成为“北亚经济圈”的发达农畜产业基地

北亚经济圈另一最重要的资源禀赋特点，是这个地区的畜牧养殖业历史悠久，资源丰富，在亚洲乃至世界都占有重要的地位。因此农畜产品的养殖、开发、生产加工以及绿色食品产业的发展，也是北亚经济圈具有很大发展潜力和发展空间的特色产业。

在农畜产业发展方面，呼包鄂地区也能够成为北亚经济圈的重要及发达的生产基地。目前，在乳制品产业发展方面，呼和浩特市具有的明显的领先优势；而在羊绒加工业方面，包头和鄂尔多斯都是中国重要的产业基地，这个地区所生产的"伊利"、"蒙牛"、"鄂尔多斯"、"鹿王"等乳品和羊绒加工产品已成为享誉世界的中国名牌产品，这些生产企业也成为呼包鄂经济区的支柱骨干产业。因此，呼包鄂地区可以利用这些企业为龙头，带动北亚经济圈重点开发羊绒、牛奶等主导产品产业化系列，巩固和扩大羊绒、牛奶深加工产品在国际市场的领先优势，进一步提高产品市场占有率。此外，要加快产业技术进步，发挥区域劳动力成本低的优势，开发适应市场需求的高技术产品，实现产业升级。同时要搞好原料基地建设，充分利用国际国内两个市场，提高产品质量，把好原料关。使北亚经济圈农畜产业同样能够尽快迈入世界先进的行列。

(5) 呼包鄂地区可以成为"北亚经济圈"的轻纺食品工业基地

北亚经济圈中的蒙古国和俄罗斯地区，都是轻纺工业、食品工业、日用品工业非常落后的地区。这种畸型的经济和产业结构必须得到根本的改变，才能使这个地区的经济真正繁荣起来，也才能使这个地区真正迈入现代发达市场经济的行列。因此，在这方面呼包鄂地区要起到带动作用，具有特别重要的意义。

在呼包鄂地区，呼和浩特市又在这些产业方面具有领先的优势，除了农畜产品加工产业、羊绒毛纺加工产业外，呼包鄂地区还应大力发展电子信息产业、家电产业和其他日用品工业。

尤其是，呼包鄂地区也可以充分发挥独特的绿色食品原料资源优势，以名牌产品和优势企业为龙头，在"北亚经济圈"大力发展绿色食品工业。用现代加工、保鲜、包装技术改造传统食品工业，大力发展市场容量大、技术含量高、附加值高、产品链长的产品，使呼包鄂经济区带动整个北亚经济圈成为亚洲乃至世界重要的绿色产品生产加工基地。

(6) 呼包鄂地区可以成为"北亚经济圈"第三产业发展基地

北亚经济圈中的蒙古国和俄罗斯西伯利亚联邦管区，都有重工业相对发达、轻工业相对落后的畸型经济和产业结构。而这种畸型经济结构也必然使其第三产业的发展处于十分落后的地步。而众所周知，一个发达的现代市场经济，其最重要的标志之一，就是具有先进和发达的第三产业，尤其是要具有发达的金融、物流、商贸、信息、科技服务、法律及财会中介以及设计、包装、营销等高端服务业。

尽管内蒙古及呼包鄂地区，与中国其他地区尤其是沿海发达地区相比，第三产业也处于比较落后的状况，但是相对于蒙古国和俄罗斯地区来说，已经处于很大的领先优势。因此，呼包鄂地区应当尽快采取措施，大力发展自己的第三产业，特别是高端服务业，从而带动整个北亚经济圈第三产业的大发展。在发展这些产业方面，呼市和包头可以起到更大的带动作用。

只有这个地区第三产业发展严重落后的局面得到根本的改变，这个地区的经济才能真正繁荣起来，也才能使这个地区成为北亚地区的一个新的经济增长点。因此，在这方面呼包鄂地区要起到带动作用，也具有特别重要的意义。

(7) 呼包鄂地区可以成为“北亚经济圈”交通与物流产业基地

呼包鄂地区地处内蒙古的中部，是连接东西和贯通南北的中心地带，呼包鄂地区目前已经构建海陆空立体交通运输网络上也得到长足的进步，相对于蒙古国和俄罗斯中部地区已经具备了十分明显的优势。因此，呼包鄂地区将来在构建整个“北亚经济圈”的海陆空立体交通运输网络和带动整个地区物流产业大发展方面，也应该起到核心的带动作用。

(8) 呼包鄂地区可以成为“北亚经济圈”的科教文卫发展中心

位于“北亚经济圈”的国家和地区，科教文卫等领域发展都相对比较落后。但是在这个地区中，呼包鄂地区无疑处于大大领先的地位。尤其是呼和浩特市，在新中国建立后特别是在改革开放30年中，科教文卫等领域发展十分迅速，在中国的少数民族地区也处于发展最好最先进的水平。

因此呼包鄂地区完全可以成为“北亚经济圈”的科教文卫主要发展基地，带动整个地区的科研、教育、文化、医疗卫生都能够得到长足的发展，从而造福整个地区的人民，推动这些国家和地区的经济社会发展水平全面得到快速的提升和进步。

(9) 呼和浩特市可以发挥整个地区中心城市的作用

由于呼市是内蒙古自治区的首府，因而在内蒙古实施构建“北亚经济圈”的对北开放大战略中，呼市将成为聚集国内外资源的主要平台，成为整个“北亚经济圈”对中国国内和海外资本实施开放的前沿和中心地带。

目前已有很多海外和国内大的企业、金融机构开始进驻呼和浩特市，今后随着构建“北亚经济圈”进程的快速发展，随着内蒙古地区加速对外开放度，会有更多的跨国公司、国内大企业、海外机构、金融机构进驻呼市，在呼市设立地区总部、采购中心、物流中心、研发中心等。因此，呼市完全有可能成为未来“北亚经济圈”对外开放度的“总部经济”中心。同时建设成为“北亚经济圈”的总部经济所在地。

工业化是城市化的基础，区域性中心城市最为迫切的就是增强经济实力。对于呼和浩特市来说，一个发展重点就是发挥其产业优势和区位优势，大力发展“总部经济”。“总部经济”将是呼和浩特市新一轮产业升级的引擎，是尽快提升呼和浩特市城市形象，加速呼和浩特市建设现代化区域中心城市的重要途径。

第八章

构建北亚经济圈的合作机制

在前面几章论述了“北亚经济圈”的构成以及构建北亚经济圈的必要性和可行性后，后面这两章笔者将视角转向如何来构建北亚经济圈，也就是要提出构建北亚经济圈的框架构想和蓝图。而在这个方面，笔者认为最重要的就是构建北亚经济圈的合作机制。在笔者看来，任何一种区域经济合作形式，能否取得成功，能否取得实质性的进展，其关键都在于能否建立起一个健全的、有效的和良好运行的合作机制。因此本章将专门阐述对构建北亚经济圈合作机制的分析和设想。

然而正如本书第一章谈“经济圈”概念一样，笔者在展开对北亚经济圈的合作机制分析和论述之前，还是要先从有关“合作机制”概念的最基础理论开始谈起。因为在笔者看来，尽管目前有许多著作、文章都在大谈“合作机制”，但是并没有多少能够对“合作机制”本身做出准确的判断和深刻的分析，对“合作机制”这个概念的理解也是十分模糊和定义不清的。

此外，除了对“合作机制”的概念和理论本身进行分析阐述外，本章还将对东亚地区几个成功的区域经济合作机制进行案例性的分析和高度概括，从而通过这些典型案例进一步说明什么是真正成功的合作机制，它具备哪些基本的条件和要素。而就笔者所知，这与对“合作机制”的理论探讨一样，都是前人鲜有做过的探索和研究，因而同样也是区域经济理论研究中的突破和重要的亮点。

最后本章将在上述理论探索和案例分析的基础上，提出对建立北亚经济圈合作机制的基本构想。

第一节　合作机制的定义

1. “机制”的定义

现在，“机制”这个词确实很时髦，各种研讨会发言和媒体文章，都大谈要建立各种“机制”，甚至政府红头文件上也经常出现这个字眼。那么到底什么是“机制”呢？其实很多人并没有搞清楚。甚至遍查各种词典，也并不能给人以满意的解释。

1989 年上海辞书出版社出版的《辞海》中，有关“机制”词条的解释是：“原指机器的构造和运作原理。生物学和医学通过类比借用此词。物理学和医学在研究一种生物的功能（例如光合作用或肌肉收缩）时常说分析它的机制。这就是说希望了解它的内在工作方式，包括有关生物结构组成部分的相互关系，以及期间发生的各种变化过程的物理、化学性质和相互联系。阐明一种生物功能的机制，意味着对它的认识从现象的描述进到本质的说明”由此可见，直到 20 世纪 80 年代后期，“机制”一词还主要是自然科学的用语。

但 20 世纪 90 年代后，人们开始逐步将“机制”一词引入社会科学。尽管发展到今天，“机制”一词在社会科学中的使用已经十分普遍。但奇怪的是，这个概念在社会科学中却鲜有明确的解释。笔者翻遍 90 年代后国内出版的各类主要经济学词典，都没有找到对这个概念的定义和解释，甚至2004年出版的由中国社科院经济研究所编写的《现代经济词典》，都没有将这个词条纳入到其名词解释的范畴之中。至于各种文章、著作中对这个概念的使用，则可以说是莫衷一是，众说纷纭，只可意会，不可言传。

在商务印书馆2005年出版的《现代汉语词典》（第5版）中，笔者第一次看到了这个概念在社会科学范畴中的解释。其内容是："泛指一个系统中，各元素之间的相互作用的过程和功能。多用于自然科学，指机械和机能的互相作用、过程、功能等等。社会科学也常使用，可以理解为机构和制度"。

显然，这种解释是不能令人满意的。因为如果说社会科学中的"机制"，主要是指"机构和制度"，那还不如说"体制"更为合适。因为"体制"才是指"机构和制度"：即一个系统的功能定位、结构设置（即机构）及其行为的规范和准则（即制度）。

至于说它是"泛指一个系统中，各元素之间相互作用的过程和功能"，其实也不完满。第一是所指太宽泛，很难从词意上准确地把握；第二是"机制"这个词现在用得很广泛，在很多场合下并不是指机体内构成要素之间的相互作用的过程和功能。若要专指机体内各构成要素之间的相互联系和作用的过程及其功能，用"机理"这个词反而显得更准确。

在网络上，笔者看到，有人把这个概念解释为"一个工作系统的组织或部分之间相互作用的过程和方式"。笔者认为，这种解释可能更接近社会科学借用此词的本意。实际上前面所引用的《辞海》中的有关词条，已经讲到生物学和医学借用此词，就是用来研究一种生物功能的"内在工作方式"。

因此，笔者认为，"机制"的定义应该是"**泛指一个系统内，各元素之间遵循一定内在规律的相互作用过程和方式。在社会科学领域中，机制是指某个系统的组织或组成部分，在其相互关系和行为过程中所遵循的符合其内在规律的制度化了的方式方法**"。

其展开的含义是，首先，"机制"是指社会范畴内某个系统及其组成部分之间相互关系和行为过程中，所遵循的相对固定下来的方式方法；其次，这种相对固定下来的方式方法，是根据该系统运行内在的规律所制订的，本身含有制度的因素，要求行为过程中所有相关人员要遵守；第三，社会科学范畴中的“机制”概念，还包括为保证运用这些方式方法而必需的机构设置。

例如，社会科学领域中经常讲到的“经济机制”，就是指某种经济系统中，其组成部分之间的相互关系和行为过程中所遵循的制度化的方式方法；“工作机制”，就是指某项工作系统中，其组成部分之间的相互关系和行为过程中所遵循的制度化的方式方法；“监督机制”，就是指在某监督系统中，其组成部分之间的相互关系和行为过程中所遵循的制度化的方式方法；“激励机制”，就是指在某激励系统中，其组成部分之间的相互关系和行为过程中所遵循实行的方式方法，等等。

可见，在社会科学范畴中，“制度”、“体制”和“机制”是三个相互联系又相互不同的概念。“制度”是指行为规范和准则；“体制”是指一个体系的功能定位，结构设置，再加上它的行为规范和准则；“机制”则是指相互关系和行为过程中相对固定下来且形成制度的系统化的方式方法。后两者都与“制度”有联系，但却是“制度”在不同范畴内的运用。

2. “合作机制”的定义

按照上面这种解释，我们就比较容易了解和把握什么是“合作机制”了。

所谓“合作机制”，就是指在双方或多方的合作系统中，合作各方之间的相互关系以及行为过程所必须遵循的制度化的方式和方法，当然其中也包括为保证这些方式方法发挥作用的必需的机构设置。

“合作机制”一词一般大多用于国与国之间或地区与地区之间所开展的不同领域的合作，很少用于企业之间和自然人之间的合作。

现在国内许多地区与地区之间开展的区域经济合作，都大谈合作机制，但是按照合作机制的基本要义来看，几乎绝大多数都没有形成真正的合作机制，或者只是在形成合作机制的初期。因为这些所谓的合作机制，基本上都只是限于合作地区之间领导的定期互访、论坛会议的定期召开以及博览会、招商会或洽谈会的定期举行等等。这些虽然也是合作机制所包括的内容，但并不能够代表已经形成了合作机制。

一个健全的合作机制，是指从合作的原则到合作的机构，从合作的领域到合作的项目，从合作项目的调研到其最终的决策，从合作措施的推出到这些措施的落实，整个过程都制订或形成了固定的系统化和制度化的方式和方法，都有相应的机构去决策、协调、督促和执行。只有这样地区之间的合作才能扎扎实实地向前打进。

现在各国和各地区在进行区域合作时，之所以越来越强调要建立合作机制，就是人们越来越认识到，没有一整套制度化、系统化和常态化（即常设性）的方式方法和机构设置，这种区域合作就很有可能流于形式，无非是领导定期见见面、开个会、讲讲话等，而各种有关合作的建议都只是在会上说说，媒体上宣传一下，很难落到实处。

建立合作机制对国家与地区之间合作之所以具有根本性的作用，是因为在国家之间和地区之间，本身并没有法理性和制度性的约束关系，所以如果合作双边或多边不建立起对彼此都具有一定约束力的制度化的方式方法，合作就会有很大的随意性，而且很容易流于形式。

另一方面，国家之间和地区之间的每一项合作，往往都不是一个或几个投资项目的合作，也不是一个或几个企业间的合作，它们或是基础设施建设的合作，或是某个或某些领域、产业的合作，因此几乎都是复杂的系统工程，它不仅会涉及相互国家和地区之间的很多领域和很多部门，而且每个合作项目可能都需要从调查入手，然后拿出方案，进行彼此的磋商、讨论、协调，还要进行决策，形成合作的共识和执行的方案，最后再由合作各方的有关机构去执行和落实。因此如果没有系统化的方式方法，没有多领域多部门的共同努力，没有从研究、磋商、协调、决策、执行和监督落实等各个层级的流程化作业和协同配合，就很难把合作项目推向前进。

再一方面，国家之间与地区之间的合作，如果相互之间不建立相应常设的专职机构（例如合作机构秘书处），去负责有关合作的日常事项以及有关合作的各种信息的沟通、各种会议的筹备、有关合作项目开展研究的部署和落实、有关合作方案的准备以及已议定合作项目的督促落实等等，那么合作也很难进入实质性的深入阶段。

按这样一种标准来看，即使我们现在经常提到的东北亚区域经济合作和泛北部湾区域经济合作，事实上也还都没有形成健全的合作机制。真正形成健全合作机制的是东盟国家之间及其与中、日、韩三国所开展的10+3区域经济合作。而中、日、韩三边合作机制也还处于建立、形成和完善的过程之中。此外，在次区域经济合作方面，大湄公河次区域经济合作机制也是做得比较成功的。

下面我们将对上述几个成功的合作机制进行案例性的分析，以便对什么是健全的合作机制有一个感性、系统和完整的认识。

第二节　东盟合作机制

1967年8月7日至8日，印度尼西亚、新加坡、泰国、菲律宾四国外长和马来西亚副总理在泰国首都曼谷举行会议，发表了《东南亚国家联盟成立宣言》，即《曼谷宣言》，正式宣布了东南亚国家联盟的成立。此后，文莱、越南、缅甸、老挝和柬埔寨相继加入，使东盟成为真正包括东亚所有10个国家名符其实的"东南亚国家联盟"。

东盟成立30多年来，已日益成为东南亚地区以经济合作为基础的政治、经济、安全合作组织，并建立起一系列合作机制。现在来看，东盟国家的合作之所以比较成功，不但有望在不久的将来像欧盟一样真正实现经济"一体化"，而且1997年亚洲金融危机后还将这种国家之间的经济合作扩大到包括中、日、韩在内的整个东亚地区，关键在于它从一开始就重视合作机制的建设。

东盟自成立以来，根据形势的变化和自身的需要，不断完善合作机制建设，逐步形成了一整套比较完整的系统化和制度化的合作体系。其中包括：

1. 东盟最高决策机制——首脑会议

首脑会议是东盟的最高决策机制。其成员为各成员国的主要领导人。东盟首脑会议不定期举行，其主要职责是讨论和确定东盟国家合作的基本方针，决定合作的基本方向，制订合作的基本原则。

东盟第一次首脑会议于1976年在印尼的巴厘岛举行，到2009年2月，在泰国中部城市华欣举行了第14次东盟首脑会议。此外，东盟还不定期地举行东盟首脑的非正式会议。

2. 东盟磋商、谈判、协调、决策机制——部长级会议

部长级会议是东盟主要和常设的磋商、协调和决策机制。一般每年举行一次。每一类的部长级会议的成员均由各成员国相应机构的主要负责人组成。主要职责是讨论、磋商、谈判和协调合作中的各类问题，并对具体合作事项进行决策。东盟部长级会议包括以下类别：

东盟外长会议：东盟外长会议由东盟成员国的外长组成，主要讨论和磋商东盟的对外政策和对外合作问题。每年轮流在成员国举行年度会议。东盟外长会议还定期举行非正式会议。到2009年，已举行了42届会议。

东盟经济部长会议：东盟经济部长会议由各成员国的经济部长组成，主要讨论经济形势和东盟经济合作等问题。1975年11月在印尼首都雅加达举行首次东盟经济部长会议，此后每年定期举行一次。2009年8月14日，在泰国首都曼谷举行第41届东盟经济部长会议。

东盟财政部长会议：东盟财政部长会议由各成员国财政部长及中央银行行长组成，主要讨论东盟的金融货币一体化以及与其他地区的金融合作问题。1997年为应对亚洲金融危机爆发，东盟召开了首届财政部长会议，此后每年定期举办一次。2008年在越南举行了第12届东盟财政部长会议。

东盟交通部长会议：东盟交通部长会议由各成员国交通部长组成，主要讨论东盟各国的交通运输贯通及与区外交通物流合作问题。1995年东盟召开了首届交通部长会议，此后每年定期举行。2009年在越南举行了第15届东盟交通部长会议。

东盟其他部长会议：东盟还不定期召开其他领域的部长会议，如东盟卫生部长会议、东盟环境部长会议、东盟旅游部长会议等，探讨相关领域的合作问题。

东盟常务委员会：东盟常务委员会由当期主持外长会议的东道国外长

任主席，委员则由其他成员国驻该国的大使组成。主要讨论东盟外交政策，负责筹备和主持召开外长会议，会议后负责督促执行外长会议的决议，并落实具体合作项目。同时有权代表东盟发表声明。

东盟投资区理事会：由东盟各成员国经济部长和东盟秘书长组成，其任务是检查东盟各国所提出的行动计划。东盟投资区理事会与东盟经济部长会议同期举行。

东盟自由贸易区委员会议：由东盟各成员国经济部长和东盟秘书长组成，负责处理东盟自由贸易区的相关问题。东盟自由贸易区委员会议与东盟经济部长会议同期举行。

东盟经济顾问委员会会议：始建于2003年4月，主要任务是促进东盟私人企业家参与东盟的经济合作。第一届东盟经济顾问委员会于2003年4月在印尼首都雅加达举行，2003年12月举行了第六届会议。

3. 东盟议事机制——高官会议

东盟高官会议是东盟的主要议事机制。由各经济高官以及财政和中央银行的副手组成，为相应的外交部长会议、经济部长会议以及财政部长会议，做磋商、谈判、讨论、协调和决策的前期准备工作，每年定期召开。

例如，2006年11月7日在吉隆坡就举行了东盟高官会议、东盟常委会预备会、东盟经济高官会等。会后散发的一份新闻公告说，东盟高官会议讨论了即将由各国领导人签署或通过的22项文件草案；敲定了关于相互承认工程服务安排，统一东盟电力和电子标准化机制以及建立东盟“一个窗口机制”等3项协议。这3项协议将由11月9日举行的东盟经济部长会议审议通过。会议还讨论了东盟与对话伙伴建立自由贸易区的现状，以及进一步加强东盟与中、日、韩联系的机制。此后，又召开了筹备首届东亚峰会的高官会议。

4. 东盟专业工作机制——专业委员会和工作组

各个领域的工作组和专业委员会是东盟的专业工作机制。由各成员国指定的专家或研究机构组成。其主要任务是对有关东盟合作的各个专业领域或各个合作项目，开展调研，对需要解决的问题提出对策和建议，对推进合作项目制订各类实施方案和进行相应的政策设计。

以东盟标准与质量协商委员会（ACCSQ）为例。

1992 年 10 月，东盟各国经济部长在菲律宾马尼拉举行的第 24 次会议上，组建了东盟标准与质量协商委员会，以消除东盟各国之间包括标准、质量检测和技术法规等形式在内的非关税壁垒。这个专业委员会由东盟各成员国的标准化及相关部门担任。成立后，在通过国际标准协调各国标准及技术法规方面；在制定合格评定共同承认的协议方面；在提高技术基础设施和能力在实验室试验、定标以及证明和检定根据国际上被接受的规程和指南方面；在加强信息网络通报 WTO 有关协议和 TBT 贸易壁垒关于健康和植物卫生措施要求等方面，都做了大量的工作。

在这个委员会中又包括若干委员会和工作组：如 MRA 及标准工作组、鉴定及合格评定工作组、法定计量工作组、电子及电子设备联合委员会、东盟化妆用品委员会、医药生产工作组、食品生产工作组、传统医学和保健品生产工作组、汽车生产工作组、橡胶及产品生产工作组、木材及产品生产工作组、医用设备生产工作组等。

这个协商委员会成立以来，对推动东盟国家的合作进程发挥了重要作用。例如，迄今为止，东盟各国已经协调了大约 200 份技术标准，从 2007 年至 2008 年还开展了 68 个电子及电器设备标准的相互协调。为了促进东南亚国家联盟经济一体化，到 2010 年，还将有更多的东盟各国标准开展相互协调研究。此外，目前已经有 5 种行业将在技术法规方面实施协调一致，其中包括电子和电子设备、电信设备、化妆用品、配药和食品行业，同时该委员会也正在采取各种努力措施，将对更多行业的技术法规实施协调一致。如对汽车技术法规及合格评定程序的协调工作将在以下几个方面开展：燃油及尾气排放法规；鉴定证明程序；安全性法规（即安全带、轮胎、安全玻璃）等。在木材及木制品方面也正在开展有关标准立法，技术法规，合格评定程序等方面的对比研究，该研究工作将帮助各成员国确定木材及木制品在技术要求上有可能进行协调并达成共识的范围。

该委员会还与其他相同的国际组织开展了广泛的合作。例如目前已经与日本的 METI 标准组织、欧盟标准组织、美国及德国标准组织举办咨询活动，并采取协作的方式开展合作项目。

此外，东盟还经常根据合作发展的进程和有关合作的重大事项，临时成立特别的工作组来加以推进和落实。

例如 2009 年 10 月在泰国海滨城市华欣举行的第 15 届东南亚国家联盟（东盟）峰会发表主席声明说：会议对《东亚自由贸易区协议》和《东亚全面经济伙伴关系》这两项研究报告的建议表示赞成，设立了 4 个相关工作组负责推进东亚地区的整合，并委派东盟各国经济部长就此问题提出建议。

同时，东盟为了努力推进旨在简化货物通关手续的东盟单一窗口系统的建设，特为此设立了特别工作组。特别工作组将在 2010 年研究实施东盟单一窗口的具体措施并让私人部门、学者和非政府组织参与进来，加快这一系统的实施进程。

5. 东盟常设办公机制——秘书处

秘书处为东盟的常设办公机构，设在印度尼西亚首都雅加达。东盟秘书处的负责人秘书长由各成员国轮流担任，任期两年。主要负责协调各成员国秘书处和主持召开秘书长会议等日常工作。东盟秘书处还出版有《东盟常务委员会报告》、《东盟通讯》等刊物。

事实上，秘书处是一个合作机制中最重要的机构，是一个健全的合作机制的重要保证。换言之，是否设置常设秘书处，也是一个合作机制是否健全的重要标志。因为只有秘书处才是这个合作机制中唯一常设的办公机构。

秘书处的主要职责是负责收集和整理需要由领导人会议、部长级会议、高官会议以及各个专业委员会或工作组研究、讨论、协调、决策的各类议题和有关合作项目；负责将领导人会议、部长级会议、高官会议所提出的需要研究、讨论和协调的议题及事项下达、部署给相关的专业委员会或工作组；负责将专业委员会和工作组形成合作方案、对策建议等提交高官会议和部长级会议进行讨论、研究和决策；负责落实、督促、检查和反馈部长级会议和高官会议决策和布置的各项合作事宜的实施进展情况；负责建立各国内有关合作领域的专家学者和研究机构库，为部长级会议和高官会议批准建立有关专业委员会和工作组提供名单和进行准备；负责整个合作机制构架内各个层面上的沟通与联络工作；负责上述各个层级会议召开时的文件、议题、议程及会务准备工作；负责整个合作机制运转所必需的行政、文秘、财务、档案及其他内部管理工作；负责课题研究的立项和招标、研究经费的使用和管理等重要事项；负责合作机制中其他重要的日常工作事项。

6. 东盟对话机制

东盟与其他非东盟国家和非合作伙伴国家所定期举办的相对固定下来的会议和论坛形式，构成了东盟的对话机制。其中主要包括：

东盟与对话伙伴国会议：又称东盟外长会议后续会议，成立于1999年，作为与“对话伙伴国”讨论政治、安全问题以及东盟与对话国合作的一个论坛。每年举行一次。它由东盟的10个成员国和10个对话伙伴国组成。10个对话伙伴国分别是澳大利亚、加拿大、中国、日本、欧盟、印度、新西兰、俄罗斯、韩国和美国。2009年东盟与对话伙伴国系列峰会在泰国举行，温家宝总理参加了第12次东盟与中国领导人会议。

东盟地区论坛：成立于1994年的东盟地区论坛（ARF）旨在维护本地区的安全，建立相互信任机制，促进本地区各国之间的安全对话与合作。但会议一般不设具体议题，以漫谈的形式进行，也不产生决议、声明之类具有约束性的文件。1996年雅加达会议指出，东盟地区论坛的范围将覆盖整个东亚、东北亚、东南亚以及大洋洲。目前东盟地区论坛由东盟的10个成员国和13个地区论坛国家及组织（中国、朝鲜、韩国、日本、蒙古国、印度、巴布亚新几内亚、俄罗斯、澳大利亚、新西兰、加拿大、美国和欧盟）组成。截至2009年，论坛已举办了16次。

东盟—欧盟部长级会议：出席会议的有东盟10国和欧盟15国的外长或代表，主要讨论双边关系、地区及世界形势。2009年5月在柬埔寨首都金边举行了第17届东盟—欧盟部长会议。

东盟—美国对话会议：主要讨论双边关系、地区及世界形势。2009年

11 月 15 日在新加坡出席 APEC 领导人非正式会议的美国总统奥巴马与东盟成员国领导人举行了首次峰会，成为首位与东盟直接展开对话的美国总统。奥巴马还表示期待 2010 年举行第二届美国与东盟领袖高峰会。

东亚峰会：东亚峰会是东盟倡议召开的、涵盖了“10 + 3”之外一些国家的首脑会议。东亚峰会是与东盟峰会同期举行的年会，由东盟轮值主席国主办。东盟组织提出的参加东亚峰会的三个基本条件是：应是东盟的全面对话伙伴；已加入《东南亚友好合作条约》；与东盟组织有实质性的政治和经济关系。2005 年 12 月 14 日，首届东亚峰会在马来西亚首都吉隆坡举行，来自东盟 10 国、中国、日本、韩国、印度、澳大利亚和新西兰的国家元首或政府首脑与会。2009 年 4 月，在泰国举行了第四届东亚峰会。

7. 东盟合作机制小结

从以上对东盟合作机制的案例中可以看到，一个健全的合作机制至少要有六个层级：一是最高决策机制——领导人会议；二是日常磋商决策机制——部长级会议；三是议事机制——高官会议；四是专业工作机制——专业委员会和工作组；五是常设办公机制——秘书处；六是对话机制——与合作区外有关国家和地区的对话会、论坛和峰会等。

我们从后面的分析中也会看到，在东亚地区，东盟合作机制是最健全最成功的合作机制，因而东盟的区域经济合作也走在各个东亚国家的前列，并且通过与中、日、韩等东亚主要国家的合作，推进了整个东亚地区的区域经济合作不断迈向新的阶段。

第三节 东盟与中、日、韩合作机制

1. 东盟与中、日、韩合作机制

1998 年亚洲金融危机爆发后，东盟国家逐步认识到启动新的合作层次、构筑全方位合作关系的重要性，并决定开展“外向型”经济合作。在中国的大力支持和日本、韩国的积极响应下，东盟与中、日、韩“10+3”合作机制（即东盟10国领导人与中国、日本、韩国3国领导人共同举行的会议）以及东盟分别与中、日、韩开展的三个“10+1”合作机制（即东盟10国领导人分别与中国、日本、韩国领导人举行的会议）应运而生。

上述东盟所建立的各项合作机制，也同样体现在三个“10+1”和“10+3”的合作框架中。

例如在东盟与中、日、韩（10+3）和东盟分别与中、日、韩（10+1）合作机制下，每年均召开领导人会议、部长会议、高官会议和工作层会议。

从东盟与中、日、韩领导人会议这个最高决策机制来看，自1997年12月15日首次东盟与中、日、韩（10+3）领导人会议在马来西亚首都吉隆坡举行起，直到2009年4月，共举行了12次领导人会议，几乎是每年举行一次。

在1997年12月首次东盟与中、日、韩领导人会议上，各方主要就21世纪东亚地区的前景、发展和合作问题坦诚、深入地交换了意见，取得了广泛共识。江泽民主席在会上发表了题为《携手合作，共创未来》的重要讲话，回顾了东亚国家近二三十年来所发生的深刻变化和取得的巨大进步。

在1999年11月举行的第三次东盟与中、日、韩领导人会议上，朱镕基总理就东亚合作的方向和领域等问题提出了中方的主张和具体建议。会议结束时发表了《东亚合作联合声明》。

在2007年11月20日举行的第11次东盟与中、日、韩领导人会议上，通过了第二份东亚合作联合声明及2007年至2017年的“10+3”合作工作计划。温家宝总理在会上发表了题为《凝聚共识，再创辉煌》的讲话。

2009年4月，在泰国帕塔亚举行了第12次东盟与中、日、韩领导人会议。这是在国际金融危机持续恶化并对实体经济影响日益显现之际，东盟和中、日、韩领导人的一次重要聚会。会议将重点讨论了如何有效应对当前的金融危机，并就开展地区金融合作了发表政策声明。

从部长级会议这个磋商、协调、决策机制来看，东盟与中、日、韩（10+3）设立了包括外交、经济、财政、农林、劳动、旅游、环境、文化、打击跨国犯罪、卫生、能源、信息通信、社会福利与发展、创新政府管理等14个部长会议机制。这些部长级会议根据需要或定期（每年）或不定期举行，对东盟与中、日、韩的具体合作进程和合作项目，进行磋商、谈判、协调和决策。

从高官会议这个议事机制来看，设有包括东盟与中、日、韩（10+3）高官会、东盟与中、日、韩三个（10+1）高官会、经济高官会、林业高官会、农村发展与消除贫困高官会、交通高官会、科技高官会、港口高官会、环境高官会、东盟博览会高官会等等。这些高官会为相应的部长级会议做磋商、谈判、讨论、协调和决策的各方面前期准备工作。

从专业工作机制来看，东盟与中、日、韩（10+3）不仅针对不同领域的合作进程和合作项目设立了各种委员会和工作组，而且启动了第二轨道（非官方）活动，其中包括有东亚展望小组会议、主要产业—商业论坛和中、日、韩三边政策研究机构的合作机制。

总之，在东盟与中、日、韩（10+3）合作框架内，已有20个领域开展了上百个合作项目，成立了50多个对话机制。而且在东盟分别与中、日、韩（10+1）合作框架内，确定了五大重点合作领域，即农业、信息通信、人力资源开发、相互投资和湄公河流域开发。

东盟与中、日、韩“10+3”合作机制和三个“10+1”合作机制，已发展成为东亚合作的主要渠道，成为亚洲地区合作发展的重要方向和振兴的重要标志。

值得一提的是，中国为“10+3”和“10+1”合作机制的发展作出了重要贡献。

在1997年举行的领导人非正式会议上，中国与东盟领导人率先发表了《联合宣言》，确定了双边睦邻互信伙伴关系。由此带动了日、韩两国积极加入到与东盟合作的行列之中。从而为形成“10+3”和三个“10+1”的合作机制创造了前提和奠定了基础。

2002年，又是中国与东盟率先签署了《全面经济合作框架协议》，确定了2010年建立自由贸易区的目标。并由此推动日、韩两国也进入了与东盟建立自由贸易区的深化经济合作的进程。

2003年，在第七次“10+3”和三个“10+1”领导人会晤期间，温家宝总理又与东盟10国领导人签署了《面向和平与繁荣的战略伙伴关系联合宣言》，出席了中国加入《东南亚友好合作条约》的签字仪式，并与日韩领导人签署了《中、日、韩推进三方合作联合宣言》，再次把东亚地区的区域经济合作推向一个新的发展阶段。

2. 中、日、韩三边合作机制

东盟与中、日、韩三国合作机制的建立，对东亚地区的区域经济合作另一具有划时代重大意义是，它使中、日、韩三国之间的相互合作也出现了极为重要的突破。

众所周知，中、日、韩三国由于历史、政治和意识形态等各种原因，长期以来隔阂、误解、猜忌和对立情绪十分浓厚，因而在开展相互经济合作方面始终没有出现大的突破。而正是东盟与中、日、韩三国合作机制的建立，打破了这一历史的僵局。

1999年11月28日，在时任日本首相小渊惠三的提议下，中、日、韩领导人在菲律宾首都马尼拉举行了以“非正式早餐会”为形式的首次三边会晤。这是中、日、韩三个东北亚邻国领导人历史上的第一次三方聚首，对东亚合作来说，具有里程碑的意义。当然，这只是开始，而且是借助东盟搭建的“10+3”对话平台，采取的还是“非正式早餐会”的形式。

此后2001年，在时任韩国总统金大中的提议下，早餐会正式升格为“10+3”框架下的中、日、韩峰会。

到了2007年11月20日，在新加坡举行的第八次中、日、韩领导人会议上，就三国单独轮流主办峰会达成协议。

2008年12月13日，首次中、日、韩领导人单独会议在日本福冈举行。中国总理温家宝、日本首相麻生太郎和韩国总统李明博出席了会议。在福冈峰会上，三国领导人签署了《三国伙伴关系联合声明》。温家宝总理指出：本次会议确立了三国伙伴关系，并将三国领导人单独举行会议机制化，标志着中、日、韩合作进入了新的发展阶段。

2009 年 10 月 11 日第二次中、日、韩领导人会议在北京举行。会后，发表了《中、日、韩合作十周年联合声明》和《中、日、韩可持续发展联合声明》。在深化三边合作机制上，韩国总统李明博提出希望成立三方领导人会议秘书处来协调相关事宜，这一提议受到中日两国领导人的支持。在 2010 年于韩国举行的第三次中、日、韩领导人会议上，将就成立秘书处事宜展开具体讨论。中、日、韩三国领导人会议秘书处的成立，标志着中、日、韩三边合作关系，向制度化、系统化和常态化的方向又迈进了关键的一大步。

目前，中、日、韩合作已确定了包括经贸、信息产业、环保、人力资源开发和文化合作等五大合作领域，并建立了六个部长级会议。

3. 东盟合作机制和东盟与中、日、韩合作机制已经取得了重要的成果

综上所述，正因为东盟合作机制以及东盟“10+3”合作机制达到了十分完善和健全的地步，从合作的原则到合作的机构，从合作的领域到合作的项目，从合作项目的调研到其最终的决策，从合作措施的推出到这些措施的落实，从区内的合作到与区外其他地区和国家的广泛交流对话，在整个过程中都实施了制度化的方式和方法，都有相应的机构去决策、协调、督促和执行。因此才使东盟国家之间以及东盟与中、日、韩三方的合作在 40 多年进程中尤其是近十多年来取得了突飞猛进的发展。

不但东盟与中国自贸区如期成功地于 2010 年 1 月 1 日正式全面启动，从而标志着由中国和东盟 10 国组成的发展中国家最大自贸区、一个接近 6 万亿美元国民生产总值和 4.5 万亿美元贸易额的区域，开始步入零关税时代；而且 2007 年第 14 届东盟峰会上还提出，要提前 5 年于 2015 年实现东盟经济一体化，建成东盟经济共同体。这标志着继欧盟之后，世界上第二个经济共同体即将诞生，无论对世界经济的发展还是对亚洲的区域经济合作，都将是又一个具有深远意义和影响的里程碑。

第四节　大湄公河次区域经济合作机制与中国及云南省的作用

1. 大湄公河次区域经济合作机制

大湄公河次区域经济合作机制虽然不能达到东盟合作机制那样的规模和水平，但是对于一个次区域经济合作来说，它已具备了基本完善的功能，因而使得其取得较大的成功，成为世界上次区域经济合作比较成功的典范。

正像我们在东盟合作机制中看到的那样，它的合作机制中也具有这样几个基本的层次：

（1）大湄公河次区域合作领导人会议

大湄公河次区域领导人会议是大湄公河次区域经济合作的最高决策机制，主要讨论和决定大湄公河次区域经济合作的宏观政策和基本方针。2002 年 11 月，在柬埔寨首都金边召开了第一次大湄公河次区域领导人会议，并决定今后每 3 年召开一次，各成员国按照国名字母顺序轮流主办。此后，2005 年 7 月和 2008 年 3 月，分别在中国的昆明和老挝首都万象举行了第二次和第三次领导人会议。中国总理朱镕基和温家宝分别参加了这三次领导人会议。

（2）大湄公河次区域经济合作部长级会议

大湄公河次区域部长级会议是大湄公河次区域经济合作的常设磋商、协调和决策机制。1992 年 10 月，在马尼拉亚行总部召开了首届大湄公河次区域合作会议（从第 2 届起，正式称为“部长级会议”），确立了大湄公河次区域经济合作的总体框架。会议文件将大湄公河次区域界定为“柬、老、缅、泰、越和中国的云南省”。会议决定，今后每年召开一次6国部长级会议。

2009年6月19日，大湄公河次区域经济合作第十五次部长级会议在泰国碧武里府华欣举行。来自中国、缅甸、泰国、柬埔寨、越南、老挝的部长级官员以及亚洲开发银行和其他国际组织的代表参加了会议。与会部长共同回顾了2007年第十四次部长会议以来，特别是2008年第三次领导人会议以来各重点领域的合作进展，审议通过了部门战略文件，就实施跨境便利运输协议及大湄公河次区域经济合作未来十年战略框架进行了讨论，并发表了《联合声明》。

（3）大湄公河次区域经济合作高官会议

大湄公河次区域经济合作高官会议是大湄公河次区域经济合作机制的议事机制，主要是商讨有关合作的各项政策，以及联系各个业务层面，并且为部长级会议做准备工作，每年定期召开，由亚洲开发银行负责召集。

2009年11月18日，大湄公河次区域经济合作2009年第三次高官会以通讯方式召开。此次会议的主题是筹备将于2010年3月在越南举行的大湄公河次区域经济合作第十六次部长会。会议通报了拟提交部长会议审议的成果文件准备进展情况，包括实施跨境便利运输协定及其他交通与贸易便利化倡议有关机构安排、大湄公河次区域经济合作铁路战略、核心环境项目第二期行动计划、能源及能效技援项目、农业合作计划等。会议还初步讨论了大湄公河次区域经济合作2012—2022年战略框架制定的有关事宜。为进一步落实部长会的有关安排并讨论部长联合声明初稿等文件，会议决定于2010年1月27日在越南首都河内再次召开高官会。

（4）大湄公河次区域经济合作工作组和专题论坛

专题论坛（相当于东盟合作机制的专业委员会）和工作组和是大湄公河次区域经济合作机制中常设专业机制。大湄公河次区域经济合作机制下设9个专题论坛和工作组，分别负责交通、电信、能源、环境、人力资源开发、旅游、农业、贸易和投资。这些工作组和论坛职责是在上述这些业务层面对具体项目进行研究、设计和实施。

(5) 大湄公河次区域经济合作秘书处

大湄公河次区域经济合作机制的秘书处是大湄公河次区域经济合作机制的常设办公机制。秘书处设在亚洲开发银行总部。由设在亚洲开发银行总部秘书处的湄公局负责大湄公河次区域经济合作的日常事务。这是大湄公河次区域经济合作机制的一个独特之处。因为，一方面亚洲开发银行是整个大湄公河次区域经济合作项目的发起和主导机构，另一方面它一直是该项目的协调方和出资方，主要负责召开有关会议及为具体项目的实施提供各类技术和资金支持。

从以上大湄公河次区域经济合作机制的案例中可以看到，它已形成了比较健全的合作机制。除了不像东盟那样有广泛的对话机制外，其他五个机制（最高决策机制——领导人会议、磋商决策机制——部长级会议、议事机制——高官会议、专业工作机制——专业委员会和工作组、常设办公机制——秘书处）都已具备。这也是大湄公河次区域经济合作能够比其他次区域经济合作取得更大和更明显成果的根本原因之一。

2. 中国的积极参与和重要作用

尽管大湄公河次区域经济合作是亚洲开发银行倡导和首先推动起来的，但是中国在这一合作机制中，起到了至关重要的支柱和引擎作用。没有中国的积极参与、支持与配合，大湄公河次区域经济合作不可能有成功的今天。

中国从20世纪90年代初以来，一直积极参与大湄公河次区域经济合作。中国是从推动该地区经济社会发展、加强与东盟的睦邻友好关系、维护东南亚地区和平稳定的战略高度来参与这一合作的。早在1994年，中国政府便成立了由20多个部门组成的“澜沧江—湄公河流域开发前期研究协调组”，负责具体工作。此后，国务院又指示国家计委牵头完成了《中国参与澜沧江—湄公河次区域开发合作总体研究报告》。另外，中国国家领导人在欧亚会议、“10+3”领导人会议等场合也多次阐明中方在该地区合作中的积极态度与立场。

作为湄公河上游国家，中国很早便与下游国家达成共同开发利用澜沧江—湄公河的共识，并提出国际航运开发是首要任务。1994 年和 1997 年中国先后与老挝、缅甸签订了《澜沧江—湄公河客货运输协定》，2001 年，中、老、柬、缅四国商船正式通航。

此外，中国还在水文资源共享方面，与湄公河委员会进行了友好的合作，向其提供澜沧江汛期水文资料。中国还利用澜沧江丰富的水力资源，与泰国合资兴建景洪电站、建成后将向泰国提供电力。

自 1992 年起，中国政府先后参加了由亚洲开发银行倡导的大湄公河次区域合作、由东盟倡导的东盟—湄公河流域开发合作及中、老、缅、泰四国毗邻地区的“黄金四角经济合作”等机制，还与湄公河委员会建立了对话关系。①

在 2002 年 11 月的第一次大湄公河次区域经济合作领导人会议上，中国提出了推动合作的三项建议，即平等协商、互利互惠；以项目为主、注重实效；突出重点、循序渐进，受到与会各国欢迎。中国正在成为该地区合作的主要倡导者和执行者。

此外，中国与大湄公河次区域国家之间双边贸易持续保持良好发展势头，贸易结构逐步改善，双边投资额也有了较快增长。统计显示，2007 年，中国与柬埔寨、老挝、缅甸、泰国、越南贸易额分别为 9.33 亿美元、2.49 亿美元、20.57 亿美元、346.38 亿美元和 151.15 亿美元，比 2004 年分别增长 193.6%、218.4%、179.7%、199.7%和 224.2%。

中国不仅在次区域五国积极开展的劳务承包和设计咨询，合同额和营业额逐年上升；而且还以合作或独资等方式参与柬埔寨、泰国、越南的经贸合作区开发建设，有力地促进了当地的经济发展。

在交通、能源、电信、环境、农业、人力资源开发、旅游、贸易便利化与投资等领域，中国援建了南北经济走廊老挝段、建设了中国南方电网 220 千伏、110 千伏送电通道项目、援建了柬、老、缅三国境内信息高速公路工程、率先提出并大力推动生物多样性保护走廊项目、艾滋病防控试点项目，并积极落实大湄公河次区域经济合作旅游发展战略。

---

① 陆建人：《大湄公河次区域经济合作及中国的参与》，《人民日报》，2005 年 7 月 13 日。

中国还签署了《大湄公河次区域便利货物及人员跨境运输协定》及其附件和议定书；积极参与泛亚铁路合作，组织开展了泛亚铁路境内和境外段调研。利用中国政府对外援助资金，先后完成了柬埔寨和缅甸境内路段的勘探工作；与泛亚铁路东、中、西三个方案相对应的中国境内段项目均已列入了中国的《中长期铁路网规划》和《铁路“十一五”规划》。

在贸易投资和农业领域，中国制定并已开始正式实施《贸易投资便利化战略行动框架》中国行动计划；2007 年 4 月，中国主办了首届大湄公河次区域经济合作农业部长会议，而由中国政府牵头组织建设和管理的“大湄公河次区域农业信息网”也于当月开通运行，为该区域各国农业信息交流又提供了一个重要平台。

尽管以上事实说明中国在大湄公河次区域经济合作中发挥了极为重要的作用，但是从另外一个角度来看，也正是大湄公河次区域经济合作所建立的健全的合作机制，推动和促进了中国作为这个地区的大国，发挥出了这样的作用和做出了这样重要的贡献。它对于中国正在开展的其他次区域经济合作（如东北亚区域经济合作、泛北部湾区域经济合作等)，都提供了重要的范例和启示。

3. 中国云南省的作用

在大湄公河次区域经济合作机制的成功运行中，还有一个非常重要的角色功不可没，那就是中国的云南省。由于云南省是中国参与大湄公河次区域经济合作的主要省区，因而它承担了中国参与这一次区域经济合作的主要责任，发挥了重要功能。

亚洲开发银行倡立大湄公河次区域经济合作机制的设想萌发于 20 世纪 90 年代初。当时中国以双边外交作为自己开展对外交往的绝对主导方式，对发展多边机制还存有顾虑和迟疑，尚未有积极深入的参与。不过，此时云南省已利用其不可替代的地缘优势，与大湄公河流域国家建立了较为密切的关系。1992 年 8 月，为了确认在次区域成立一个多边合作机制是否可行，亚洲开发银行高级顾问一行四人到云南开展考察访问。时任省长和志强向代表团介绍了云南在交通、能源、通信、航空、旅游、环境保护、工农业生产建设等多领域的省情，与周边国家人员互访、经贸和科技交流方面的合作情况以及澜沧江—湄公河航运发展的现状和云南的远景规划思考。亚洲开发银行官员考察后表示，由于云南与湄公河流域各国间的合作考虑得早、做得早，有的项目已经启动，云南与周边邻国间多领域经济合作搞得不错，因而对构建大湄公河次区域经济合作机制有了很大的信心。正是这次成功访问的两个月后，亚洲开发银行召集的第一届澜沧江—湄公河次区域经济合作会议，拉开了大湄公河次区域经济合作的序幕。因此可以说，在一定意义上，正是云南省的积极推动，促成了大湄公河次区域经济合作机制的诞生。

在大湄公河次区域经济合作的第一届会议上，云南省代表就提出以交通为主的“一线（昆泰铁路线）、两路（昆洛、昆畹公路连接缅甸公路）、一场（昆明机场的高等级改扩建）”的合作建议，受到亚洲开发银行和与会代表的重视，被编入次区域经济合作纲要附件，从而使交通合作成为首个被大湄公河次区域经济合作确定下来的合作领域。云南凭借多年来对自身得天独厚的地缘资源的利用和开发以及与次区域各国的积极交往，奠定了参与次区域合作的良好基础，这为中国成为大湄公河次区域经济合作多边机制的创建者提供了重要动力。

此后亚洲开发银行 1993 年发表了题为《次区域经济合作——关于柬埔寨、老挝、泰国、越南和中国云南省进行合作的可能性》的报告，其中明确将参与大湄公河次区域经济合作的各方界定为“柬、老、缅、泰、越和中国云南省”。

2003 年 8 月 19 日，在大湄公河次区域经济合作第五次部长级会议上，曾培炎副总理也指出，云南省既是中国实施西部大开发战略的重要省份又是中国参与东盟—湄公河流域开发合作的主体，这是中国中央政府高层官员对云南主体地位的明确表述。如此，云南在 GMS 中的参与主体地位得到了亚洲开发银行、中国政府的共同认可。

云南省在大湄公河次区域经济合作机制中的参与主体地位体现为：

第一，云南省政府是 1994 年成立的中央一级“国家澜沧江—湄公河流域开发前期研究协调组”的副组长单位，在云南省设置的对应机构也于同年成立。两级协调组分别与大湄公河次区域经济合作九大重点合作领域相关的部门联合组成。可以说，通过以副组长单位身份参与中央协调大湄公河次区域经济合作事务的组织架构，云南省政府作为地方政府直接进入了中央决策的协调机制。

第二，通过与中央政府各相关部委在职能职责一致的协调系统中直接对应，云南省政府在大湄公河次区域经济合作事务上的决策作用得到了大大增强。这些制度化渠道的建立使云南不仅能及时得到中央的政策指导和支持，也能把云南在参与大湄公河次区域经济合作中的利益诉求直接导入中央相关部门的决策过程。

第三，参加大湄公河次区域经济合作年度部长级会议的中国代表团通常由中央和云南代表分别担任正副团长，体现出云南处在中国参与大湄公河次区域经济合作机制中的重要地位。

第四，除了参与大湄公河次区域经济合作各级别会议，云南省也相对自主地开展与大湄公河次区域经济合作相关的对外交往活动。例如，主办大湄公河次区域“经济走廊”省长论坛；并建议在现有合作机制框架下，专门设立由次区域各国相关政府机构组成的“经济走廊”建设工作组，重点组织协调跨国、跨行政区域的重大基础设施建设、战略资源开发、生态环境保护建设等。此外，在合作机制框架下，云南省还与老挝、泰国、越南分别建立了“云南—老北”、“云南—泰北”、“滇越五省市经济协商会”等双边合作机制，并保持了机制内的定期会晤。

第五，目前，与中国相关的大湄公河次区域经济合作项目，绝大部分在云南境内，并由云南负责执行和实施。为了实施合作规划下的各种项目，云南成立了以省长为组长、分管副省长为副组长、省级各部门、相关州（市）及有关科研院所主要领导为成员的合作“协调小组”和办公机构，为推进与次区域的合作提供了有力的组织保障。不仅如此，云南省政府大多数部门都有针对合作事务的专门办公室，并由专门设置在省外办的“国际区域合作办公室”，归口管理全省范围内与大湄公河次区域经济合作相关的对外事务。可以说，云南已基本建立起与大湄公河次区域经济合作事务相对应的网络结构。

第六，云南省还把参与大湄公河次区域经济合作作为构建本省发展战略的重要基础和平台。2006 年，云南省提出了以参与大湄公河次区域经济合作为主要契机的战略构想："以中国—东盟自由贸易区建设为契机，在中国参与大湄公河次区域合作的框架内，在国家的指导下，继续发挥云南在次区域合作中的重要作用，强化连接次区域国家的区位优势，改善合作的软、硬环境，坚持服务东盟、服务次区域、服务泛珠三角区域、服务全国，积极搭建中国与次区域国家合作的桥梁和平台，把云南建设成为中国面向东南亚、南亚的经济贸易和友好往来枢纽，中国连接东南亚、南亚的国际大通道。"为此，云南将在推进大湄公河次区域经济合作的进程中"积极构建经济贸易合作、投资开发、产业合作、科技文化、友好交往等五座合作桥梁，搭建信息服务、贸易合作、金融服务、人力资源开发合作、公共事务合作等五个合作平台。"

第七，在政府高度重视和积极参与的同时，云南省还鼓励和支持各类企业直接参与大湄公河次区域经济合作。2004 年底，云南省政府出台了面向东南亚的"走出去"战略，次区域的越、老、缅、柬四国和泰国分别被列为第一类和第二类"走出去"的对象。在此基础上，2005 年 11 月，云南省配套发布了《云南省实施"走出去"战略发展专项资金管理暂行办法》，这是云南有效化解多年制约省内企业"走出去"的融资难题、鼓励企业走出去的一大新举措。

第八，在参与大湄公河次区域经济合作的具体项目实施中，云南已取得了阶段性成果：在交通合作方面，昆—万、昆—曼、昆—仰、昆—河公路云南境内段高等级公路都已顺利通车；完成了中老缅泰四国共同实施的大湄公河三个枯水期的航道整治工程，并初步统一了四国的港口收费和检查收费标准；中越合作修建的红河公路大桥已于 2006 年 6 月开工。在能源合作方面，云南成功实现了分别从河口、文山通过 110 千伏输电线路向越南老街、河江送电；与缅甸签署了《合作开发境外电力资源意向书；"云电送泰"项目正按中泰电力合作框架协议有序推进。在农业合作方面，云南实施了越南小麦和啤酒大麦种植示范试验；缅甸仰光蔬菜花卉培训中心建设；老挝占巴色省农业示范园建设等一批农业合作项目。在环境保护方面，云南积极参与了"环境培训和机构强化"、"环境监测和信息系统建设"、"次区域国家环境战略框架"、"次区域边远地区扶贫与环境管理"等合作项目。在旅游方面，云南开通了昆明至曼谷、万象、河内、仰光、曼德勒、暹粒以及景洪至琅勃拉邦、清迈、曼谷等旅游航线；到2008年，大湄公河次区域各国旅客可以在指定跨境点实现5分钟通关。在禁毒方面，中国在与有关国家签署一系列禁毒协议和禁毒行动计划的基础上，云南在缅甸和老挝北部实施了绿色禁毒和罂粟替代种植计划，投资约3亿多元人民币，开展替代种植的各类经济作物累计已达62万多亩。在培训合作方面，云南多次举办面向次区域国家的专业技术培训班，在电信、农业、卫生、能源、贸易投资等领域为各国提供了400多人次的培训。①

上述云南省积极参与和推动大湄公河次区域经济合作的举措，又为我们提供了一个中国如何与周边地区和国家成功开展次区域经济合作的典型范例和重要启示。那就是凡中国与周边国家和地区开展次区域经济合作，都必然有一个在地缘上与这个地区直接相关的中国省区，而这个省区能否像云南省这样全身心地投入到这个次区域经济合作中，并且在构建健全的合作机制以及推动具体合作进程和合作项目方面承担国家参与合作的主要责任，并且发挥出本省区重要的独特作用，也将成为这种次区域经济合作能否成功的关键。

第五节　关于建立北亚经济圈合作机制的基本构想

1. 上述理论和案例分析提供的几点重要启示

（1）构建北亚经济圈要合作机制先行

正如上文分析和事例所证明的那样，对于区域经济合作来说，无论是国际的还是国内的，一个健全的合作机制，是至关重要和起决定作用的。

① 陈迪宇：《云南与大湄公河次区域经济合作机制》，《国际观察》，2008年第6期。

一方面是因为国家之间和地区之间，本身没有法理性和制度性的约束关系，如果没有具有一定约束力的制度化的合作机制，合作就会有很大的随意性，很容易流于形式；另一方面，国家之间和地区之间的每一项合作都是复杂的系统工程，如果没有健全完善的合作机制就很难达成共识和制订实际可操作的方案；三是只有建立了健全完善的合作机制，才会有相应常设的专职机构和方法去负责和处理有关合作的日常事项以及有关合作的各种项目，各种合作措施和项目也才能真正推向深入和落到实处。

因此，对于构建北亚经济圈来说，一定像东盟和主导大湄公河次区域经济合作的亚洲开发银行一样，要把建立健全和完善的合作机制作为头等大事来抓，在合作的一开始就要把它摆上议事日程，高度重视，并且付诸行动。

（2）构建北亚经济圈合作机制要目标明确，少走弯路

北亚经济圈作为一种次区域经济合作，大湄公河次区域经济合作机制应是其借鉴的典范。由于北亚经济圈是刚刚提出的一种构想，因而具有“后发优势”，可以直接学习和借鉴前人成功的经验，吸取前人失败的教训。这点做好了，就可以少走许多弯路，少付许多“学费”。

从以上东盟合作机制和大湄公河次区域经济合作成功的案例中可以看到，一个健全的合作机制至少要有五个层级，一是领导人会议，即最高决策机制；二是部长级会议，即日常磋商决策机制；三是高官会议，即议事机制；四是专业委员会和工作组，即专业工作机制；五是秘书处，即常设工作机制。此外东盟合作机制还有一个层级值得借鉴，就是对话机制——与合作区外有关国家和地区的对话会、论坛和峰会。

以上这些层级架构中，最关键的是最高决策机制，即领导人会议。上述成功的事例告诉我们，一个完善健全的区域经济合作机制，其关键是一定要实现在最高领导人层面上的实质性合作，即建立类似最高领导人会议这样的最高决策机制。其实这个道理也很简单。因为凡属区域经济合作，无论是国际的还是国内的，实质上都是以行政为主导的自上而下有组织的合作，而不是以市场为主导的自发性的合作。而且如上所述，区域经济合作通常不是一个或几个投资项目的合作，也不是一个或几个企业间的合作，而往往是国家与国家之间、地区与地区之间的基础设施、某些领域或某些产业的合作，因此必然是一个复杂的系统工程，一定会涉及合作国家或合作地区的很多部门和很多行政层级。而在这种情况下，没有合作国家或合作地区政府最高领导层的支持和决定，很多实质性的合作措施和重要的合作项目就根本无法向前推进。

东盟合作机制尽管成立很早，但也是在1997年其最高决策层即东盟首脑会议（东盟峰会）进入制度化和常态化后，才驶入真正快速发展和卓有成效的快车道。大湄公河次区域经济合作也是如此，尽管亚洲开发银行在其文件中已经把这项合作明确为是“柬、老、缅、泰、越和中国云南省”的合作，但事实上只有在2002年大湄公河次区域经济合作第一次相关国家的最高领导人会议召开，并决定将这个最高决策机制制度化和常态化后，这个次区域经济合作也才开始进入真正快速发展和卓有成效的阶段。

因此，构建北亚经济圈，一定要将此作为完善和健全合作机制的最重要的努力方向。尽早争取使这个构想得到中、俄、蒙国家领导人的重视和认可，将这个次区域经济合作纳入到各自国家战略的层面，并一道参加到这个区域合作的最高决策层中来，这是这个地区次区域经济合作能否进入快速发展的关键举措。

（3）构建北亚经济圈合作机制要先易后难，逐步完善

由以上事例也可以看出，建立一个完善的合作机制并不是一件很容易做的事情，需要付出很大的努力，而且需要一个长期的过程。例如东盟是1967年成立的，但到差不多10年后的1976年才举行了第一次的首脑会议。且也是到1997年亚洲金融危机爆发后，才开始决定每年都召开，实现了真正的制度化和常态化。大湄公河次区域经济合作也是如此。首次次区域经济合作会议是1992年召开的，但整整10年后，到2002年首次领导人会议才正式召开。此后才决定每三年召开一次，开始实现了制度化和常态化。所以，对于建立合作机制的困难性复杂性也要有充分的估计，不能掉以轻心，更不能希望一蹴而就。

因此，在构建北亚经济圈的合作机制时，也一定要有这样清醒的认识和科学的态度。一定要坚持先易后难、先简单后复杂的原则，先把基本架构搭起来，然后再逐步健全，逐步完善。也就是说先把日常磋商决策机制、议事机制、专业工作机制和常设办公机制建立起来，并将其制度化、系统化和常态化，同时在一些比较容易合作的领域中或者一些比较容易合作的事项上先做起来。等上述工作都有了一定进展，次区域经济合作也有了一定基础后，再争取召开最高领导人会议，建立最高决策机制，并将其制度化和常态化，同时再把比较困难的合作领域和层次比较高的合作项目摆上议事日程，这样就可以把次区域经济合作不断扩大、不断深入和不断推向前进。我们看到东盟合作机制和大湄公河次区域经济合作机制的建立、健全、完善及其合作的成功进展，其实都这样走过来的。

因此，对于建立一个健全和有效的合作机制，一定要有持之以恒的恒心和克服困难的决心，不能一遇到困难或麻烦就退缩和放弃。这也是目前很多区域经济合作在构建合作机制时经常遇到的问题，也是很多合作机制不能得以建立和完善的重要原因。

（4）内蒙古地区应成为中国参与北亚地区次区域经济合作的主体

上述云南省在大湄公河次区域经济合作中的地位和作用所给予的最大启示就是，内蒙古自治区一定要像云南省那样，采取最大的积极主动，来促成北亚地区次区域经济合作机制的诞生；同时也一定要像云南省那样，从经贸合作、产业发展、交通物流、资源开发、环境保护等各个方面，积极主动地为发展北亚地区次区域经济合作贡献最大的力量，从而真正成为中国参与这项次区域经济合作的主体；此外，还要像云南省那样把构建北亚经济圈作为自己最重要的发展战略，把开展与北亚地区的次区域经济合作纳入到自己各个工作体系中去，从而在未来构建北亚地区次区域经济合作机制中，成为无论在决策方面，还是在执行方面都举足轻重的角色，发挥不可替代的作用。

2. 构建北亚经济圈合作机制初步构想

（1）中、俄、蒙领导人会议

中、俄、蒙领导人会议是北亚次区域经济合作的最高决策机制，组成人员为三国国家主要领导人。其主要任务是讨论和决定北亚次区域经济合作的发展方向、合作方针和合作原则。

中、俄、蒙领导人会议可以像大湄公河次区域经济合作机制一样，每三年举行一次。由中、俄、蒙三方领导人轮流担任轮值主席，主持下一届领导人会议的召开。在下届领导人会议召开之前，所有工作的负责人都由轮值主席国一方指定的人员担任（如部长级会议召集人、高官会议的召集人、秘书处的秘书长等）。

（2）部长级会议

部长级会议是北亚次区域经济合作常设的磋商、协调和决策机制。应根据中、俄、蒙三方合作的进程需要和合作范围来确定，建立相应的部长级会议。各个部长级会议的组成人员是中、俄、蒙各国相应部门的主要负责人。各类部长级会议主要就有关重大合作事项进行交流、对话、磋商、谈判和协调；对合作方案和合作项目进行研究、讨论和决策；对地区之间的重大合作协议进行签署，以及为领导人会议准备相关的议案、文件等等。

各类部长级会议可以根据需要，定期召开（每年一次）或不定期召开。

（3）北亚次区域经济合作高官会议

高官会议是北亚次区域经济合作的主要议事（参谋助手）机制。主要组成人员为中、俄、蒙国家协调机制中相关部委的司局级官员及各相关地区有关部门的厅局级官员。高官会议主要职能是联系各个有关合作的业务层面，部署、检查、指导和监督各专业委员会和工作组的工作事项，并且为部长级会议讨论、磋商、谈判和决策提供合作方案、合作项目、合作协议，为部长级会议做各项准备工作。

高官会议每年根据实际工作需要召开一次或若干次不等。

（4）北亚次区域经济合作专业委员会及工作组

专业委员会及工作组是该合作机制的专业工作机制。专业委员会和工作组根据合作的不同领域而设置，可以由少到多，由简到繁，也可根据实际需要，随时进行设置和增减。最初可以按照最容易也最需要开展合作的领域来进行设置，如经贸、交通、环保、旅游、卫生、教育培训等专业委员会或工作组。各个领域的专业委员会或工作组，由各国该领域相关国家政府部门人员和专家学者组成。其主要职能是对不同领域的合作事项及合作项目进行调查研究，提出合作的对策和实施方案，以及与其相配套的政策与措施。各专业委员会或工作组也可委托各国高校及科研机构中的有关专家，组成跨国专家组，来对主要合作事项或合作项目开展专题调研，提出方案和对策建议。

各个领域专家委员会委或工作组的设立与撤销，由部长级会议或高官会议讨论决定。其任务也由部长级会议或高官会议来明确和部署。各个领域的专家委员会或工作组的组成人员及负责人，也由部长级会议或高官会议来指定。

（5）北亚次区域经济合作秘书处

秘书处是北亚次区域经济合作的常设办公机制。

北亚次区域经济合作秘书处应固定在经中、俄、蒙三方讨论后确定的国家或机构中（例如东盟秘书处设在印度尼西亚首都雅加达，大湄公河次区域经济合作秘书处设在亚洲开发银行总部的湄公局）。实践经验证明，秘书处设在固定地点是构建一个健全的合作机制中不可或缺的重要环节，这样才能保持整个合作机制的稳定性、连续性、制度性和常态性。秘书处虽然固定设在某一国家，但其工作人员却如联合国机构一样由各相关国家派出人员组成。同时中、俄、蒙每个相关国家都应成立各自的秘书处与合作机制秘书处相对应。

中、俄、蒙三方领导人中某国领导人担任轮值主席期间，该国指定的人员担任秘书长，同时各国指定负责本国秘书处的副秘书长。秘书长的主要职责是负责合作机制秘书处工作，主持召开秘书长会议以及协调各成员国秘书处工作。

由于秘书处的工作内容很多，工作量很大，所以秘书处也可以分成若干组，如会议组、文件组、调研组、行政组、联络组等。

北亚次区域经济合作秘书处（以及各国相应建立的秘书处）应建立自己的网站及出版相应的用于通报情况、交流信息、反映工作进度、分析存在问题和提出有益建议的内部刊物。

（6）北亚次区域经济合作的对话机制

北亚次区域经济合作对话伙伴会议：北亚次区域经济合作的对话伙伴为中国、俄罗斯、蒙古国、日本、韩国、朝鲜、中亚五国、俄罗斯远东联邦管区、中国东北三省、内蒙古自治区、新疆维吾尔自治区以及中国和俄罗斯的其他相关地区。北亚次区域经济合作对话伙伴会议每三年举行一次，与北亚次区域经济合作领导人会议同时举行。也可根据有关合作的不同领域、不同产业分别举行不同专题的对话伙伴会议。

北亚峰会：一旦北亚次区域经济合作机制的领导人会议机制建立起来，就可在对话伙伴会议的基础上，形成由中、俄、蒙、日、韩、朝、中亚五国的领导人对话峰会。北亚峰会每三年举行一次，与北亚次区域经济合作领导人会议同时举行。

以上就是笔者根据东盟合作机制和大湄公河次区域经济合作机制的成功经验，所提出的有关北亚次区域经济合作机制的构想。当然，从操作的角度来看，这无疑只是一种框架思路的提出，仅为实际的操作者们提供一个构建合作机制的方向和思路的参考。

第九章

构建北亚经济圈的行动方略

毫无疑问，建立“北亚经济圈”是一个十分困难和复杂的愿景蓝图，而且由于北亚地区的合作领域十分广泛，发展空间也十分广阔，另一方面真正的合作进程还是要落实在方方面面的建立机制、制订规划、设计方案、实施项目的具体行动上。因此，本书这一章所讲的行动方略，只是为读者勾画一幅合作主要方向的框架、构想和蓝图。

在这章中，笔者将首先提出北亚经济圈合作的主要原则；其次提出北亚经济圈合作的主要方向；最后，笔者将根据其他省区比较成功的经验，对内蒙古自治区如何在构建北亚经济圈发挥主导作用，提出可供借鉴和参考的建议。

第一节　北亚经济圈的合作原则

1. 平等互利、合作共赢、先易后难、循序渐进的原则

如上所述，建立“北亚经济圈”是一个十分困

难和复杂的愿景蓝图。

一方面，这个地区尤其是蒙古国和俄罗斯西伯利亚联邦管区面积广袤，地广人稀，经济比较落后，基础设施严重不足，交通十分不便，自然条件寒冷恶劣，这些都是在这个地区开展区域经济合作所面临的严重制约因素和不利条件。

另一方面，由于政治、经济和交通的原因，这个地区相互之间的跨境经济联系和政府交往在很长一段历史时期内都十分淡薄，只是近年来才有了比较大的改观。然而这种改观也只是非常初步的：政府之间的交往基本还处在比较松散的状态，并没有形成较为紧密的和具有实质性合作的机制；经济交往无论是贸易还是投资，都是以民间为主，而且规模很小；蒙俄地区投资环境还不够完善、法律法规还不够健全、政策还不够稳定，措施还不够配套；还有一些华人企业和商家的行为缺乏诚信，以假冒伪劣和走私逃税等不法行为搅乱了市场秩序，使民众对这种经济合作产生疑虑和不信任。显然上述这些问题的存在，都说明了中、俄、蒙之间开展区域经济合作，现在只是一个开始，再加上这个地区的人们几乎没有通过开展区域经济合作来带动本地经济发展的意识，所以开展区域经济合作的基础非常薄弱。

更为重要的是，由于近现代历史过程中出现的种种曲折，使得中、俄、蒙之间、尤其是中蒙之间，在政治、意识形态、宗教、文化等方面都存在很大的隔阂和疑虑。这也许在构建“北亚经济圈”过程中，是比上述自然条件恶劣、经济水平落后、合作基础薄弱等制约因素更为严峻的挑战。自20世纪80年代中国迅速崛起后，无论在俄罗斯还是在蒙古国，“中国威胁论”的喧杂之声从来就没有停止过。

因此，尽管本书前面已经讲到了三国政府之间关系迅速升温，经济合作也进入历史最好时期，但是这种不利于三国建立长久友好关系和开展全面合作的政治、文化和意识形态的东西还会长期存在于相当一部分人的头脑中，反对、抵制甚至破坏这种友好关系的也一定会大有人在。对于这一点一定要有充分的估计，要有明确的认识，要有实现区域经济合作愿景蓝图的坚定信念和克服困难以实现目标的坚韧不拔的精神。

正是由于上述所列举的困难和问题，笔者认为，构建北亚经济圈，开展北亚地区的区域经济合作，也许是到目前为止中国与周边国家开展区域经济合作最困难和最富挑战性的。即使是目前正在大步前进的“东北亚经济圈”，由于其主要合作区域是中国的东三省和俄罗斯远东地区，基本上没有蒙古国这样复杂的因素夹在其中，因而构建“北亚经济圈”与构建“东北亚经济圈”相比，前者所面临的困难和问题，要比后者复杂得多。

因此，要克服上述困难，真正实现构建“北亚经济圈”的愿景蓝图，就应该遵循“平等互利、合作共赢、先易后难、循序渐进”的十六字原则。这十六字原则的中心含义就是，相关国家和地区，把一切政治上的歧见和意识形态上的纷争统统放在一边，一心一意抓经济，一心一意求发展，一心一意为本地区的百姓谋福祉，从而在北亚地区的次区域国际经济合作中“求大同存小异”；同时，在合作过程中，相关国家和地区，不分大国小国，不分富裕地区和贫困地区，大家都是平等的合作伙伴，建立起一种不但平等而且相互利益联结在一起，依存在一起的战略伙伴关系；还要通过合作，使相关国家和地区都能够得到实惠，得到利益，得到好处，得到发展，从而实现“合作共赢”的目标。

不仅如此，由于北亚地区经济比较落后，合作的基础比较薄弱，存在的困难和问题很多，因此即使相关国家和地区有了合作的愿望，并且也有了付诸合作的行动，但也只能先从比较容易合作和比较容易操作的领域中开始行动，先把区域经济合作的步子迈起来，而且能够较快见到成效，从而使相关国家和地区的政府及民众都能看到和得到区域经济合作的好处，这样就有条件和基础把合作逐步推向深入。至于那些比较困难的，牵涉面比较大的，解决起来综合因素比较复杂的问题，可以放到以后具备一定条件后再加以解决。

2. 抓纲带目，纲举目张的原则

构建“北亚经济圈”还应遵循一个原则，就是“抓纲带目，纲举目张”。也就是说，要善于抓住关键环节，来解决进程中的主要难题。只要抓住和解决了主要问题和主要矛盾，后面很多问题就迎刃而解了。

那么，北亚次区域经济合作最关键的问题或最主要的矛盾是什么呢？笔者认为，就是以交通运输设施为主的基础设施建设。由于这个地区十分广袤，而且人烟稀少，但自然资源又十分丰富，因此必须要通过建设比较发达的交通运输网络和比较发达的信息通讯网络，才能从根本上解决这个地区发展的“瓶颈”。

不仅是只有如此才能真正实现这个地区丰富资源的开发、利用和运输，而且几乎所有的经济合作、科技合作、文化教育合作、旅游合作、商业活动、人员往来，都要依靠这个问题的首先解决才能真正大规模地开展起来。甚至将来相关各个国家和地区的城市建设，区域繁荣，百姓兴旺，都要依靠这个问题的解决来实现。

所以笔者认为在“循序渐进”的原则中，既有“先易后难”这个“序”，也有分别轻重缓急，首先要抓住主要矛盾，解决主要问题，从而达到“纲举目张”这个“序”。

其实以上这个合作原则，对于任何区域经济合作都是适用的，只不过对北亚地区的次区域经济合作来说，显得更为重要。

3. 合作机制先行的原则

正如上文所讲到的那样，对于构建北亚经济圈来说，一定要像东盟和主导大湄公河次区域经济合作的亚洲开发银行一样，把建立健全和完善的合作机制作为头等大事来抓，在合作的一开始就要把它摆上议事日程，高度重视，并且付诸行动。这也应当成为北亚地区开展经济合作的又一个重要原则。

而且，如果说合作机制先行对其他任何区域经济合作都应当是首要大事的话，那么对北亚地区来说，就要加个“更”字。

从某种意义来说，这也是北亚地区的地缘特点和经济基础所决定的。如果仔细看一下本书前面所讲这个地区的地理、经济等各方面的情况，就可以发现，实际上可以将其归纳为四大特点：第一是地广人稀，但是资源极其丰富；第二是开发条件和基础设施很差，但是开发潜力极大；第三是经济发展基础比较薄弱，但是经济互补性极强；第四是地区间经济合作刚刚起步，但是相互间合作的愿望十分强烈。这样的四个特点更说明了一个根本的问题，那就是在这个地区，要想真正把区域经济合作开展起来，必须首先把政府与政府之间的合作关系建立起来。道理很简单，因为只有政府之间开展合作，国与国之间、地区与地区之间跨境的交通、通讯、电力等基础设施才可能建设起来，而这一点恰恰是北亚地区经济合作能否开展起来、北亚地区极其丰富的资源能否得到开发、北亚地区落后的经济面貌能否从根本上得到转变的关键。

另一方面，笔者在前面已经讲到，健全的合作机制对区域经济合作之所以是至关重要和起决定作用的，一方面是因为国家之间和地区之间，本身没有法理性和制度性的约束关系，如果没有具有一定约束力的制度化的合作机制，合作就会有很大的随意性，很容易流于形式；另一方面，国家之间和地区之间的每一项合作都是复杂的系统工程，如果没有健全完善的合作机制，就很难达成共识和制订实际可操作的方案；三是只有建立了健全完善的合作机制，才会有相应常设的专职机构和方法去负责和处理有关合作的日常事项以及有关合作的各种项目，各种合作措施和项目也才能真正推向深入和落到实处。这些对于现在几乎还没有建立合作基础的北亚相关国家和毗邻地区来说，其重要性就显得尤为突出。

还不仅如此，只有政府之间开展合作，才能根本改变这个地区目前因民间与企业自发开展经贸活动而导致的规模小、金额少、行为不规范、市场秩序混乱等“小打小闹”的局面。一方面政府可以通过推动相关国家和地区的企业界、商界和社会各界举办大规模的展销会、交易会、洽谈会以及环保合作、旅游合作、文化交流等活动的方式（就像中俄两国相互搞“俄罗斯年”和“中国年”那样），使北亚相关国家和地区之间的商贸和投资活动大大活跃起来，并且吸引世界各地的经贸商和投资商也参与进来，从而大大推进这个地区经贸项目和投资项目上规模、上档次；另一方面又可以通过制订有利于促进合作的优惠政策和规范市场秩序的规章制度，来改善投资软环境，为企业、商家和投资者在这个地区发展运营，创建更加良好的投资和发展条件。

第二节　北亚经济圈的主要合作方向

1. 构建合作机制

笔者在本书第八章第五节中已经提出了如何建立北亚地区区域经济合作合同制的初步构想和框架结构，这里不再赘述。

但是笔者在这里还要再次强调，在构建合作机制时，一定要坚持先易后难，先简单后复杂的原则。通过相关地区和国家开会协商，先把基本架构搭起来，然后再逐步健全，逐步完善。

也就是说先把日常磋商决策机制、议事机制、常设专业机制和常设工作机制建立起来，把这些比较简单和容易建立的机制建立起来，并将其制度化、系统化和常态化，同时在一些比较容易合作的领域中或者一些比较容易合作的事项上先做起来。等到上述工作都有了一定进展，次区域经济合作也有了一定基础后，再争取使合作机制进一步“高端化”，即召开最高领导人会议，建立最高决策机制，并将其制度化和常态化，争取使这种地区合作得到中、俄、蒙国家领导人的重视和认可，将这个次区域经济合作纳入到各自国家的国家战略层面。这样就可以把次区域经济合作不断扩大、不断深入和不断推向前进。

另一方面，笔者在这里也再次强调，对于建立一个健全和有效的合作机制，一定要有持之以恒的恒心和克服困难的决心，不能一遇到困难或麻烦就退缩和放弃。这也是目前很多区域经济合作在构建合作机制时经常遇到的问题，也是很多合作机制不能得以建立和完善的重要原因。

2. 基础设施建设合作

如果从“抓纲带目、纲举目张”的角度来看，笔者认为，北亚地区开展区域经济合作项目中，绝对应把铁路、公路、通讯、电力供应等基础设施放在第一位。

当然，由于基础设施建设的合作要做规划，勘测、设计、施工，不但资金投入大，风险高，而且建设周期长，涉及面比较广，比起其他许多领域的合作要更困难、更复杂。但是从构建北亚经济圈的关键点上看，仍要把它放在合作方向的第一位。哪怕从操作层面看，现在很多事情还做不了，但一定要从一开始就有大的规划、大的战略，并且充分做好前期的勘察、设计、方案制订、评估论证等准备工作，一旦条件成熟后，就可以开展大的行动，这样才能打破约束这个地区发展的根本障碍，使这个地区的区域经济合作的各个领域都能得到大的突破。

在开展北亚地区基础设施建设合作方面，还有一点值得注意。那就是既要以现有的交通运输网络为基础，但又要跳出现有交通运输网络的局限。要在现有基础上重新思考“北亚经济圈”的全面陆路交通与空中交通的战略蓝图。

从上文我们对这个地区交通运输情况的介绍可以看到，且不说俄罗斯西伯利亚联邦管区和蒙古国的交通运输网络十分落后，即使是内蒙古自治区，与中国其他兄弟省区相比，其交通运输网络尤其是铁路运输网络也要落后许多。更何况，在本书所定义的北亚经济圈范围内，能够直接连接中（内蒙古自治区）、俄（西伯利亚联邦区）和蒙古国相关地区的主要交通运输网络几乎是空白。因此，在构建北亚经济圈时应当要有中国广西自治区和云南省提出“两廊一圈”和“M型战略”[①]那样的胆识、眼光和气魄，来制订呼和浩特市与乌兰巴托市以及俄罗斯西伯利亚联邦管区主要中心城市之间相连接、内蒙古最发达的呼包鄂地区与俄罗斯西伯利亚联邦管区及

① “两廊一圈”是中越两国进行合作的一个战略构想。“两廊”即指修建从昆明和南宁分别到越南河内的两条铁路大动脉所形成的两条经济走廊；“一圈”是指通过“两廊”合作带动中越北部湾周边相关地区开展经济合作所形成的“北部湾经济圈”。

“M型战略”是时任广西自治区书记刘奇葆在“两廊一圈”战略构想基础上提出的一个更宏大的战略构想。即通过建设南宁至新加坡的泛亚铁路，把中国内陆地区与东南亚半岛完全连接起来，并形成一条重要的经济走廊，同时通过这条经济走廊，把中国与东盟的泛北部湾经济合作以及湄公河次区域合作也都联成一体，形成一个新的经济板块，成为21世纪东亚乃至世界的一个新的经济亮点。

蒙古国比较发达地区相连接的交通运输大通道。

在三个这样广袤的地区修建交通运输大通道，当然要铁路为主，并以铁路干线为轴心建立起相配套的铁路支线和公路，从而形成比较发达的交通运输网络。再以发达的交通运输网络为核心，形成中国通向北方的新的经济走廊。例如，首先可以构想呼和浩特与乌兰巴托之间，形成“呼—乌经济走廊”，然后再向西伯利亚联邦管区中的主要中心城市延伸。如果有了这样的大规划和大战略，那么北亚地区也一定会像泛北部湾经济区和大湄公河开发一样，引起相关国家政府、媒体和世人的强烈关注和高度参与。

开展北亚区域内基础设施建设的合作，重新构架北亚地区的交通运输网络战略蓝图，还有一个更为重要的意义，那就是通过推动北亚大陆交通运输体系的完善与扩展，进一步促进欧亚大陆运输体系的完善与扩展，从而也实实在在地推动欧亚大陆经济融合全面深化的进程。

从这里可以再次体现到首先要建立政府间合作机制的头等重要性和必要性，因为如果没有政府间的合作机制，这样一种大的战略蓝图和合作行动的大手笔，是根本无法想像的。

3. 经贸合作

由于近年来中、蒙、俄之间的经贸合作取得了较大的突破，已经有了相当的基础，而且相互之间需求性比较强，互补性也比较强，因此这是构建“北亚经济圈”过程中，比较容易启动和可以较早见到成效的合作领域。

从构建“北亚经济圈”的角度来说，所指的“经贸合作”更应该强调的是内蒙古自治区、蒙古国以及西伯利亚联邦管区之间的经贸合作。而目前资料显示的是，这三个地区更多的是通过东北亚区域经济合作的平台来实现相互之间的经贸合作的。而这三个地区本身，并没有形成一个稳定的、顺畅的、繁荣的经贸合作平台。因此，在北亚经济圈范围内开展和强化经贸合作的关键，就是如何构建起与这三个地区的经贸合作直接相关，对这三个地区的经济发展直接起到带动和促进作用的经贸合作大平台。

而要实现这一点的根本措施之一，就是把内蒙古呼和浩特市及呼包鄂金三角地区，打造成北亚经济圈开展经贸活动的中心舞台。其主要措施，就是本书后面对策建议中将要提到的，像南宁每年召开中国东盟博览会一样，每年在呼和浩特市举办北亚地区产品博览会（呼博会或北博会）；像广交会一样，每年在呼和浩特市举办北亚地区商品交易会（呼交会或北交会）；同时每年在呼和浩特市举办投资贸易洽谈会（呼洽会或北洽会）。当然这样三种大型的经贸投资活动也可以同时举办，也可以分开举办。其根本目的，就是把内蒙古自治区的首府和呼包鄂金三角地区，打造成整个北亚经济圈的人流、物流、资金流汇集的中心，成为北亚经济圈的商务中心、物流中心、金融中心和总部经济所在地，把呼和浩特市打造成北亚地区永不落幕的商品展览、交易和投资洽谈大舞台。

当然，打造以呼和浩特市和呼包鄂金三角为商务核心区，并不影响内蒙古地区目前已经开展起来，而且已经有了一定影响力的面向俄蒙的其他经贸平台。例如二连浩特中、蒙、俄投资贸易洽谈会暨进出口商品博览会和满洲里中俄经贸洽谈会等。相反，内蒙古自治区不但要继续鼓励和支持这两个已逐渐形成品牌的北亚地区经贸合作的平台，而且要把它们的做法扩展到自治区所属其他相关边境口岸城市中，让内蒙古这个横跨中国三北地区、全面与蒙古国及俄罗斯西伯利亚联邦管区的狭长地带，整个成为中国向北开放发达的经济带和城市带，而区内各个城市所形成的活跃而繁荣的经贸交流与合作平台，就成为缀满这个经济带的一串串珍珠。

打造呼市和呼包鄂金三角商务核心区的还有一个重要的好处，就是实现了内蒙古与蒙古国及西伯利亚联邦区之间的直接商贸交流和投资合作。内蒙古所生产的物美价廉的机械产品、电子产品、轻工产品、日用品、服装产品、畜牧加工产品、农业加工产品等可以充分提供给急需这些产品的蒙古国和西伯利亚地区。同时，蒙古国和西伯利亚地区又可以向内蒙古提供它所急需的各种能源产品、矿产资源产品和原材料产品。双方都为对方提供了市场，同时又满足了对方的需求，这样一种经贸合作，显然具有极大的潜力和广阔的发展空间。

在促进北亚地区经贸合作提高到一个新水平和发展到一个新阶段的另外一个根本措施，就是前文已经提到的，在这个地区必须开展更加活跃和大规模的商品展销、投资洽谈以及各方面交流合作等活动，并且吸引中国、东亚以及世界各地的经贸商和投资商也参与进来，从而大大推进这个地区经贸项目和投资项目上规模、上档次；另一方面要制订有利于促进合作的优惠政策和规范市场秩序的规章制度，来改善北亚地区的投资软环境，为到这个地区来发展的企业、商家和投资者创建更加良好的投资和发展条件，从而彻底改变北亚地区目前经贸合作和投资合作“小打小闹”的局面。

显然，要做到这一点，只有政府之间开展合作才能实现。这里又凸显了首先要把政府间合作机制建立起来的重要性和必要性。

4. 投资合作

中、俄、蒙之间无论是共同开发矿产资源，还是共同修建基础设施，无论是到对方去兴办制造企业，还是到对方去兴办第三产业，总之都是一种投资的项目合作。这种投资活动目前在中、俄、蒙之间，尤其是在中蒙之间已经有了一定的开展，因此已经具备了一定的合作基础。但是正如前面所提到的经贸合作一样，目前中、俄、蒙之间的投资合作，除了个别较大的项目外，总体上还处于规模小、金额少、行为不规范的“小打小闹”阶段，甚至在很多地区和很多领域还处于空白。

因此要真正解决北亚地区的投资合作问题，就更需要先把政府间的合作机制建立起来。换言之，将来在北亚地区的投资合作，除了在各相关国家和地区政府在政策措施、投资环境和市场引导上，继续支持和鼓励民间和企业的自发性投资合作外，更重要的是要把包括基础设施建设项目、大型矿产资源和能源开发利用项目、大型生产制造项目以及科研、环保等更多的大的投资合作项目合作，纳入到政府间投资合作的范畴和轨道上来。

正是由于北亚地区自然地理环境之恶劣，基础设施水平之差、投资环境之落后、人力资源供应之紧张，技术和资金保障之缺乏，政策法规配套之不完善，所以上述每个领域中大的合作项目，都需要有关各方政府通力合作。通过完善的合作机制，从选择合适的投资合作项目入手，然后交由专家委员会或专家小组拿出可供选择的投资合作方案，再通过各种层级的议事机构进行彼此的磋商、讨论、协调，最后由合作机制的决策层进行决策，形成合作的共识和执行的方案，然后再由合作各方的有关机构按照分工和责任去执行和落实。

只有这样，从合作的领域到合作的项目，从合作项目的调研到其最终的决策，从合作措施的推出到这些措施的落实，都能纳入政府合作机制的正常轨道，而且整个过程都有相应的机构去决策、协调、督促和执行，北亚地区之间的投资合作的瓶颈和根本障碍才能得以被打破，很多单靠一个国家和地区（更遑论企业了）无法解决的困难才能得以解决，整个北亚地区的投资合作也才能扎扎实实地向前推进。

5. 工业与经济技术合作

前文第七章已经讲到，尽管俄罗斯西伯利亚地区、蒙古国以及与它们毗邻的中国内蒙古自治区，在主要产业领域中看上去似乎有雷同之处，但是实际上在这些产业发展的实质内容和水平上仍然有着很明显的差异。其中中国的矿产业、资源产业无论在设备、技术、工艺、资金供给还是产业服务上，不但远远高于蒙古国的水平，而且就技术和设备的现代化而言，也高于俄罗斯西伯利亚联邦管区。

因此在北亚地区，内蒙古与俄罗斯西伯利亚联邦管区以及蒙古国在食品工业、轻工业、纺织工业、化工业、电子工业乃至建材工业、机械设备制造业、小型汽车产业等领域中，在生产、科研和技术的交流合作方面，存在着很大的空间。

同时，俄罗斯西伯利亚联邦管区在采掘产业、电力产业、矿山机械制造业、机电设备制造业、大型运输机械制造业、精密仪器产业、新材料产业、生物技术和产品生产方面，也具有很大的优势，处于本地区领先的地位。因此，在这些领域中与内蒙古地区及蒙古国也有很大的合作与交流空间。

这些都成为“北亚经济圈”工业与技术合作的重要方向和内容。

6. 畜牧业与农业合作

中国的内蒙古地区是中国最主要的畜牧业基地，蒙古国是世界上位于前列的畜牧业国家，俄罗斯西伯利亚联邦管区也是俄罗斯最主要的畜牧业和农业基地，因此畜牧业与农业领域的合作，无疑也是北亚地区开展区域经济合作最重要的方向之一。

前文已讲到，尽管蒙古国的主要基础产业是畜牧业，且其大多数居民至今仍以从事畜牧业为主要谋生手段，但其畜牧业的发展十分缓慢，基本上仍处于游牧经济的“原生态”水平。其农业也是如此，不但发展水平十分落后，而且近年来萎缩严重，甚至连粮食等基本产品也不能自给，要靠进口粮食、蔬菜和水果来维持居民生活的日常需要。

西伯利亚联邦管区在俄罗斯联邦中也属农业和畜牧业比较发达的地区，好几个联邦主体都是以农业、畜牧业为本地区的主要产业。尽管前苏联农业、畜牧业的机械化、集约化生产在历史上曾经达到过领先水平，但是20世纪90年代前苏联解体后，随着土地私有化的转变和集体农庄的解散，俄罗斯农业发展的生产和科技水平不但严重停滞，甚至出现了大幅的萎缩和倒退。

由于内蒙古自治区不但是中国畜牧业最发达的省区之一，而且在现代农业方面发展也十分迅速，因此内蒙古的领先优势，成为北亚地区开展畜牧业和农业生产和技术合作的基础。

从中俄两国的农业和畜牧业合作来看，主要方向一是在农业中推广现代农业技术，科学育种、科学耕种、科学养殖的交流与合作，并进一步推动农业的水利化、机械化和集约化的大规模生产；二是在畜牧业中加强牧草种质资源、畜禽新品种选育、畜产品加工（尤其是乳制品）、草地资源保护及利用、畜禽疾病诊断及控制、畜禽基因改良及转基因技术等方面的交流与合作。

从中蒙两国合作来看，应大力推进内蒙古自治区一些经多年生产实践业已成熟，又适合于在蒙古国推广的农、牧技术向蒙古国输出，以此带动对蒙古国地区畜牧业的发展和提高。例如，可以针对其畜牧业以牧业为主而食草期短、管理落后和畜种退化等情况，输出人工饲养综合管理技术、畜种改良综合技术、牧草贮存技术和牧草、农作物秸秆加工饲料技术等。

此外，由于蒙古国与俄罗斯西伯利亚联邦管区丰富的畜牧资源与中国相对发达的乳制品产业、肉制品产业、毛纺织业、纺织及皮革服装加工业、医药产业以及这些产品所拥有的巨大市场具有极强的互补性，因此三国应在畜产品加工及深加工（皮革制品、肉制品、乳制品、毛纺织品、药品）等方面进行广泛的投资与合作。

7. 生态环保合作

蒙古国以及中国内蒙古自治区，是沙漠化最严重的地区之一，而且这两个地区相互毗邻，沙漠及沙化地域连接在一起，必须共同治理才能见效。由于蒙古国受其社会经济发展水平发展的制约，仅靠自身的力量难以解决土地退化及沙化问题，因此必须要与中国共同合作，走国际合作治沙的道路。

2005 年 5 月 14 日蒙古国驻华大使馆举办的一次新闻发布会上，该国自然资源保护部长鲍罗德已经讲到了开展合作共同治沙的问题。他认为，蒙古国和中国内蒙古地区的沙尘暴问题要得到彻底的解决，从根本上就是要将蒙古国北部甚至俄罗斯西伯利亚地区丰富的水源引到蒙古国的南方来，甚至引进中国的北方地区。通过“北水南调”，来根治蒙古国南方和中国北方因长期缺水而导致的土地干旱和沙化不断扩大的状况。鲍罗德还讲到，蒙古国将在联合国、世界银行等机构的资助下，准备在南部修建一道贯通东西长约 3000 公里的绿化带，加上“北水南调”工程，将使蒙古国境内的沙尘暴发源地的沙漠化问题得到治理。到那时北京及中国的其他地方，甚至许多亚洲国家，都将不再受到沙尘暴的影响。

笔者认为，蒙古国所表现出来要与中国相关地区共同治理土地荒漠化和沙尘暴的积极建议，应成为北亚地区在这个领域开展次区域经济合作的重要基础和条件。既然蒙古国已经指出，联合国和世界银行都支持他们在国内开展这个项目，那么把这个项目扩展为中国内蒙古自治区与蒙古国共同的次区域经济合作，那么同样有可能得到世界银行、联合国开发计划署或亚洲开发银行的支持。如果这个项目能够得到成功，不仅会从根本改变长期存在的北亚地区环境生态面貌，而且会成为 21 世纪影响东亚和世界的一个壮举。

除了水资源缺乏外，目前蒙古国大部分地区仍采取原始游牧方式，农牧业技术投入和经营管理水平低下，放松管理所导致的对森林和草原的人为破坏以及病虫害和草原火灾对草场的破坏，也是该国草原退化和沙化不断扩大的重要原因。

因此，在中蒙两国开展生态环保合作中，还应将草场改良、草牧场生态恢复、草原病虫害防治、草原火灾防范、草原野生动物保护、草围栏技术和牲畜品种的科学养殖和合理规划纳入其中。

8. 文教卫合作

文化、教育、卫生领域的合作，是北亚地区开展区域合作的重要内容之一。一方面，北亚经济圈相关国家与地区目前在这几个领域的合作都已经有了一定的合作基础；另一方面，文化、教育、卫生等领域的合作，在操作层面上相对比较简单，也比较容易见到合作的效果。因此可以在打造北亚经济圈初，就率先把这几个领域的合作开展起来。

北亚经济圈地区开展文化、教育、卫生领域的合作，不但内容丰富、方向广泛、形式多样，而且以蒙族文化为视角，应是其一个重要的特色。

全世界大约有1000万蒙古族（以下简称蒙族）人，主要分布在中国的内蒙古、蒙古国和俄罗斯西伯利亚联邦管区的布里亚特共和国等地区。因此这个地区是全世界蒙古族人口最集中的区域。蒙族文化是世界民族文化的一个重要组成部分，是人类文明的瑰宝之一，在世界文化中占有相当重要的地位。草原文化、游牧民族风俗文化以及其他众多蒙族文化，对人类的政治生活和经济文化曾经产生过深刻的历史影响。因此，在北亚经济圈框架下，提倡蒙族文化的共同发展，显然是促进其形成与发展一个重要前提条件。当然，在这个地区开展文化、教育、卫生领域的交流与合作，并不仅仅限于蒙族文化，也还包含中华文化、俄罗斯文化的许多广泛的内容，但是，毫无疑问，蒙族文化的视角，将使这个地区的文化交流以及教育和卫生领域的合作独具特色。

在文化和教育领域开展具有蒙族文化特色的合作，就是指要广泛深入地开展有关蒙古民族的语言、文字、历史、宗教（藏传佛教、萨满教）以及风俗民情等的研究、探索、整理、传承等方面的交流与合作。与当今世界其他文化研究和发展水平相比，目前对于蒙族文化的研究、探索和交流推广，仍然处于比较落后的地步。

在文化和教育领域开展具有蒙族文化特色的合作，还包括建立和发展蒙古民族各类教育机构，培养蒙古民族本身的各类专业人才；开展蒙族文学、艺术的挖掘、研究、创作、创新以及各种蒙族历史及现代文献的整理、出版、发行等等。

在卫生领域开展具有蒙族特色的合作，主要是指对蒙医、蒙药的挖掘、整理、研究、探索以及如何与现代医学理论、手段相结合和如何在今天的医疗服务体系中推广、应用等等。

同时，北亚经济圈有关国家和地区，还应共同举办具有蒙古族特色节日庆典的系列活动，包括音乐、美术、舞蹈等文艺活动以及那达慕等具有蒙古民族特色的体育运动会，使这个地区的文化交流与合作更加丰富多彩，更加喜闻乐见，更加得到广大社会和民众的大力支持。从而变为增进这些地区相互之间了解、友谊和进一步融合的重要纽带和桥梁。

9. 旅游合作

与文教卫领域合作一样，旅游领域的合作在操作层面上也相对比较简单，比较容易见到合作的效果，而且目前也已经有了一定的合作基础，因此也可以在打造北亚经济圈初，率先把这个领域的合作开展起来。

中国的内蒙古地区、俄罗斯西伯利亚联邦管区和蒙古国高原地域广袤，具有丰富独特的旅游资源。其中包括以原生态草原、沙漠、森林、湖泊、冰雪为特色的自然景观资源；以独特的历史古迹、民俗风情为特色的人文景观资源；以空气清新、夏季凉爽、秋季绚丽、湖光山色和矿泉泥浴为特色的悠闲度假资源，以大量原生态珍稀动植物保护区为特色的生态旅游资源，以极地、大漠、原始森林、冰山大川为特色的探险旅游资源等。这些旅游资源，都完全符合现代旅游需求日益多样化和多层次性，以及寻求原生态、古朴，追求回归自然的时尚和潮流，因此具有极大的开发潜力和发展空间，完全可以成为振兴北亚经济圈的一个重要亮点。

北亚地区开展旅游方面的合作，应从以下几个方面入手：

第一要统一认识，统筹规划。要充分认识旅游业的发展对这个地区社会经济发展的作用，在统一认识的基础上，编制一个总体发展规划或行动计划，共同协商，确定不同区域的重点产品和联合线路，有效地发挥各自优势。

第二要精心策划，寻找突破口。要从开发具有突出发展潜力的区域和产品出发，不断寻找促进地区旅游新发展的突破口。从中、俄、蒙三国的旅游资源看，都可开发出一些颇具魅力的旅游线路，便于开展自然风光旅游、人文景观旅游、生态旅游、休闲度假旅游和探险旅游。

第三要简化手续，提供方便。为提高这个地区相关国家和地区之间以及对其他国家和地区旅游观光的吸引力和竞争力，政府应在减少障碍，提供方便，简化手续，改善基础设施和争取更多的入境旅游者方面，通力开展合作。

第四要构筑诚信，健康发展。到目前为止，中、俄、蒙三国之间的以及国际的旅游都有了一定的基础，但与其他一些旅游比较发达的国家和地区相比，无论是市场还是产业都还很不成熟。为此，相关国家和地区应在政府为主导的前提下，完善规制，规范行为，营造诚信，充分发挥市场机制的作用，使旅游业得到健康发展。

10. 可再生能源与水资源合作

由于蒙古国、俄罗斯西伯利亚联邦管区以及内蒙古地区，都是风能潜力和太阳能发展潜力最大的地区之一，因此，可再生能源的合作，无疑是北亚地区开展区域经济合作最重要的方向之一。

在这方面，中国的内蒙古地区现在已经走在了前面。到 2008 年年底，内蒙古自治区已成为中国首个风电装机容量突破 100 万千瓦的省区，风电装机容量占全国总量的 27%，居全国第一位；同时光伏发电项目在内蒙古多个地区和城市已经或正在大规模建设，所建成项目的关键技术也达到了国际领先水平。另一方面，内蒙古发展生物能源也达到了很高的水平，不仅在农村牧区大力推广秸秆转化为沼气的技术，目前已有近 15 万农牧户用上沼气，每年可节约近 20 万吨标准煤，减少排放 20 万吨二氧化碳；而且还建成了蒙牛澳亚牧场沼气发电项目（装机 1360 千瓦）、赤峰塞飞亚沼气发电项目（装机 300 千瓦）；巴彦淖尔等地的生物质转化成液体燃料项目也已启动。内蒙古正在建设中国国家级的“生物质能源基地”。内蒙古在可再生能源方面的发展成就、水平和能力，为北亚经济圈开展可再生能源的合作，奠定了重要的基础。

此外，就是水资源的合作。本书前面也提到，水资源合作是一个十分复杂，需要解决的困难和问题很多，投资和工程量都十分浩大，而且也是必须在国家层面上才能开展合作的项目。因此，北亚经济圈相关地区，应该通过各种努力和通力合作，为中、蒙、俄三国的水资源合作，做好勘测、考察、调研等工作，提出可供操作和可供实施的若干方案，并进行充分的讨论和论证，然后提供给各个相关国家的最高决策层，从而实实在在地把三国之间的水资源合作推向前进。

第三节　内蒙古自治区要在构建北亚经济圈中发挥主导作用

本书第七章在讲到构建北亚经济圈的可行性时，特别强调了内蒙古自治区所具有的优势，强调了内蒙古自治区应在构建“北亚经济圈”过程中发挥“火车头”和“推动器”的特殊主导作用。为此，内蒙古自治区应在构建“北亚经济圈”中做好以下几方面的工作：

1. 要建立构建“北亚经济圈”的共识和决心

根据广西、云南、吉林等成功开展次区域经济合作的经验，要把构建“北亚经济圈”和把内蒙古打造成内陆最大的向北开放省份，就要尽最大努力将这一战略构想不但作为本地区未来发展中最重大的战略选择，而且要力争提升为国家战略。

要使内蒙古的各套领导班子、各级政府、工商界、学界、媒体、民众等社会各界都建立起这样一个共识，都聚集在这一新战略构想的目标下，为此而做出努力和贡献。要认识到，这不仅是对内蒙古的发展具有里程碑的意义，而且对整个中国的发展，对北亚地区的发展，甚至对世界的发展都具有深远的意义和重大的贡献。

2. 要全力以赴地做好“北亚经济圈”的大宣传工作

根据广西、云南等成功的经验，为也实现推动区域经济合作的目标，就一定要全力以赴地做好有关的大宣传工作。需要通过举办论坛、举办博览会、大力研究和宣传、游说相关地区和国家政府及高层决策部门等有力措施，使相关国家、地区的政府、企业、媒体和社会各界都能形成打造“北亚经济圈”的重要性、必要性、可行性和迫切性的共识。

这种研究、宣传和活动的举办，不仅要引起海内外各方面的高度关注，广为人知和深入人心，而且要能够上升到相关国家的国家战略层面，得到中央领导人和相关国家领导人的高度重视和大力支持，这是构建“北亚经济圈”能否成功的关键环节。

其最重要的措施就是，尽快在内蒙古自治区首府呼和浩特市定期举办“北亚经济合作论坛”，通过论坛实现相关国家和地区领导人的定期见面和会晤，达到相关国家和地区对北亚区域经济合作问题的不断扩大和深入地沟通和讨论；形成媒体和社会各界对北亚区域经济合作问题持续不断的关注和了解；扩大北亚区域经济合作在相关国家、亚洲乃至全球的影响。

定期举办“北亚经济合作论坛”的另外一个重要目标是，像上海合作组织和中、日、韩与东盟“10+3”合作机制一样，在“北亚经济合作论坛”的基础上，建立起来正式的北亚区域经济合作组织和合作机制。使北亚区域经济合作制度化、规范化、长期化。

为了办好“北亚经济合作论坛”，根据许多地区成功的经验，一方面要认真做好论坛策划方案和操作方案，以及相应的全部准备工作，这是把论坛开得有声有色，圆满成功的根本基础；另一方面，要联合国家各有关部门来与内蒙古自治区政府共同举办，同时邀请蒙古国及俄罗斯的国家和地区领导人以及联合国开发计划署、世界银行、亚洲开发银行等国际机构的领导人来参加会议；除此之外，还要广邀海内外（中国大陆、日、韩、中国香港、中国台湾、东南亚甚至欧美）重量级的企业界人士来参加这个论坛；最后还要广邀国内外重要的平面媒体、影视媒体和网络媒体来参加这个会议。此外，为了开好这个论坛，还要大造声势，要让“北亚经济圈”这个重要构想，成为海内外媒体的重大新闻，使其在国内及海外不断扩大影响，不断广为人知。

3. 要积极打造“北亚经济圈”永不落幕的商贸投资洽谈会

根据广西、吉林等省区的成功经验，内蒙古自治区另外一项重要的举措，就是要把内蒙古的呼包鄂地区，打造成北亚地区的人流、物流、资金流汇集的中心，成为北亚经济圈的商务中心、物流中心、金融中心和总部经济所在地，把呼和浩特市打造成北亚地区永不落幕的商品展览、交易和投资洽谈大舞台，从而促进北亚地区贸易、产业及投资合作的不断深入和全面地发展。

也就是说，内蒙古自治区要像广西自治区在南宁每年召开中国东盟博览会和吉林省在吉林市每年举办的“东北亚博览会”一样，每年也在呼和浩特市定期举办北亚地区产品博览会、北亚地区商品交易会和北亚地区投资贸易洽谈会。

为此，除了要认真做好这些重大商务活动的策划方案和操作方案，联合国家各有关部门来与内蒙古自治区政府共同举办以及邀请国内、蒙古国、俄罗斯和更多的海内外企业、商界来参展和开展经贸洽谈外，还要吸引日、韩、欧、美、中国香港、中国台湾和国内其他地区来此进行产品展示、交易和贸易投资洽谈，从而使其成为吸引和聚集各方面资源共建“北亚经济圈”的重要平台，成为继广交会、中国—东盟博览会和东北亚博览会之后，中国乃至亚洲地区又一商品交易和项目合作的盛会。

4. 自治区领导要亲自挂帅走访周边国家和地区

根据广西、云南等成功省区的经验，为实现构建“北亚经济圈”的目标，内蒙古自治区领导要亲自挂帅走访周边国家和地区，以取得周边国家和地区领导对构建“北亚经济圈”的认可和支持，并能够邀请他们派出重要的领导人和工商界人士来参加论坛和博览会。同时也要动用一切资源来“游说”中央领导和国家各有关部委，取得他们对此战略构想的认可和支持。

5. 要积极推动北亚经济圈合作机制的建立

笔者在本书中一再强调，构建合作机制是开展区域经济合作首要的和最关键的工作，同时笔者也介绍了云南、广西、吉林等省区在这方面的成功经验，此外本书还用专门的章节就如何构建北亚经济圈的合作机制提出了建议方案，因此，内蒙古自治区要实现成功开展北亚地区区域经济合作的目标，就一定要在建立合作机制上早下功夫，下大功夫。

6. 要认真做好构建“北亚经济圈”的研究工作

笔者在前面章节中已经指出，能否真正开展北亚区域经济合作，关键在于能否务实地把一个个合作项目推动起来。因此应该组织政府各相关部门以及各研究机构，大力研究北亚相关国家和地区如何在资源开发利用、环境生态保护、交通运输等基础设施建设以及投资、贸易、物流、金融、旅游、服务、工业、农牧业、科技、教育、医疗等各个领域开展具体的合作，并且如何落实到各个有关的项目上。

尽管很多涉及国家和其他地区的项目不可能靠内蒙古自已完成，必须得到国家的支持以及与国内其他地区进行通力合作，必须得到其他相关国家及地区的大力支持和通力合作。但是项目的提出、项目的可行性研究、项目如何操作和落实，则是内蒙古自治区作为北亚经济合作的核心支撑点所要做的工作。这些工作做好了，才有利于真正把项目合作推动起来，才能使北亚地区的经济合作得到实质性的进展。

这些项目合作除得到相关国家和相关地区政府及各界的支持外，还应像大湄公河开发、图们江开发一样，争取在一些重大的资源、能源和水源开发利用方面，得到联合国开发计划署、世界银行、亚洲开发银行以及一些重大国际组织和国际金融机构的重视，纳入它们支持的次区域经济合作的范围。

主要参考文献

1. 毕力格：《对内蒙古经济发展所处阶段的认识》，《实践》，2003 年第 12 期。

2. 毕力格、李靖靖：《我区主要工业行业的竞争力分析》，豆丁网，2004 年。

3. 陈耀：《高速发展的内蒙古现象：透视与启示》，《西部论丛》，2006 年第 12 期。

4. 刁秀卑：《中俄两国的能源安全与合作》，《东北亚论坛》，2007 年第 6 期。

5. 冯利伟、李小琳：《呼包鄂旅游圈区域合作发展战略研究》，《内蒙古财经学院学报》，2008 年第 1 期。

6. 冯志强：《从地缘看大国战略夹缝中的蒙古国》，《安阳师范学院学报》，2005 年第 6 期。

7. 高鸿雁、张远宏、邢亚光：《内蒙古实施西部大开发战略五年回顾》，2005 年。

8. 郭连成：《中俄区域经济合作路径探析》，《东北亚论坛》，2007 年第 3 期。

9. 郭力：《东北振兴过程中的对外开放：中俄合作》，《东北亚论坛》，2007 年 9 月第 16 卷第 5 期。

10. 给古勒其：《内蒙古自治区国民经济可持续发展与环境保护问题研究》，《经济科学》，2007 年第 2 期。

11. 《美国悄悄走近蒙古国　渗透中亚牵制中俄两国》，国际在线，2004 年 11 月 15 日。

12. 韩立华：《梅普组合下的俄罗斯能源战略》，中国石油新闻中心，2009年6月16日。

13. 杭栓柱、毕力格、商显刚：《内蒙古优势特色产业重点项目规划研究总报告》，2005年。

14. 杭栓柱、朱晓俊、张永军：《关于扩大"呼包鄂"范围促进区域经济一体化的建议》，2007年。

15. 郝诚之：《欧亚大陆桥和向北开放带》，《北方经济》，2003年第1期。

16. 何金玲、李孝：《构建呼包鄂地区为内蒙古经济增长极的对策研究》，《前沿》，2004年第11期。

17. 贺建军：《内蒙古自治区边境贸易对策与建议》，《北方经济》，2007年第4期。

18. 贺信：《中蒙经贸合作的现状与对策》，《商场现代化》，2008年（下旬刊）第58期。

19. 《俄远东把目光转向中国　重大机遇论升温》，《环球时报》，2007年2月27日。

20. 《美国瞄上蒙古国资源　要搞"铀革命"》，《环球时报》，2008年7月3日。

21. 《继续扩大对外开放　促进内蒙古经济进一步高速增长》，华人华侨经济技术网，2006年。

22. 贾福平：《内蒙古自治区区域经济发展的新格局》，《内蒙古电大学刊》，2008年第6期。

23. 焦占广：《从地缘战略看中蒙关系》，《武警学院学报》，2001年第5期。

24. 姜月忠：《内蒙古经济发展模式的理论思考》，《北方经济》，2009年第1期。

25. 姜月忠：《关于实施内蒙古经济社会多极化发展思路的建议》，《北方经济》，2006年第23期。

26. 《蒙古国什么样》，《今参考》，2009年第4期。

27. 《蒙古国的未来在何方》，经验口袋网，2009年3月2日。

28. 李德迎：《金三角启示录——寻访呼包鄂金三角经济圈》，《中国民族》，2007 年第 8 期。

29. 李含琳：《对“内蒙古现象”的全方位思考》，《西部论丛》，2006 年第 12 期。

30. 李慧：《中蒙经贸合作的现状与对策》，《商场现代化》，2008 年 1 月（下旬刊）。

31. 李建民：《俄罗斯大搞经济特区》，《世界知识》，2006 年第 4 期。

32. 李靖靖、赵红霞：《实施产业集群战略，加快区域经济发展》，《北方经济》，2005 年第 5 期。

33. 李俊江、宋博：《中蒙经贸合作的现状与发展前景》，《东北亚论坛》，2008 年第 2 期。

34. 李丽：《内蒙古经济发展问题再思考》，《内蒙古社会科学（汉文版）》，2008 年第 3 期。

35. 李绍强：《关于做大做强呼和浩特市加速区域经济一体化进程的思考》，《北方经济》，2005 年第 10 期。

36. 李武红：《俄罗斯引进外资动态分析》，《西伯利亚研究》，2008 年第 2 期。

37. 林玉双：《浅析新世纪中蒙贸易的发展及其前景》，《农业与技术》，2006 年第 6 期。

38. 刘伯川、陈敏、李玲缨：《关于向蒙古国输出技术的思考》，《科技情报开发与经济》，2005 年第 6 期。

39. 刘凤芹：《中蒙关系发展中的大国因素探微》，《山东省青年管理干部学院学报》，2008 年第 1 期。

40. 刘先鸣、张建：《关于推进中蒙关系发展的几点思考》，《内蒙古农业大学学报（社会科学版）》，2006 年第 2 期。

41. 吕清禄、赵云平：《全力打造六大优势特色产业集群，促进整体经济又好又快发展》，2007 年。

42. 《中蒙未来关系　中国不能在蒙古国问题上犯错》，猎讯军情网，2009 年 7 月 7 日。

43. 孟淑红、图雅：《内蒙古草原畜牧业现状及国外经验启示》，《北方经济》，2006 年第 17 期。

44. 蒙古国家统计局：《蒙古国 2008 年上半年社会经济发展公报》，2008 年。

45. 娜琳：《中蒙经贸关系现状及前景》，《东北亚论坛》，2007 年第 2 期。

46. 内蒙古自治区党委政策研究室：《建设内蒙古国家战略能源基地》，2007 年 1 月。

47. 内蒙古自治区发展和改革委员会：《构建向北开放的大通道——内蒙古向北开放的基本情况及对策探讨》，《北方经济》，2008 年第 7 期。

48. 内蒙古发展研究中心课题组：《内蒙古自治区 60 年经济社会发展的成就、经验和启示》，2007 年。

49. 内蒙古自治区经济信息中心信息资源开发处：《内蒙古自治区生态建设后续产业发展研究》，2005 年。

50. 内蒙古自治区经济信息中心产业发展研究处：《2007 年内蒙古工业经济运行形势分析及 2008 年展望》，2007 年。

51. 内蒙古自治区经济信息中心社会发展处：《全面贯彻落实科学发展观，促进我区经济社会协调发展》，2007 年。

52. 内蒙古经济结构分析课题组：《内蒙古经济结构分析》，2007 年。

53. 内蒙古经济社会发展研究中心：《加快内蒙古与俄罗斯边境贸易发展研究》，豆丁网，2003 年。

54. 内蒙古发展研究中心课题组：《应对 2008 年宏观环境变化，确保内蒙古经济平稳增长》，《调查研究简报》，2008 年第 20 号（总第 204 号）。

55. 内蒙古自治区统计局：《2008 年上半年内蒙古自治区经济形势及全年走势》，2008 年。

56.《中蒙关系，心态复杂的国际关系》，《内蒙古时事评论》，2009 年 8 月 7 日。

57. 牛燕平：《俄罗斯经济形势分析与预测》，《西伯利亚研究》，2008 年第 2 期。

58. 牛燕平：《非经济因素对中俄经贸发展的影响》，《西伯利亚研究》，2007 年第 5 期。

59. 牛燕平：《金融危机影响下的俄罗斯经济形势》，《西伯利亚研究》，2009 年第 1 期。

60. 潘照东：《论“内蒙古模式”》，《北方经济》，2005 年第 9 期。

61. 潘正祥、昝赟：《新世纪中俄关系全面深入发展的动力分析》，《江淮论坛》，2009 年第 2 期。

62. 曲伟：《应抢抓中俄合作的十大商机》，《西伯利亚研究》，2007 年第 4 期。

63. 《蒙古国：铀矿成为经济增长点》，人民网，2009 年 7 月 20 日。

64. 《中俄关系盘点：走上“共同发展”之路》，人民网，2009 年 12 月 25 日。

65. 宋魁：《俄罗斯亚太战略及对中俄合作的意义》，《当代亚太》，2007 年第 1 期。

66. 宋魁、姜哲：《金融危机对俄能源业和矿业的影响及俄罗斯的对策》，《西伯利亚研究》，2009 年第 1 期。

67. 唐辉亮：《中蒙经贸关系的发展与存在的问题》，《商业时代》，2006 年第 34 期。

68. 图木尔：《蒙中经济合作　东北亚经济合作重要组成部分》，黑龙江省社会科学院网站，2009 年 6 月 14 日。

69. 王静：《俄罗斯与东北亚地区的能源合作》，《东北亚论坛》，2006 年 7 月第 15 卷第 4 期。

70. 王力：《从东北亚区域发展看满洲里口岸的战略机遇》，《中国城市经济》，2008 年第 10 期。

71. 王培青：《内蒙古对外开放的历史变化及取得的成就》，《集宁师专学报》，2008 年 3 月。

72. 王之光、王一诺：《中国内蒙古自治区进一步扩大向俄蒙开放的对策研究》，《俄罗斯中亚东欧市场》，2008 年第 10 期。

73. 王军、冯立德：《俄罗斯东西伯利亚——远东能源市场分析》，《集团经济研究》，2007 年第 7 期。

74. 辛辰：《经济学界的内蒙古风暴》，《西部论丛》，2006 年第 12 期。

75. 《蒙古国经济迅速发展》，新华网，2007 年 8 月 30 日。

76.《蒙古国依托资源振兴经济》，新华网，2007 年 10 月 9 日。

77.《腐败和贫困，阻碍了蒙古国的经济发展》，星岛环球网，2006 年 12 月 14 日。

78. 杨臣华、黄占兵、安士玲：《当前我区经济运行中需要关注的主要问题及对策建议》，《调查研究报告》，2008 年第 12 期。

79. 杨臣华、黄占兵：《关于推进“乔巴山—阿尔山—图们江通道”建设的调研报告》，2008 年。

80. 杨臣华、吕清禄、金英：《内蒙古旅游开发重点项目规划》，2005 年。

81. 杨臣华：《内蒙古现象的机遇、思路和资源禀赋因素》，《研究与预测》，2007 年第 7 期。

82. 杨云母、韩岳峰：《中蒙双边经贸合作的瓶颈与出路》，《东北亚研究》，2007 年第 2 期。

83. 俞邃：《论中俄新型关系》，《思想理论教育导刊》，2007 年第 6 期。

84. 于学军：《中蒙区域经济合作战略分析》，《内蒙古财经学院学报》，2007 年第 4 期。

85. 张长虹：《内蒙古口岸建设与存在问题分析》，《前沿》，2005 年第 5 期。

86. 张广翠、于潇：《东北振兴过程中的对外开放：中蒙合作》，《东北亚论坛》，2007 年第 5 期。

87. 张庆辉：《内蒙古口岸经济地理特征》，《北京工商大学学报（社会科学版）》，2008 年第 1 期。

88. 张秀杰：《蒙古国的国家安全战略及中蒙安全战略关系》，《当代亚太》，2005 年第 11 期。

89. 张秀杰：《蒙古国矿产资源开发状况及中蒙资源合作前景》，《东北亚论坛》，2005 年第 4 期。

90. 张宇薇、时朝霞：《对内蒙古“金三角”崛起的新思考》，《北方经济》，2006 年第 14 期。

91. 张中华：《俄罗斯也要打造硅谷?》，《世界知识》，2006 年第 9 期。

92. 赵儒煜、冯建超：《东北亚交通物流合作框架研究》，《东北亚论坛》，2007 年第 6 期。

93. 郑海燕：《内蒙古优势特色产业的发展模式》，《北方经济》，2008 年第 15 期。

94. 朱晓俊、杨成、黄占兵：《内蒙古经济社会“十五”发展回顾》，《研究与预测》，2006 年第 7 期。

95. 祝滨滨、支大林：《东北亚各国经济合作开发与开放政策比较研究》，《东北亚论坛》，2007 年第 6 期。

96. 祖刚、毕力格、李文杰、高鸿雁、靳亮：《内蒙古能源产业重点项目研究规划》，2005 年。

97. 周洪波、黄优：《地缘政治视角下的俄罗斯对外战略与中俄关系冷思考》，《西伯利亚研究》，2007 年第 5 期。

98. 周茂荣、石兵兵：《俄罗斯与东北亚天然气合作》，《东北亚论坛》，2008 年第 4 期。

99. 中国社科院：《“北亚经济区”关乎国家经济安全》，《中国经济时报》，2006 年 5 月 22 日。

100. 《中俄经济合作发展扫描》，《中俄经贸时报》，2008 年 3 月 6 日。

101. 《内蒙古发展可再生能源前景乐观　拥有三大优势》，中国统计信息网，2006 年 12 月 20 日。

102. 《蒙古国政局与中蒙关系》，中国新闻网，2008 年 7 月 3 日。